외로움을 소비하는 사회

외로움을 소비하는 사회

The Loneliness Consuming Society

이완정·박규상 지음

외로움의 정서가
나를 괴롭힐 때
잊게 만드는
가장 강력한 도구는
소비행위이다

더디퍼런스

나는 불쾌할 정도로 외로웠다.
즉 그런 연유로 냉장고와 나는 친구가 되었다.
그런 느낌이다.
다시 말하자면, 그 굉장한 소음이 있어
나는 외롭지 않을 수 있었던 것이다.

―박민규, 『카스테라』 16쪽

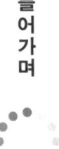

들어가며

외로움의 주술을 푸는 소비라는 마법

하루도 외로움의 뉴스를 접하지 않는 날이 없습니다. 신문의 사회면 기사에는 어디선가 고독사한 고령자의 기사부터 가족과 연을 끊고 살던 중년 남성의 시신이 한 달이나 지나서 발견되었다는 끔찍한 기사는 슬픔을 자아내기에는 너무나 진부한 느낌마저 들 정도가 되었죠. '독거노인'이라는 단어가 등장해서 사회적인 이슈가 된 것이 엊그제 같은데, 어느새 '독거'라는 '홀로의 삶'의 뒤에 노인보다는 청년이라는 단어가 더 어울리는 사회가 되어 버렸습니다.

2024년 2월 문화체육관광부와 지역문화진흥원이 전국 성인 5000명을 대상으로 조사 발표한 '2023년 국민 사회적 연결성 실태 조사'를 보면, 외로움을 경험하고 있다는 응답자는 46.8%로 그렇지 않은 응답자 29.8%에 비해 상당히 높은 편임을 알 수 있습니다. 1인 가구나 가구 소득이 적을수록 외로움을 경험하는 비율도 상대적으로 더 높게 나타났는데, 외로움의 비율과 삶의 만족도 간에도 관계가 깊은 것으로 결과가 나왔죠. 그러니까 외로움은 우리의 삶을 정신적, 경제적으로도 어렵게 하고 있습니다.

게다가 이미 세계보건기구WHO의 연구결과, 외로움은 하루에 담배 15개비를 피우는 것과 비슷한 수준으로 신체 및 정신 건강에 심각한 부정적 영향을 미쳐 조기 사망 위험을 14% 높이고 뇌졸중과 심장병 위험은 30%까지 증가시킨다고 발표했습니다. 원인은 밝히지 못했지만, 2025년 벽두부터 '외로움, 수명을 줄인다'라는 연구결과가 뉴스를 통해 알려지면서 외로움이 진정으로 '죽음에 이르는 병'이라는 걸 일깨워 주었죠.

관련 기사에 따르면, 케임브리지 대학교 연구팀이 워릭 대학교, 중국 푸단 대학교와 공동으로 진행한 연구에서 외로움을 느끼는 사람들의 혈액에서 심혈관 질환, 인슐린 저항성, 암 발병과 관련이 있는 다섯 가지 악성 단백질이 증가한다는 사실을 확인했다고 합니다. 연구진은 사회적 고립 관련 단백질 175종과 함께, 외로움 관련 단백질 26종을 발견했고, 이 단백질들은 염증과 면역 체계에 영향을 미쳐 90%는 조기 사망 위험, 약 50%는 심혈관 질환, 2형 당뇨병 및 뇌졸중을 유발한다고 하네요.

그래도 아직은 은둔형 외톨이나 사회적 고립, 독거노인, 고독사 등의 사회적 현상이나 문제를 일컫는 정서라고 생각되는 경향이 강한 단어, '외로움'. 그런데 가만히 생각해 보면 그 외로움이 우리 곁에 참

가까이 와 있다고 생각하지 않으시나요?

　　술 한잔 들어가면 혼잣말처럼 "아~ 외롭다!"라며 습관처럼 말하는 친구도 있고, 가족에게 이해받지 못해 외롭다고 느끼거나, 혼자 사는 집에 돌아가 어두운 방에 불을 켜면서 확 밀려드는 외로움에 멍하니 서 있었다는 지인의 경험담을 듣는 것도 어렵지 않은 시대. 부모와 자녀로 구성된 핵가족을 넘어, 1인 가구나 자녀가 없는 부부를 뜻하는 '초핵가족화'가 확연히 진행되고 있는 사회. 혼밥, 혼술, 혼행이 어느샌가 특이한 사회 현상에서 이제는 트렌드로 자리 잡아 크게 주목받지 못하는 사회. 예능 프로그램 속에, 영화나 소설 속에, 그리고 게임 속에도 외로운 캐릭터가 주인공이 된 콘텐츠가 넘쳐나는 시대.

　　우리가 살아가고 있는 시대와 사회는 이렇게 '혼자', '홀로', '외로이'라는 단어들로 촉발된 정서인 외로움이 가득한 듯 보입니다. 그런데 우리의 세상이 외로움으로 가득하다면, 그 외로움의 흑마술에 사로잡혀 모든 사람이 우울하고 무기력하고 좌절하는 일상을 보낼 것처럼 생각되지만 우리는 씩씩하게 그리고 외로움과는 아무 상관이 없다는 듯 일상을 살아냅니다. 어떻게 그럴 수 있을까요?

　　이 책은 외로움에 둘러싸인 현대를 살아가는 우리가 어떻게 일상을 유지할 수 있는지, 자신을 무너뜨리지 않고 살 수 있는지를 찾아보는 탐구 이야기입니다. 그리고 현대 사회에서 가장 강력한 문제해결 수단인 '소비행위'가 혹시 우리의 일상에 짙게 밴 외로움을 희석하여, 잊게 해주고, 사라지게 하는 마법이 아닌가를 이야기하는 책입니다.

앞 쪽에서 소개한 글귀처럼, 박민규 작가가 소설 『카스테라』에서 언덕 위 원룸에서 외로움에 둘러싸여 침잠된 삶을 살아갈 때, 소음으로라도 그의 외로움을 덜어주었던 냉장고도 알고 보면 그가 돈을 주고 사서 들여놓은, 본래는 음식을 신선하게 보존하기 위한 물건일지라도 때로는 외로움을 달래주는 기능을 가진 소비사회의 상품인 거죠. 우리의 일상적 소비행위는 이렇게 알게 모르게 나의 외로움을 어루만지는 역할을 하고 있는지도 모릅니다.

하지만 또 한편으로는, 우리는 외로움을 회피하고 달래기 위해서만 무언가를 소비하고 있는 것만은 아닐지도 모릅니다. 번잡한 일상생활을 벗어나 자신을 돌아보기 위해 스스로 외로움을 찾아 떠나는 여행과 같은 소비행위도 하고 있으니까요.

이 책은 우리가 외로움과 소비가 맞닿아 있을지도 모르는 길을 따라가 보면서, 외로움의 전성시대를 살아가는 방법을 찾아보고, 어떻게 하면 사회적, 심리적, 경제적으로 외로움과 관련된 소비행위를 활용할 수 있을지에 대한 시사점을 찾아보려는 책입니다. 책 제목을 '외로움을 소비하는 사회'라고 이름 붙인 이유는, 우선 현대 사회가 외로움을 줄이고 해소하기 위해 상품이나 서비스를 소비하는 사회라는 점을 드러내고 싶었고, 두 번째는 외로움이 소비 욕구와 정서로 이미 정착된 모습을 파악해 보고 싶었으며, 세 번째로는 외로움을 스스로 찾아 나서는 새로운 소비자들이 등장하는 사회를 분석해 보면 어떨까 하는 생각에서였습니다. 외로움을 부정과 긍정의 의미로 살펴보면서, 과연 외로움의 회피와 추구라는 양면성이 소비사회에서 어떠한 모습으로 나타나는지 살펴보고 싶었습니다.

　　원고를 작성하면서 안 그래도 어두운 주제인 '외로움'을 딱딱하게 다루는 전문 사회분석 보고서보다는 편하게 읽히는 인문교양서가 되길 바라는 마음에서, 우선 '~이다'체가 아닌 '~습니다'체를 사용했습니다. 이 책을 읽어주시는 독자분들과 대화하듯 이야기를 나누고 싶었거든요. 그리고 가능하면 전문서적에 흔히 등장하는 표나 그래프, 특히 숫자는 가능한 사용하지 않고, 내용의 이해를 돕는 사진이나 이미지를 활용하려고 노력했습니다. 혹시 독자분 중에서 책의 내용과 관련된 통계적 수치 등에 관심을 가지고 이 책을 펼쳐 보셨다면 양해를 부탁드립니다.

　　자, 그러면 이 외로움의 시대에 어떤 소비의 마법이 작동하고 있는지, 그 밑에는 어떤 심리가 숨어 있는지, 탐구를 시작하도록 하겠습니다.

외로움을 소비하는 사회

들어가며 – 외로움의 주술을 푸는 소비라는 마법 · 006

Part 1   소 비 사 회 ,   외 로 움 을   이 야 기 하 다
016

01   외로움을 읽는 법

혼자만의 공간과 시간이라는 상황 · 020
혼자 있고는 싶지만 외로운 건 싫어 · 024
저마다 다른 외로움의 인식, 외로움의 모습 · 028
모두가 다르다, 그래서 외롭다 · 032
같음의 발견으로 희석되는 다름의 외로움 · 036
내 안의 나로부터의 소외 · 041
외로움 전성시대의 도래 · 044

02   소비가 풀어내는 외로움의 메카니즘

외로움의 동반자 우울감과 소비 · 049
소비하라, 그러면 해결될 것이다 · 053
일상의 외로움은 일상의 소비로 · 056

Part 2   팬 이   되 어   외 로 움 을   바 라 보 다
060

01   외로움의 시대, 팬과 팬덤을 말하다

IM HERO · 064
팬, 외로움과 대항하는 몰입 · 069
다른 사람은 모르겠지만 넌 소중하니까 · 072
너의 기쁨은 나의 기쁨, 정서적 유대감 · 075
소비의 상징적 가치인 공유와 공감 · 079

CONTENTS

02 너를 응원할 테니 나도 응원해줘, 상호응원 문화

응원의 종교가 필요하다 · 084
서로를 필요로 하는 상호응원 · 089
상호응원에 감동하는 시대 · 094
하나가 되는 마음, 응원의 심리 · 098

03 나를 말하려면 네가 필요해, 사회적 정체성

나를 규정하는 것은 나의 집단이다 · 102
사회적 정체성 vs 개인적 정체성 · 106
관계 밀도 최상위인 팬덤의 사회적 정체성 · 109
마음의 집단을 형성하는 팬이 되어 보기 · 112

Part 3   일상에서 비일상으로의 점프

118

01 일상의 외로움, 외로움의 의식

어린 왕자가 만난 외로움의 주민들 · 122
별의 주민이 말해 주는 외로움 대처 전략 · 125
여우가 말해 주는 외로움을 길들이는 해법 · 130
외로움을 길들이는 일상의 의식 · 134
소비야말로 안전한 외로움 경감 도구 · 138

02 비일상의 자동문을 연 소비사회

외로운 일상의 성스러운 구원자 · 142
소비, 소비사회, 비일상 소비 · 147
외로움이 문제라면 내가 해결해 주지 · 152

03 모든 욕구를 충족하는 쇼핑 공간

쇼핑하러 가면 딴사람이 되는 · 158
쇼핑, 그 축제의 현장으로 · 162
나는 코스트코에 보물 찾으러 간다 · 168
쇼핑센터가 아니라 쇼핑테마파크 · 173
복합문화공간으로 변신하는 백화점 · 183

Part 4 슈퍼 심리학, 외로움을 토닥이다
190

01 심리학, 내 안의 외로움을 꺼내줘

나의 외로움에 의미를 부여하는 서점 · 196
외로움의 모든 길은 MBTI로 통한다 · 201
박사님, 심리학으로 풀어 주세요 · 209

02 외로움이 심리학을 만날 때

내 안의 4가지 자아 영역 · 217
외롭다면 드러내고 수용하기 · 221
이야기의 공감이 외로움을 토닥이다 · 226
우린 모두 능력 있는 상식심리학자! · 229

Part 5 소비사회, 토탈 외로움 케어 시대를 꿈꾸다
236

01 식생활과 건강의 셀프케어가 대세다

혼자라서 대충 때우는 혼밥을 넘어서 · 242
혼밥 요리는 싫지만, 델리 음식은 먹고 싶어 · 248
나만의 보상에서 소셜 다이닝으로 · 254
저속노화를 위한 건강 셀프케어 · 260

02 관계 불안의 케어를 지원하다

함께 할 사람을 거래하고 싶어요 · 267

대화가 필요해, 우린 대화 상대가 부족해 · 272

멍겔계수는 높아도 대화 상대가 필요해 · 278

함께 하니 즐겁지 아니한가 · 283

책으로 혼자란 외로움을 처방하다 · 290

Part 6 자 발 적 외 로 움 으 로 진 화 하 다
296

01 외로움, 결핍이 아닌 새로운 욕구의 관점

쓸쓸함과 자유로움 사이의 갈등 · 302

관계의 폭증이 관계의 피로로 · 308

나만의 시간과 공간에 대한 욕구 · 314

02 자발적 외로움을 추구하는 소비

'혼자'와 '함께'의 적절한 균형을 위한 기획력 · 322

자신과 마주하는 시간과 공간에 대한 절대 욕구 · 327

혼자만의 시간과 공간을 제공하는 서비스 · 334

Short Last Part 장 기 적 관 점 의 외 로 움 비 즈 니 스
340

나가며 – 마법은 항상 내 곁에 있었어 · 350

참고문헌 · 354

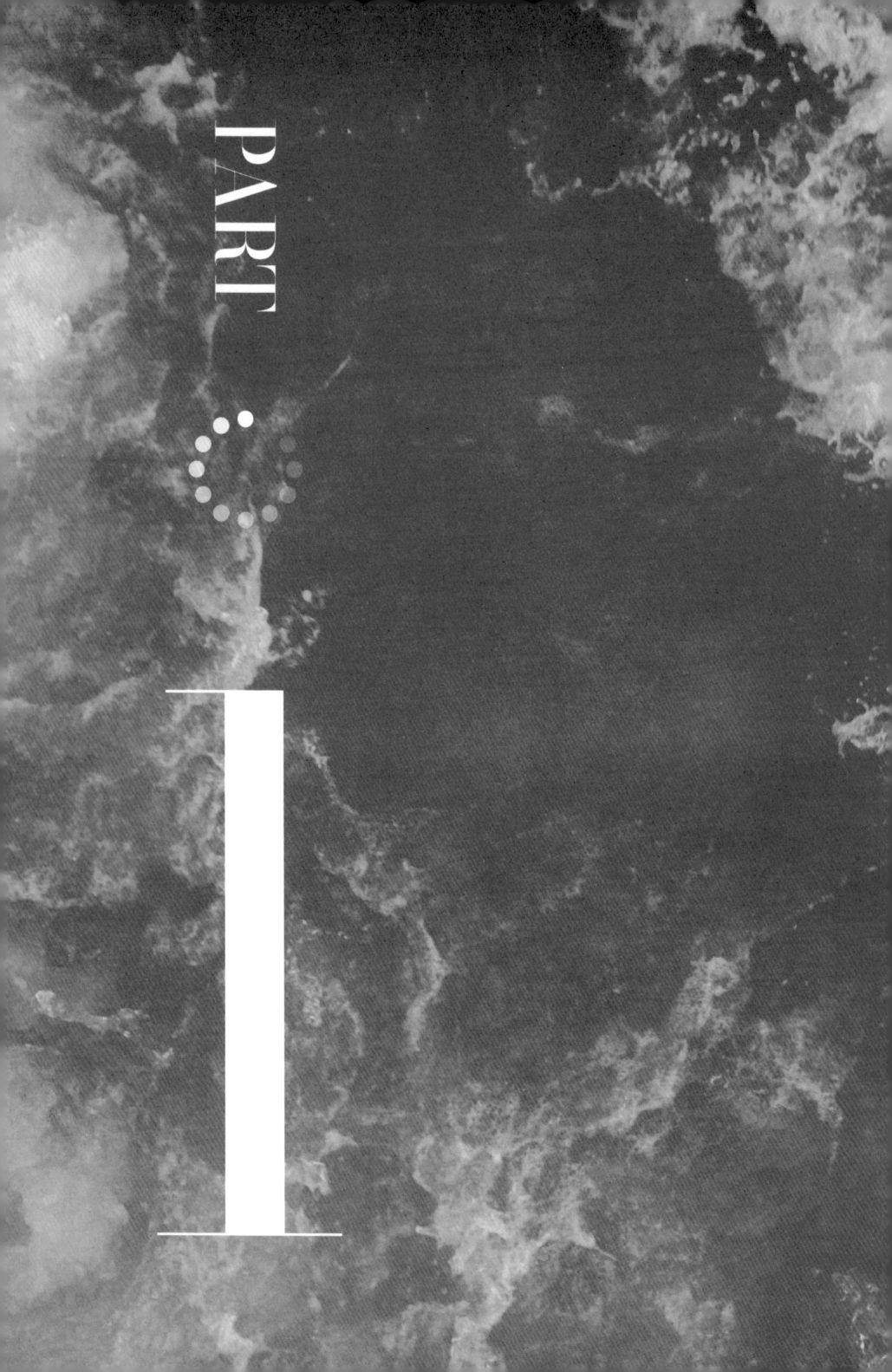

PART 1

소비사회, 외로움을 이야기하다

The Loneliness-Consuming Society

INTRO

'외로움'이라는 단어는 참 많은 것을 말해 줍니다. 혼자만의 시간을 보내야 하거나 이야기를 나눌 상대가 없거나, 마음이 통하는 사람이 없거나 하는 '인간에 대한 그리움'이 사실 외로움의 본질처럼 느껴집니다. 그래서 어쩌면 외로움은 '타인이라는 존재'에 대한 욕망일지도 모르죠. 하지만 내 주변에 많은 사람이 있다고 해도 외롭지 않은 건 아닙니다.

다른 사람이 나를 인정해 주지 않을 때, 나는 그 친구와 무척 친한 관계라고 생각했는데 그 친구는 그렇게 생각하고 있지 않다는 걸 깨달았을 때, 나는 상대방을 잘 알고 있다고 생각했는데 내가 전혀 모르는 그의 모습을 발견했을 때, 나와 많은 부분 비슷하거나 같은 부분이 많다고 생각했던 사람이 사실은 나와는 전혀 딴판인 사람이라는 걸 알았을 때도 우리는 외롭다고 느낍니다. 외로움은 내가 인식했던 주변 세상이 사실은 나의 인식과는 다르다는 걸 알아차렸을 때의 정서이기도 합니다.

하지만 더 외로운 건 내가 나를 정확히 알지 못해서, 내가 알고 있던 나와 다른 나의 모습을 내가 보고 말았을 때입니다. 외로움은 타인의 존재나 관계로부터 발생하기도 하지만, 내 안에 있는 나 자신의 존재와 관계로부터 더 깊은 외로움을 경험하기도 합니다. 가장 잘 알고 있다고 착각하고 있었던 나로부터의 배신감 같은 거랄까요.

이렇게 외로움은 참으로 다양한 원인으로, 여러 모습으로 우리의 주변을 떠돕니다. 친구와의 전화 통화에서 무심결에 읽히는 무관심한 단어처럼 아주 작고 가벼운 외로움부터, 사랑하는 사람과의 가슴 아픈 이별처럼 인생을 뒤흔드는 지진과 같은 무거운 외로움까지 말이죠. 외로움은 언제든 우릴 괴롭힐 촉수를 숨기고는 땅에 조용히 숨어 있는 괴물처럼 언제 어디서든 도사리고 있죠. 그리고 우리도 어렴풋이 이 괴물의 존재를 알고 있지만, 짐짓 모른 척하고 살아가고 있습니다. 괴물의 존재에 온통 신경이 빼앗겨서는, 그리고 그 위험에 대한 불안과 걱정만 안고 살아서는, 제대로 일상생활을 할 수 없기 때문이죠. 그래서 우리는 재치 있고 순발력 있게 이 외로움과의 전장에서 살아남기 위한 전략을 실행하면서 살고 있습니다. 그 전략이 바로 소비전략입니다.

괴물을 퇴치하기 위해서 우선 필요한 무기들을 구입하는 것. 그것이 바로 우리가 외로움의 전장에서 살아남기 위한 전략입니다. 아프면 약을 사고, 불안하면 보험에 가입하고, 방이 어두우면 전등을 사는 것처럼 말이죠. 그럼 어떻게 소비가 외로움을 줄이고 해소하는 방법으로 활용되게 되었는지를 파악하기 전에, 지금 우리의 일상적 외로움을 어떻게 바라보고 해석해야 할지를 알아보도록 하죠. 그래야 소비전략이 과연 유용한 것인지 아닌지 알 수 있을 것 같습니다.

01

외로움을 읽는 법

혼자만의 공간과 시간이라는 상황

우리는 '외로움'이라는 단어에서 쉽게 '혼자서 살아감' 또는 '혼자 있음'이라는 상황을 연상하곤 하지만, 주변을 둘러보면 단순히 혼자서 살아간다는 상황이 외로움과 곧바로 연결되는 건 아닙니다. 혼자서 살아간다는 말에서 가장 먼저 떠오르는 건 아무래도 결혼하지 않는 젊은 독신자이거나 이혼을 경험한 사람들입니다. 점점 결혼하는 나이도 늦어지고 있는 데다가, 결혼보다는 싱글의 삶을 원하는 젊은 층도 늘어나고 있습니다. 여기에 지금은 예전처럼 이혼을 부정적인 꼬리표라고 생각하지 않는 것은 물론, 이혼은 그저 자신에게 맞는 삶을 위해 주어지는 하나의 선택지에 불과할 뿐이라고 생각하기 때문에 그런지 주변에도 이혼한 사람들이 많이 있습니다.

어느 날 술자리에서 몇 해 전 이혼한 고등학교 동창이 이렇게 말하더군요.

"이혼하고 나서 친구나 동료들이 만날 때마다 외롭지 않냐고 물어보는데, 이젠 정말 그 말이 지겹다니까. 외롭지 않다고 말하면 거짓말하지 말라고 하고…."

그 친구가 지닌 외로움의 진위는 알 수 없는 거지만, 중요한 건 이혼 후 혼자 사는 사람들에 대한 우리의 시각입니다. 우리는 누군가 혼자 생활하고 있다는 이야기를 들으면, 가장 먼저 '외롭지 않을까?'라는 의문을 떠올립니다.

"그야 외롭지. 혼자 집에 있으면 외롭다고 생각이 들 때도 있지. 아니, 외롭지 않다면 그건 거짓말일 거고. 하지만 그것도 잠시야. 24시간 365일 외롭다면 나도 재혼을 생각하겠지만 아직 그 정도는 아니니까."

'어느 공간에', '어느 시간에', '나 혼자'라는 상황은 자연스럽게 우리가 떠올릴 수 있는 전형적인 외로움의 모습입니다. 하지만 우리는 같은 상황에서 자유를 떠올리기도 합니다. 우스갯소리로 부인의 "아이랑 친정 좀 다녀올게"라는 말에 남편들이 설렌다고 하는 것도 혼자만의 공간과 시간이 주는 자유를 만끽할 수 있기 때문이죠.

항상 특정 공간과 시간을 다른 사람과 공유해야만 하는 것에 익숙한 사람이라면 혼자의 시간과 공간에서 외로움을 느낄 수도 있겠지만, 이미 어렸을 때부터 혼자만의 공간과 시간에 익숙한 지금의 시대와 사회를 생각한다면 이런 공간과 시간이 얼마나 소중하고 필요한지를 우리는 잘 알고 있습니다. 그러니 혼자만의 공간과 시간, 즉 혼자만의 생활에서 유발되는 외로움은 쓸쓸하고 사람들과 떨어져서 아쉽고 약간은 슬프다는 '마이너스 정서'와 함께, 뭐든지 내 마음대로 할 수 있고 다른 사람의 눈치를 보지 않아도 된다는 자유를 느끼는 '플러스의 정서'를 동시에 느끼게 해줍니다. 마치 '혼자 있고 싶지만, 외로운 건 싫어'를 외치는 것처럼 말이죠.

이 두 가지 상반된 정서는 예능 프로그램을 보면 잘 알 수 있죠. 여러분은 혹시 종편과 케이블 TV에서 가장 많이 재방송되고 있는 프로그램이 뭔지 아시나요? 바로 2012년 8월부터 시작된 <나는 자연인이다>라는 프로그램입니다. 누가 이런 프로그램을 볼까 싶기도 하지만 중년 남성들을 중심으로 나름 팬 층이 두터운 장수 프로그램입니다. '자연으로 돌아가고 싶어 하는 현대인들에게 힐링과 참된 행복의 의미를 전하는 프로그램'을 표방하면서, 속세를 벗어나서 혼자 자연 속에서 살아가고 있는 사람을 만나 함께 며칠 생활해 보는 체험 예능이죠. 프로그램 MC인 이승윤 씨가 한 방송에서 "일주일에 400회 재방송 되고 있다."라고 말할 정도로 재방송이 많은 인기 프로그램이라서 아마 우리나라 국민이라면 모르는 사람은 없을 겁니다.

"혼자서 외롭지 않냐고? 뭐 그거야 외롭기도 하고 허전하기도 하지. 그래도 아침에 일어나 시원한 산 공기 마시고 유유자적 내가 하고 싶은 걸 할 수 있으니 참 좋아."

'혼자 생활하시면 외롭지 않으세요?'라는 질문에 주인공인 자연인들은 한결같이 외롭긴 하지만 그만큼 또 좋다고 대답합니다. 그렇겠죠. 하루하루를 쓸쓸하고 허전함에 몸부림치고 있었다면 자연인의 건강은 물론 정신 상태가 온전할 리가 없을 겁니다.

<나는 자연인이다>만큼 재방송이 많이 되는 장수 프로그램인 <나 혼자 산다>를 볼까요. 2013년 3월부터 시작해서 포맷을 바꿔가면서도 여전히 시청자들이 자주 보는 예능 프로그램입니다. 유명인들의 일상을 관찰 카메라 형태로 담은 다큐멘터리 형식의 예능 프로그램으로, 기획 초기에는 노총각들의 찌질한 일상을 보여주는 의도의 프로그램이었죠. 청소도 정리도 제대로 되어 있지 않은 어수선한 집안에서 다소 엉뚱한 일상을 보내는 남성들을 보여주었던 프로그램은 어느샌가 혼자서 우아하고 여유로운 혼자만의 삶을 보내는 남녀를 보여주고 있습니다. 처음에는 주인공이 경험하는 홀로됨의 마이너스 정서를 보여주려 했지만, 지금은 오히려 플러스 정서를 보여주는 것으로 방향이 바뀐 셈입니다.

'혼삶'이라고 줄여서 말하는 혼자 살아가는 삶을 보여주는 여러 예능 프로그램의 화면 속에 등장하는 젊은 세대는 혼자라는 외로움

보다는 혼자이기 때문에 더 자유롭고, 더 활기차고, 그래서 도전하는 삶을 살 수 있다는 것을 시청자들에게 일깨워 줍니다.

이렇듯 지금 우리 사회에서 '혼자 사는 삶=외로운 삶'이란 등식은 이젠 성립하지 않습니다. 혼자서 생활한다는 상황이 외로움과 직결되는 조건은 아니라는 거죠. 하지만 그렇다 해도 혼자의 공간에서 혼자의 시간을 보내는 삶은 그렇지 않은 삶보다는 외로움과 가까이 있기는 합니다.

우리가 외로움을 느끼는 조건 요인은 크게 두 가지입니다. 첫 번째 요인은 '상황'입니다. 혼자만의 공간과 시간, 그리고 그 안에서 삶을 살아가는 상황 때문에 외로움을 느끼게 되죠. 누군가 함께 하는 상황이라면 외로움을 느끼지 않았을 거니까요. 혼자라는 상황은 자연스럽게 외로움을 느끼게 하는 어쩌면 가장 기본적인 요소일 겁니다. 이런 외로움은 '상황적 외로움'입니다.

혼자 있고는 싶지만 외로운 건 싫어

그런데 상황적 외로움보다 우리가 더 주목하고 신경 써야 할 것은, 외로움을 유발하는 조건 요인이 '인식'인 경우입니다. 혼자냐 아니냐의 상황과는 상관없이, 자신이 '외롭다'고 생각하는 반응에서 촉발되는 외로움인, 이 '인식적 외로움'이 사실 현대의 우리를 괴롭히는 외로움의 특징이기도 합니다.

　　　얼마 전에 드라마를 보다가 잠시 고개를 갸웃한 적이 있습니다. 드라마의 주인공은 중견기업에 다니는 30대 대리 사원. 나름 자신에게 맡겨진 업무도 열심히 해내면서, 동료들과의 인간관계도 나쁘지 않은 편입니다. 하지만 이번 인사 평가에 동기에게 밀리면서 승진 기회를 놓쳐버리고 말았네요. 그 탓인지 모르겠지만 3년째 사귀고 있던 여자친구와의 관계도 조금씩 엇나가는 느낌입니다. 게다가 오늘은 부장님께 잔소리를 듣고, 집에 돌아와 어머니께도 한 소리를 들었네요. 울적한 기분에 가까이 사는 친구를 불러내 술잔을 기울입니다. 한참 술기운이 올라올 즈음, 짧게 한마디 푸념을 합니다.

　　"친구야, 나 너무 외롭다."

　　　이 장면의 대사에 위화감을 느낀 건 저뿐일까요? '외롭다'의 말뜻을 국어사전에서 찾아보면 '홀로 되거나 의지할 곳이 없어 쓸쓸하다.'로 나옵니다. 그런데 드라마의 주인공에게는 인간관계가 나쁘지 않은 회사 동료도 있고, 기분이 울적할 때 전화 한 통에 달려와 주는 친구도 있고, 잘되라고 잔소리도 해주는 부모님도 계십니다. 아무리 봐도 '홀로'도 아니고, '의지할 곳도 없어'도 아니고, '쓸쓸하다'까지의 상황도 아닙니다. 그러니 이 주인공이 외로움이 아니라 현재의 잘 풀리지 않는 자신의 상황을 이야기한다면 이렇게 말했어야 하지 않을까요?

"친구야, 나 너무 괴롭다."

그런데 어떤가요? '괴롭다'와 '외롭다'의 뉘앙스 차이가 느껴지시나요? '괴롭다'는 표현에는 뭔가 특정한 시련이나 풀리지 않는 문제로 힘들어 하는 모습이 연상되지만, '외롭다'는 말에는 조금 더 포괄적으로 자신의 부정적인 정서, 감정, 생각 등이 복합적으로 담겨 있다는 느낌이 들지 않나요?

생각대로 세상이 돌아가고 있지 않다고 느끼거나, 주위 사람들이 자신을 배려하지 않는다거나 충분히 노력하고 있음에도 그 노력을 인정받지 못한 듯한 생각이 들 때, 그럴 때 드는 기분을 우리는 꼭 집어 뭐라 이야기하기 힘들어 '외롭다'라는 표현을 하는 건 아닐까요?

그래서 지금 이 시대를 살아가는 우리는 아주 넓은 범위에서 외로움을 말하고, 나를 둘러싼 환경과 상황이 나에게 너그럽지 않다는 것을 알게 되었을 때 외로움의 정서를 토로하고 있는지도 모릅니다. 외로움은 이제 단순한 '홀로됨'이라는 상황에서 경험하는 정서를 넘어 보편적 우울의 또 다른 표현이 되어 가고 있는 셈입니다.

우리는 회사에서 동료들과 함께 일을 하는 중에도, 가족과 함께 시간을 보내는 중에도, 친구들과 대화를 하는 도중에도 외로움을 느낍니다. 혼자가 아닌 타인과 함께 하는 시공간에서도 외로움을 느끼죠. 스마트폰 화면을 가볍게 터치하는 것만으로도 언제 어디서든 타인이나 세상과 손쉽게 연결되는 환경인데도 불구하고 외롭다고 생각합니다. 오히려 더 쉽고 빠르게 타인이나 세상과 연결되다 보니 오히려 더 저린 외로움을 느끼는지도 모릅니다.

외로운 상황에서 유발된 상황적 외로움은 그 상황을 벗어나는 선택을 통해 극복할 수 있습니다. 혼자 있는 것이 싫다면 친구에게 전화를 걸어 안부를 묻거나, 만나서 이야기를 나눠도 되죠. 취미를 같이 하는 사람들을 만나거나 룸메이트를 구해도 되고, 결혼해서 나 혼자가 아닌 '우리' 가족을 만드는 것도 방법일 겁니다. 혼자의 공간과 시간을 통제할 수 있는 가장 간단한 방법은 그냥 문을 열고 거리로 나가는 방법입니다. 거리에는 이 시대를 함께 살아가고 있는 사람들로 넘쳐납니다. 눈에 띄는 카페에 들어가 커피를 한잔 마신다면 카페 안의 사람들과 함께 시간과 공간을 공유하는 셈입니다. '난 다른 사람과 공간과 시간을 공유하고 싶지도 않고 어떠한 관계도 맺기 싫어!'라고 스스로 자신을 가두는 고립 상태가 아니라면 충분히 상황적 외로움은 통제할 수 있습니다.

하지만 인식으로 유발되는 외로움은 조금 다릅니다. 인식적 외로움은 '혼자' 또는 '함께'라는 상황과 상관없이 '나는 외롭다'라고 스스로 깨닫는 순간 느끼게 되는 외로움입니다. 이 인식적 외로움의 특징은 외로움을 유발하는 이유가 저마다 모두 다르다는 점이죠. 사람들은 세상과 사람, 사물을 바라보고, 판단하고, 생각하는 방식과 관점이 각자 다르기 때문입니다. 그러니 외로움을 인식하게 되는 이유도, 시간도, 조건도 각자 다릅니다.

상황적 외로움이 '특정 시간과 공간에 혼자'라는 공통 조건을 가지고 있다면, 인식적 외로움은 이런 공통 조건이 없습니다. 그래서 상황적 외로움은 마음만 먹는다면 비교적 쉽게 통제할 수 있는 반면에, 인식적 외로움은 쉽지도 않고 단순하지도 않습니다. 모두에게 적용할 수 있는 특별한 처방전을 제시하기가 무척 어렵습니다.

인식적 외로움이 더 우리를 괴롭히는 건, 각자 외로움의 모습이 다르다 보니 서로의 외로움을 이해하기 어렵다는 것입니다. 내가 볼 때 그는 전혀 외로울 까닭이 없는데 외롭다고 호소합니다. 그리고 자신이 왜 외로운지를 말합니다. 하지만 아무리 그의 말을 들어봐도 그게 왜 외로움의 이유인지 모르겠습니다. 나라면 그게 외로움의 이유가 되지 않으니까요. 그 사람이 말합니다.

"그래서 내가 외로운 거야. 너처럼 사람들이 나를 이해하고 있지 못하니까!"

저마다 다른 외로움의 인식, 외로움의 모습

가족에 둘러싸여 생활하고 있어도, 회사에서 동료들과 시간을 보내고 있으면서도, 사랑하는 연인과 함께 하는 식사 자리에서도, 학교에서 친구들과 수다를 떨면서도 불쑥불쑥 얼굴을 내미는 외로움에 당황하게 됩니다. 외로움은 상황이라기보다는 인식적, 정서적인 문제이기 때문입니다.

다른 사람들과 웃고 떠들고 있는 공간 속에도 왠지 나만 버려져 있다는 인식, 그리고 그런 인식으로 기인하는 정서가 바로 외로움이기 때문이죠. 외로움은 무력감이나 우울과 같은 부정적인 경험으로 변화무쌍하게 모습을 바꾸는 바람에 우리는 매일 함께 하는 수많은 사람 속에서도 마치 외딴섬처럼 자리한 자신을 발견하기도 합니다.

인류학과 교수이자 사회적 고통을 주제로 연구하는 이현정 교수의 책 『외로움의 모양』은 늘 함께하지만 언제나 혼자인 우리의 이야기를 주제로, 외로움을 호소하고 있는 사람들의 사례를 인터뷰로 소개하고 있습니다. 역사적으로 그 어느 때보다도 연결이 쉽고, 다양하고, 즉각적으로 이루어지는 지금의 사회에서 우리는 오히려 외로움을 많이 느끼고 있는 모습을 그려내고 있죠. 책에서 소개하는 몇 개의 인터뷰 내용을 인용해 보겠습니다.

"얼마 전에 제가 다니는 대학원 동료들과 저에 관해 이야기할 시간이 있었어요. 남들은 저를 사람들과 잘 어울리는 사람으로 보는 모양이더라고요. 그런데 저는 살면서 어딘가에 속해 있다는 느낌을 받은 적이 없어요. 친구도 애인도 있었지만, 막상 누군가와 함께 한다는 기분이 든 적은 없거든요(『외로움의 모양』 207~8쪽)."

책의 저자가 만난 20대 중반의 여성이 들려준 위의 이야기는 혼자라는 삶의 환경과는 상관이 없습니다. 이 여성의 외로움은 내면의 인식과 정서에서 비롯된 것이니까요. 그래서 이 여성에게는 외로움이 무척 다루기 어려운 괴물처럼 자신을 괴롭힙니다. 원인이 무엇인지 정확히 파악하기 어렵고 그저 애매하고 막연한 '그런 기분이 든 적이 없었다'라는 느낌뿐입니다. 의학에서 원인을 모르면 치료가 불가능한 것처럼, 외로움의 원인을 확실히 하기 어려우니 외로움의 통제도 어렵습니다. 다가가기 힘든 괴물처럼 말이죠.

네 살, 여섯 살 아이를 두고 안정적인 직장을 다니는 한 워킹맘은 자신의 외로움을 이렇게 말합니다.

> "아빠가 저에 대해 실망하는 걸 보기 힘들어 했던 것 같아요…. 아빠한테 인정을 받아야 한다는 생각이 컸어요. 그래서 부모님이나 주변 사람들이 말하는 대로 휩쓸려 가기만 했죠. 사무실 책상에 앉아 일을 하다 보면 허공에서 막 허우적대는 것 같은 느낌이 들어요. 안정적인 직업이긴 하지만 이건 그냥 아버지의 꿈이었던 거죠(『외로움의 모양』 169쪽)."

어느 날 갑자기 내 삶의 모습이 자신의 꿈이 아니라 아버지의 꿈을 살고 있었다고 깨달은 순간 외로움을 인식하게 된 것입니다. 누군가의 관계가 아니라 누군가의 꿈과 자신의 꿈이 연결되어 있다고 믿었는데, 그 연결은 그저 헛된 허상이며 진실한 연결이 아니었다고 깨달은 순간이죠. 나를 돌보지 않고 주변을 돌보다 보니 생긴 외로움입니다. 결국은 내면의 나로부터 멀어져 있었던 자신을 비로소 마주하게 되면서, 내면의 나로부터 소외된 것에 대한 외로움을 느끼게 됩니다.

남들이 다 부러워하는 신의 직장이라는 은행을 다니다가 퇴사를 결심한 한 가정의 아버지가 지닌 외로움의 모양은 자신을 바라보는 타인의 시선과 자신의 인식이 만들어 낸 것이었습니다. 그는 자신을 밀어내는 사람들 사이에서 느끼는 외로움을 못 견딜 것 같다고 했습니다. 이야기를 들어 보죠.

"'보이지 않게'가 아니라 '보이게' 밀리는 거예요. 내가 업무를 못 하는 것도 아닌데, '나는 더 필요 없는 존재인가?'라는 생각이 드니 버틸 수 없더라고요. 나이가 들수록 더 심해졌죠(『외로움의 모양』 62쪽).ˮ

책에서 소개하고 있는 12개의 외로움 사례 중에 책을 읽으면서 가장 마음에 무겁게 와서 닿은 건, 상담학을 공부하면서 부모님과 함께 생활하고 있는 20대 중반의 여성이 말하는 외로움입니다. 이 여성은 부모님과의 사이가 나쁜 것은 아니지만 그렇다고 애틋하고 친밀한 존재도 아니었죠. 부모의 돌봄이 필요했던 어린 시절부터 혼자 밥을 차려 먹는 게 익숙했던 그녀에게 지금에 와서 '가족이라면 서로 챙겨주고 함께 밥을 먹는 게 당연하지 않니?'라고 부모님이 물을 때마다 조금은 혼란스럽다고 합니다. 그녀의 이야기를 들어 보죠.

"제가 어느 날 저녁 때가 되어서 음식을 만들었어요. 식탁에 상을 차리고 먹으려고 하는데 엄마가 '넌 왜 혼자만 먹니?' 이렇게 물으시더라고요. 저녁 시간에 자기 밥을 만드는 거잖아요. 내 밥을 내가 만들어서 먹는데, 왜 혼자 먹냐는 소리를 들어야 하는 거죠? 무척 당황스럽기도 하고…. 한편으로는 거꾸로 그런 게 저는 서운한 거예요. 그렇게 이야기하는 사람은 제가 혼자 먹어서 서운함을 느꼈겠지만, 저는 그렇게 이야기를 하는 데서 서운함을 느끼는 거죠. 그래서 '아, 정말 다르다….'"

모두가 다르다, 그래서 외롭다

외로움을 호소하는 사람들의 이야기를 읽다 보니 러시아 문호 톨스토이의 소설 『안나 카레리나』에 나오는 잘 알려진 문장이 떠오릅니다.

'행복한 가정은 모두 비슷하지만, 불행한 가정은 저마다의 이유로 불행하다.'

외롭다고 느끼는 이유는 저마다 모두 다르지만, 그 이유야 어떻든 외로움을 느낀다는 점에 주목해야 합니다. 어떤 이는 인정을 받지 못해서…, 어떤 이는 자신이 선택한 인생에서 벗어났다는 회의감에서…, 어떤 이는 내면의 나를 비로소 정면으로 마주했을 때 너무나 낯설어서…, 어떤 이는 사람들 사이에서 나만 다르다는 느낌과 인식으로 인해서… 등등. 하지만 뭔가 각기 다른 이유 사이에서 외로움의 모습을 관통하는 키워드가 있지 않을까요.

외로움을 어떻게 바라보고 이해할지를 고민하면서 많은 책과 기사, 이야기를 읽다가, 가장 눈에 선명히 들어온, 그리고 많은 생각을 하게 해준 건 다름 아닌 앞에서 인용한 여성이 한탄처럼 내뱉었던, 마지막 문구입니다.

"아, 정말 다르다…."

인터뷰에서 그녀는 자신과 가장 많은 시간을 보내왔고, 사회적으로 가장 가까이 연결된 존재인 가족과 자신이 사실은 정말 다르다는 걸 깨닫는 순간, 외로움을 느꼈다고 말합니다. 부모님은 자신과 같은 생각을 하고 있을 거라 믿었는데 그렇지 않다는 걸 알게 된 순간, 마치 놀이터에 버려져 혼자 덩그러니 남겨진 장난감처럼 외롭다고 인식합니다.

회사에서 열심히 업무를 했고 나름대로 성과를 냈으니 상사도 회사도 나의 능력을 인정해 주리라 생각했는데, 그들은 나와는 다른 기준으로 능력을 평가하고 판단합니다. 나와 나의 상사, 그리고 회사는 나와 같은 생각이나 관점을 가지고 있던 것은 아니었나 봅니다.

나와 비슷한 능력과 취향을 가지고 있다고 생각한 친구들과 만나 대화를 나누다가 나와 관련된 이야기가 나왔을 때, 나를 다른 시각에서 바라보고 있었던, 그래서 내가 알고 있던 나를 다르게 말하고 있는 친구들의 눈빛에서 다름을 발견하고는, 나는 그들에게 제대로 이해받지 못하고 있다는 사실을 알게 됩니다.

부모님의 희망대로 공부를 하고 좋은 직장에도 취직하면서 마치 잘 정비된 레일에 올라탄 기차처럼 앞으로 나아가면 모든 것은 잘 되리라 믿으며 걸어왔던 시간을 되돌아보니, 그 레일도 내가 만든 것이 아니었음을, 그 레일에 올라타는 것도 사실은 스스로 선택한 것이 아니었음을 느끼게 되었을 때, 게다가 더 중요한 것은 그 시간과 목적지는 진정한 나의 길과 목적지가 아니었음을 비로소 확인하게 됩니다. 더욱 큰 외로움은 가장 내가 잘 알고 있을 것이라 자신하고 있던 나 자신조차, 가만히 내면을 들여다보면 그다지 잘 모르고 있다는 사실을 깨닫게 되었을 때 찾아옵니다.

만일 진정한 자신의 생각, 기분, 느낌, 취향, 그리고 감정을 똑같이 지닌 사람들에 둘러싸여 있었다면 어땠을까요? 나와 같은 업무 평가의 기준, 나와 같은 선택의 판단, 나와 같은 인간을 이해하는 눈을 가진 사람들이었다면, 그렇다면 나는 외롭다, 그래서 힘들다고 말했을까요? 내면의 나는 또 어떨까요? 내면의 나와 내가 알고 있는 나는 정말 같은 사람일까요? 아니면 다른 사람일까요?

가수 김장훈이 오래전에 발표한 노래 <나와 같다면>에는 외로움에 몸부림치는 남자가 이렇게 노래합니다.

> 그대여 나와 같다면
> 내 마음과 똑같다면
> 그냥 나에게 오면 돼

아마도 그녀는 오지 않을 겁니다. 그래서 남자는 계속 외로울 겁니다. 그녀의 마음이 그와 같지 않을 테니까요. 만일 그녀의 마음이 그와 같았다면 그녀는 떠나지 않았을 테지요. 이 남자에게 가장 큰 아픔은 그녀가 자신과 다르다는 이유로 외롭다는 점입니다. 그걸 그도 이제는 어렴풋이 알게 된 거죠. 나도 내 마음을 잘 모르겠는데, 타인에게 그런 기대를 하는 것 자체가 무리일지도 모르죠.

우리는 모두 다릅니다. 성별도, 얼굴도, 부모님도, 키도, 체중도, 학교 성적도, 출신학교도, 고향도 다릅니다. 성격도 다르고, 취향도, 취미도, 능력도, 감성도 다릅니다. 태어날 때부터 유전자가 다르니 당연히 우리는 서로 각자가 모든 면에서 다를 수밖에 없습니다. 그리고 이렇게 서로 다른 만큼 각자에게 개성이라는 것이 존재합니다. 개성은 다른 사람과 구별되는 무엇인가를 말하니까요.

개성이 있는 한 우리는 외로움에 무방비로 노출되어 있는 셈입니다. 개성은 타인과 차별화된 능력과 창의적인 관점을 강조하는 현대 사회에서는 무엇보다 강력한 무기입니다. 개성을 발휘하지 않으면 무한 경쟁 사회에서 살아남기가 어렵습니다. 성공하기도 어렵습니다. 그래서 모두 외치죠. 너만의 모습을, 너만의 힘을, 너만의 생각을 보여달라고요.

그런데 가만히 생각해 보세요. 이렇게 타인과 차별되는 무엇인가의 무기를 장착하기를 끊임없이 강요받고 있는 사회 속에서 살아가고 있다면, 과연 우리가 추구해야 하는 다름의 바벨탑, 개성의 바벨탑은 얼마나 높게 쌓아야 하는 걸까요? 그리고 그 탑을 언제까지 쌓아야 할까요? 자신의 바벨탑 쌓기에 몰두해서 모르고 있다가, 문득 정신을 차리고 주변을 돌아보니 다른 사람들은 나의 바벨탑과는 너무나 다른 탑을 쌓고 있다는 걸 알게 된다면, 게다가 그들의 바벨탑은 내 탑과 너무나 멀리 떨어져서 닿지 못하는 곳에 세워져 있다는 걸 알게 된다면 어떨까요?

외로움은 이렇게 나의 방문을 노크합니다. 정신없이 세상이 강요하고 있던 삶을 살아가고 있을 때, 주변을 돌아보니 나와 같지 않은 타인들이 있다는 것을 인식하게 되었을 때 말이죠.

같음의 발견으로 희석되는 다름의 외로움

그저 다른 사람이 옆에 존재하니 외롭지 않다는 건 순진하고 여린 발상입니다. 다른 사람이 곁에 있으니까, 그리고 그 사람이 나와 다르니까,

그러니까 우리는 외로운 거죠. 인간은 모두 같지 않기 때문에, 우리는 본원적으로 외로운 존재입니다.

그럼 모두가 다르다는, 이 피할 수 없는 조건은 극복할 수 없는 것일까요? 앞뒤 주변을 둘러봐도 모두 나와는 다른 사람 속에서 살아가고 있으니 우리는 죽을 때까지 외로움에서 벗어날 수 없는 걸까요?

만일 그랬다면 만성 통증 클리닉은 외로운 환자들로 문전성시를 이루고, 심리상담소는 거대 산업으로 발전했겠죠. 인간은 바보가 아닙니다. 인간은 적응하는 동물이고, 자신의 문제를 그래도 비교적 잘 해결해 온 지성을 지닌 동물입니다. 그래서 인간은 각자 외로운 존재이기는 하지만, 어떻게 해서든 같은 점, 그러니까 사람들 사이에서 동질성을 찾아내고 이 동질성을 기반으로 사회를 구성하고 함께 부딪히며 살아가는 방식을 택했습니다. 서로 외모도, 능력도, 키도, 몸무게도, 힘도 다르지만 살아가는 지역이 같다는 공간의 동질성이든, 피부색의 동질성이든, 아니면 동일 조상을 지닌 동질성이든 무언가의 요인을 중심으로 사회를 구성하죠.

그래서 사회는 외로움을 벗어날 수 있는 기반이 됩니다. 나와 같은 점을 가진 사람들로 구성되어 있으니까요. 하지만 반면에 나와 다른 점, 그러니까 '다름'을 지닌 사람들을 발견하게 되는 것도 사회입니다. 지금 여러분의 옆에 있는 사람을 한번 봐주세요.

그 사람은 여러분과 어떤 점에서 같은가요? 나처럼 대한민국 국민이고, 서울시민이고, 남성이고, 커피를 마시고 있고, 안경을 썼고,

운동화를 신고 있네요. 나와 같은 점을 찾아보니 이것저것 많습니다. 그럼 이번에는 다른 점을 찾아볼까요. 연령대가 달라 보이고, 머리를 갈색으로 염색했고, 키가 커 보이고, 가죽 가방을 가지고 있고, 손가락에는 반지가 반짝이고 있습니다. 나와 다른 점을 찾아봐도 이것저것 많네요.

옆에 앉아 있는 외면만 보더라도 같은 점과 다른 점을 쉽게 발견할 수 있습니다. 내면을 들여다보면 더 같은 점과 다른 점을 찾아낼 수 있겠죠.

만일 지금 옆에 있는 사람과 나만이 이 세상에 살아남은 유일한 인간이라 가정해 봅시다. 이렇게 두 사람만 존재하는 세상에서 옆에 있는 사람과 같은 면에만 초점을 맞추어서 관계를 갖는다면 우리는 외로움을 느끼지 못할 겁니다. 대화는 항상 즐겁고 할 이야기도 많아 시간 가는 줄 모르겠죠. 하지만 반면에 다른 점에만 초점을 맞춰 관계한다면 어떨까요. 성격도, 생각도, 취향도, 삶의 목표도 다르고 공통점이라고는 하나도 없는 데다 여기에 언어까지 달라서 말도 제대로 통하지 않는다면 당연히 외로움을 느낄 겁니다. 정말 끔찍한 외로움일지도 모릅니다. 그래서 '아, 정말 다르다….'는 탄식이 저절로 나오겠죠.

다행히도 우리는 일상을 살아가면서 주변의 타인들과 다른 점에도 신경을 쓰지만, 같은 점을 찾아내면서 힘을 얻고 살아갑니다.

회사 업무에 지친 나에게 동료 한 명이 커피를 건네며 한마디 합니다.

"와, 정말 이번 주 너무 힘들다. 빨리 끝났으면 좋겠어. 하~."
성격이 혹시 너무 튀는 거 같아 걱정하고 있는 나에게 친구가 한마디 합니다.
"나도 너처럼 그러고 싶었는데 난 용기가 없어서 못 하거든. 부럽다. 야."
다들 처음 얼굴을 마주하는 모임에서 어색한 분위기만 흐르는데 누군가 물어본 MBTI.
"어머, J이세요. 저도 J인데. 그럼 정리정돈 잘하시겠네요."
평소에 좋아하는 장르 소설을 골라 들고선 한참을 책에 빠져 있다 잠시 눈을 돌려보니 쉬는 시간에 다른 친구들과 어울리지 않고 혼자서 무엇인가를 읽곤 하는 친구가 앉아 있습니다. 평소 대화가 없던 그 친구 앞에 놓인 책을 보니 역시 장르 소설이네요.
"와, 너도 이런 거 좋아하니? 혹시 추천할만한 책이 있니?"

우리는 공통점이 있는 사람들 틈에서 살아가고 있습니다. 대한민국 국민으로, 시민으로, 가족으로, 어딘가의 소속구성원 등으로 말이죠.

기본적으로 서로 다른 각각의 인간이, 서로의 공통점을 찾아 사는 집단. 이런 집단을 우리는 '사회'라고 부릅니다. 그래서 '다르다'라는 인식에서 촉발되는 인식적 외로움을 극복하는 키워드는, 공통점을 발견하려는 '같다'이어야 합니다.

'같다'와 '다르다'가 성립하기 위해서는 여러 개체가 필요합니다. 만일 이 세상에 한 사람만 살고 있다면 '저 사람은 나와 키가 같다' 라는 말은 성립하지 않죠. 다시 말해 '같다'와 '다르다'는 세상이 복수의 인간으로 구성되어 있고, 그 세상을 내가 파악하고 있다는 뜻도 됩니다. 내가 무언가 또는 어떤 사람을 볼 때, 다름을 바라볼 것인가 같음을 바라볼 것인가라는 세상을 보는 관점 같은 거죠.

다름과 같음은 우리가 살아가는 순간마다 변화합니다. 지금 내 앞에 앉은 사람은 '같은' 회사 동료이긴 하지만 '다른' 동네에 사는 사람입니다. 회사 업무를 할 때는 '같은' 회사에 다닌다는 사실에 초점을 맞춰 그와 관계를 맺습니다. 하지만 마을 간 체육대회가 시작되면 '다른' 동네에 사니 서로 경쟁하는 관계라는 사실에 초점을 맞추게 됩니다. 한 사람에 대해서도 때와 장소, 그리고 상황에 따라 '같음'과 '다름'의 렌즈를 유연하게 바꿔 끼는 능력을 지닌 것이 인간입니다.

그래서 우리는 나를 둘러싼 나와 다른 사람들 사이에서 열심히 그리고 끊임없이 같음을 발견하려고 노력합니다. 나를 외로움에서 벗어나게 해줄 동아줄이기 때문이죠. 물론 나를 잘 알고 있을 거라고 나와 같은 생각을 하고 있을 거라 믿었던 가족이나 친구, 동료들 즉, 같음이라고 생각했던 믿음의 관계가 때로는 나를 배신할지라도 말입니다.

자, 이제 주변을 돌아보면서 나와 같음을 지닌 사람을 눈여겨보도록 합시다. 그가 자주 가는 카페, 좋아하는 영화배우, 최애의 음식이 나와 같은지. 사는 곳이, 졸업한 학교가, 이용하는 지하철 노선이, 자주 가는 해외여행지가 나와 같은지. 나와 같은 오타쿠인지, 아이스크림은 나와 같은 민트초코파인지, 탕수육은 나와 같은 찍먹파인지, MBTI는 나와 같은 ENTP인지.

다름 속에서 같음을 발견하려는 노력, 우리가 의식하고 있든 그렇지 않든 어쩌면 외로움 속에서 필사적으로 일상을 보내기 위해서 하는 노력일지도 모릅니다.

내 안의 나로부터의 소외

현대의 외로움은 타인과의 관계나 사회와의 거리로 멀어지거나 단절되면서 발생하는 외로움만이 아닙니다. 나 자신과의 관계, 그러니까 내면의 자신과의 관계가 적절하지 못하기 때문에 발생하기도 합니다.

최근 30대 초반의 여성 몇 명과 만나서 그들이 느끼는 외로움이 무엇인지를 이야기하는 시간이 있었습니다. 사회생활을 하다 보니 왠지 주변의 타인들과 잘 어울리지 못하는 느낌 때문에, 같은 출발선에서 사회생활을 시작한 친구나 지인들 틈에서 뭔가 자신만 뒤처지고 있다는 느낌 때문에, 그리고 가족과 형제처럼 나를 그래도 비교적 잘 알고 있다고 생각한 사람들의 오해나 갈등 때문에 외로움이 있다고 말들을 합니다. 그런데 그중 한 사람이 이런 이야기를 합니다.

"30년이란 세월을 살아왔는데 어느 날 문득 이런 생각이 드는 거예요.

'아, 나는 아직도 나에 대해서 잘 알지 못하는구나…'. 나 자신과 많은 시간을 보냈고, 끊임없이 대화를 나누었는데도 아직도 내가 '나'를 잘 모르고 있다고 생각하니 갑자기 외롭다는 단어가 떠오르더라고요."

외로움이 관계의 문제라고 생각한다면 우리는 관계를 되돌아보게 됩니다. 제일 먼저 떠오르는 건 흔히 가족관계, 교우관계, 동료관계, 사회관계처럼 얼굴이나 이름을 알만큼 친분 있는 타인들과의 관계 같은 것이죠. 하지만 이들 관계에서도 크게 어긋난 점이 없는데도 문득문득 외로움을 느끼는 경우가 있습니다. 왜일까요?

앞에 자신과의 관계를 이야기한 여성에게 왜 그렇게 생각하게 되었는지를 물어보니 이렇게 말합니다.

"한번은 대학교 후배 몇 명을 만나서 수다를 떨고 있었는데, 한참 제 이야기를 듣던 한 후배가 고개를 갸웃하면서 이렇게 말하는 거예요. '내가 오랫동안 언니와 친하게 지내면서 느끼는 게 있는데, 언니는 가끔 저희가 알고 있는 사람이 아니라 전혀 다른 사람처럼 말씀하실 때가 있어요. 그럴 땐 조금 이상해요. 언니도 그런 거 느끼세요?'라고 말이죠. 이 말을 들으니 조금 당황스럽더라고요. 내가 다른 사람 눈에는 어떤 사람으로 보이는 건지 갑자기 모르겠고요. 바깥 세상과의 관계만 신경 쓰느라 진짜 내 안의 나와의 관계가 소원했던 거 아닐까요?"

사실 가장 견디기 힘든 외로움은 어쩌면 나를 이해하지 못하는 나 자신 때문에 발생하는 외로움일 수 있습니다. 타인이야 나를 온전히 알지 못할 수 있다고 이해할 수 있으니 관계가 삐걱대도 '뭐 그런가보다, 뭔가 서로 맞지 않는 점이 있겠지'하고 넘어갈 수 있지만, 내 안의 나와의 관계가 삐걱대면 정말 힘드니까요. 나조차도 이해해 주고 인정하지 못하는 나 자신을 발견한다면 세상에서 가장 든든한 후원자를 잃어버린 것 같지 않을까요? 그럼 나는 어떻게 하면 좋을까요?

내면의 나를 찬찬히 돌아보면서 '나는 어떤 사람인가?', '나는 어떤 목적으로 인생을 살고 있는가?', '나는 어떤 성향의 사람인가?' 등을 살피면서, 온전한 나와의 관계를 잘 정립해 나갈 필요가 있을 겁니다. 하지만 이게 말처럼 쉽지는 않습니다. 가끔 나도 이해하지 못하는 나를 만나게 될 때면 심리학 서적을 뒤져가며 나를 알아가려고 노력하기도 하지만 그게 쉽지 않죠. 이런 고민을 지인들에게 이야기하면 '자아존중감'의 문제라고 심리학 용어를 들먹이는데, 오히려 이런 말이 더 혼란스럽게 만들기만 하죠.

문제는 현대 사회가 찬찬히 내 안의 나를 돌아볼 수 있는 여유를 주지 못하고 있다는 점입니다. 우리가 살아가고 있는 지금의 무한 경쟁 시대에서는 좋은 학교, 훌륭한 직장, 적절한 인간관계를 만들면서, 경제적으로도 안정된 삶을 준비하는 시간이 더 우선시 되다 보니, 시간적, 심리적 여유를 만들기가 어렵습니다. 시간적 여유가 생겨도 가볍게 드라마나 영화를 보고 술 한잔 곁들인 대화로 지친 하루를 풀어내는 데에 만족하게 되고, 천금 같은 시간을 뜻깊게 보낼 수 있을 것만 같은 여행 계획을 짜는 것으로 헛헛함을 채우게 되죠.

이렇게 하다 보니 나 자신과의 진지한 만남과 대화를 통해, 나 자신을 나로부터 소외시키지 않으려고 노력해야겠다는 생각은 어느덧 강박 관념이 되어, 내 안의 나와 제대로 마주할 수 있는 방법을 찾아 우왕좌왕하게 됩니다.

지금 느끼는 외로움의 정체가 무엇인지를 파악하고자 한다면, 바깥으로만 눈을 돌려 외부관계에만 마음을 뺏겨서는 안 됩니다. 내 안의 나와 대화하면서 그 관계가 어떤 모습인지 알아야 합니다.

안팎으로 참으로 힘든 외로움의 시대입니다.

외로움 전성시대의 도래

현대를 살아가는 우리가 다른 사람들 속에서 같음을 통해 외로움을 덜어내려고 노력하는 이유는 그 외로움이 24시간 365일, 태어나서 죽을 때까지 그 외로움이라는 괴물이 언제 어디서 우리를 괴롭힐지 모르기 때문입니다. 내 안의 나와의 관계로 인한 외로움은 서점에 깔린 심리학적 서적이 부족해서가 아닙니다. 현대 사회에서 나에게 주어지는 심리적 여유가 부족하기 때문이죠.

게다가 외로움은 나이가 어리다고 봐주지 않습니다. 태어난 지

얼마 지나지 않아서 우리는 보호자와 떨어져 있을 때 생기는 분리 불안으로부터 첫 '외로움'을 배웁니다. 생애 첫(?) 단체 생활을 시작하게 되는 어린이집 혹은 유치원을 다니게 되면 외로움은 냉혹한 사회생활의 본보기를 보여주겠다는 양 더 거칠게 찾아옵니다. 친구들과의 사이에서 배제되고 선생님께 인정받지 못한다는 아픔은 더할 나위없는 외로움의 고통입니다. 성적이 최상위 잣대가 되는 학교생활에서 뒤처지는 느낌은 아마도 학창 시절 모두가 겪었던 가장 큰 외로움이었을 겁니다.

대학에 진학하고 성인으로서 본격적으로 사회의 첫발을 내딛는 시기에 더 자주 더 강하게 마주치게 되는 차가운 시선은 분명 우리는 중고등학생 시절 외로움에 충분히 단련되었다는 믿음에도 불구하고 그다지 효과가 없다는 무력감을 경험하게 해줍니다. 내가 생각하는 능력 평가의 기준도, 내가 생각했던 사회의 정의도, 내가 생각했던 행복의 관점도 성인이 되어 만나게 된 확장된 사회의 또 다른 사람들의 그것과는 다르다는 걸 깨닫는 순간 외로움은 우울감을 동반합니다.

결혼하고 가족을 만들어도 변함은 없습니다. 생계를 위한 경제적 활동이 나의 인생의 가치와는 상관이 없다는 생각이 불쑥 찾아올 때, 가족들과 함께 하는 공간에서 함께 시간을 보내고 있던 나날 속에서 문득 나만의 공간과 시간이 없음을 발견했을 때, '이제는 나만을 위한 시간을 조금이라도 더 만들고 싶어'라고 배우자에게 말하니 아직은 그럴 때가 아니라는 대답을 들었을 때, 아이들이 성장해서 독립하고 그 비어 있는 공간을 바라보면서 홀연히 지난 시간을 되돌아볼 때, 분명

가족과 함께이지만 외로움에서 벗어날 수 없음을 느끼죠.

나이가 들어가고 노화가 진행되면 외로움은 정신적, 육체적으로 우리를 더 힘들게 합니다. 사회적 활동도 줄어들고 주변에 있는 사람들과의 관계도 멀어지면서 혼자 보내는 시간도 늘어납니다. 수입도 줄어들면서 발생하는 경제적 궁핍은 스스로 고립되는 시간을 만들기도 하죠. 더욱 심각한 것은 스스로 사회적으로 쓸모가 없는 존재라는 느낌이 들 때입니다. 외로움을 떨쳐낼 수 있는 강력한 도구인 관계 맺기의 능력도 별 소용이 없고, 점차 관계는 축소되면서 외로움을 느끼는 빈도도 잦아지죠.

이런 인생의 모든 과정은 끊임없이 내면의 나를 괴롭히고 외로움을 느끼게 합니다. '그때 넌 왜 그런 말을 했니?', '그건 너답지 않은 행동이었어!'라면서 말이죠.

빈부, 사회적 지위, 성별, 출신 배경 등과는 상관없이 외로움은 안팎으로 모든 이들을 괴롭히는 괴물입니다. 특히 외로움은 사회적 약자라고 발톱을 거두지 않고 오히려 더 날카로운 발톱을 세웁니다. 사회적 약자들은 그렇지 않은 사회구성원보다 더 외로움을 해소할 수 있는 관계의 기회도 적을뿐더러, 소비를 통해 외로움을 희석시킬 경제적 능력도 낮을 가능성이 크니까요. 그래서 사실 외로움에 가장 취약한 계층은 사회적 약자입니다.

이렇게 사회구성원이라면 모든 사람이 피할 수 없는 외로움은 개인에게도 사회 전체에도 부정적인 영향을 미칩니다. 사회구성원인

개인이 느끼는 외로움은 우울감이라는 정서적 문제로 연결되고 사회적으로는 고립과 고독사, 자살의 증가 등의 문제와 함께 사회 활력을 떨어뜨리는 사회적 문제로 발전합니다.

이런 외로움의 사회적 확대는 우리나라만의 문제는 아닙니다. 2018년 영국은 세계 최초로 '외로움 담당 장관Minister for Loneliness'을 임명하고, 외로움 대책 전략A Connected Society: A Strategy for Tackling Loneliness을 발표했습니다. 또한, 인접한 유럽연합 주요 국가에서도 외로움 문제에 대한 국가적 차원의 실태 파악과 정책 논의가 이어지고 있으며, 이미 상당 기간 외로움 문제에 대한 이슈화와 대비를 해온 미국에서도 본격적인 대응 방안이 의제화되고 있다는 점을 보면 이제 외로움은 개인의 문제가 아니라 사회적 문제, 국가의 문제로 변화하고 있다는 걸 알 수 있죠.

우리와 저출생, 고령화라는 외로움과 직결되는 사회적 문제를 공유하고 있는 일본은 어떨까요? 일본 정부는 2021년 내각부에 '고독과 고립 대책 담당실'을 설치하고 영국에 이어 두 번째로 담당 장관을 임명했습니다. 직장, 가정, 지역 단위로 서로 교류하고 지지하는 사회 기능이 약화되면서 외로움과 고립이 만연하는 사회가 되었다고 인식했기 때문입니다. 우리나라도 2024년 7월 서울시가 '돌봄·고독정책관'을 신설하고 본격적인 대책 마련에 부심하고 있죠.

이미 우리는 코로나 팬데믹 시대에서 충분한 외로움을 경험했습니다. 코로나 바이러스에 전염되는 순간, 가족, 친구, 동료와 사회에서 격리되어 지내는 공간과 시간이 주는 외로움이 어떤지를 말이죠. 그래도 코로나 시대의 외로움은 개인적으로는 코로나 증상이 사라지는 시간과 사회적으로는 코로나 사태의 종식까지라는 시간만 잘 참아냈으면 되니 그 끝이 있다는 것을 알고 있던 외로움이었습니다. 하지만 우리가 앞에서 보아 왔던 외로움은 과연 끝이 있는지 알 수 없다는 게 코로나 시대와는 다른 점입니다.

02

소비가 풀어내는
외로움의 메카니즘

외로움의 동반자 우울감과 소비

외로움은 그 자체가 부정적인 정서라서 우리에게 정신적, 심리적 고통을 느끼게 하지만, 더욱 좋지 않은 건 우울감을 동반한다는 점입니다.

사실 우울하고 짜증 나는 기분은 아주 자연스럽게 우리가 일상에서 느끼는 것입니다. 뭔가 문제가 발생하거나, 문제해결이 되지 않거나, 의도한 대로 일이 진행되지 않거나, 바라는 바가 이루어지지 않거나, 노력한 만큼의 보상이 주어지지 않거나 할 때 느끼는 정서가 바로 우울감입니다. 자잘한 우울은 너무나 자주 우리에게 찾아오는 것이라 자연스럽게 해소되면 아무 문제가 되지 않지만, 우울의 상태가 지나치게 오래 계속되거나 자연스럽게 해결될 가능성이 없으면 개인적으로나 사회적으로 여러 문제가 발생하죠. 우울증 또는 우울장애는 바로 이런 우울이라는 정서가 병이 된 경우입니다.

우울증은 일상생활에서 느끼는 일시적인 우울한 기분과는 다릅니다. 일상적 우울함은 그저 얼마간 시간이 지나거나, 기분 전환을 위해 운동을 하거나, 영화를 보거나, 사람들과 만나 대화를 하다 보면 쉽게 없앨 수 있죠. 하지만 우울증은 병이기 때문에 병원에 가서 진단을 받고 적절한 치료를 받아야 합니다.

우울증에 걸리면 아무렇지도 않은 작은 일에도 슬픔을 느끼고, 불안해지고, 무슨 일을 해도 재미없다는 생각이 들면서 만사가 귀찮고, 기억력과 집중력도 떨어집니다. 입맛도 떨어지고, 자다가 자주 깨고, 자신감도 없어지면서 소화불량이나 변비, 설사 등의 신체적 증상도 동반되죠. 증상이 심하면 망상과 환각도 경험하고 자살 충동으로 실제 자살을 시도하기도 하고요.

이렇게 우울증은 정신적, 심리적, 신체적으로 큰 영향을 미치는 병인데, 건강보험공단의 자료에 따르면 우리나라 우울증 환자 수는 2020년 약 87만 명에서 2023년 약 109만 명으로 25%나 증가했다고 합니다. 특히 아동, 청소년, 청년층에서 우울증 환자가 급격하게 증가했는데 과거 고령층의 증가가 두드러졌던 점과 비교하면 우울증이 모든 연령에서 증가하고 있음을 알 수 있습니다.

우울증은 다양한 복합적인 요인들이 작용하여 발생하지만, 현대 사회에서 특히 가족이나 친구와의 다툼, 학교나 직장에서 겪는 갈등, 연인과의 이별, 소속감 부재 등의 인간관계로부터 유발되는 우울증이 주목받고 있습니다. 현대 사회는 타인과 관계를 맺기도 쉬워졌지만 그만큼 관계의 강도도 약하고 끊어지기 쉬우며, 이전에는 중요한 관계 영역이었던 가족, 직장, 지역이 미치는 영향도 점차 약화되면서 인간관계의 양상과 질이 변화했기 때문입니다. 관계의 양상과 질의 변화 속도가 너무나 빠르다 보니 개인이 이를 따라가지 못하는 것도 문제입니다.

혹시 요즘 회사에서 '3요' 주의보라는 말이 있다고 하는데 들어 보셨나요. 상사가 업무를 지시하면 MZ세대 직원이 "이걸요? 제가요? 왜요?"라고 되묻기 때문에 상사들이 힘들어 한다고 합니다. 이런 현상도 인간관계의 사회적 변화가 너무나 빨라서 개인들이 따라잡기 힘들 때 발생하는 모습입니다. 소위 'MZ세대 vs 꼰대 상사'의 대결은 양쪽 모두에게는 우울한 직장 생활로 이어질 수도 있습니다.

그래서 많은 정신과 의사들이 우울증의 대응 방법으로 적절한 인간관계를 만들어 가도록 권하고 있습니다. 누군가와 함께 하는 취미 활동은 기분 전환과 삶의 활력을 되찾아 주고, 친구나 가족과의 소통은 외로움을 해소하고 사회적 지지를 제공해 주기 때문이죠. 그런데 문제는 이런 인간관계를 만들려다가 잘못되면 외로움을 환기하여 다시 우울 모드로 돌아갈 수 있으니 최대한 수용적 태도를 보이는 사람과, 긍정적인 면을 중시하는 대화를 통해서, 서서히 다가가는 방식으로 관계를 맺으라고 권하고 있습니다. 관계가 차고 넘치는 현대 사회에서는 관계 때문에 발생하는 우울도 차고 넘치지만, 그 또한 관계로 치유된다는 의미입니다.

우울과 외로움은 모두 인식적 정서입니다. 외로움은 '혼자만의 시간과 공간'이라는 특정한 상황이 주어지면 모두 느끼는 게 아니라 개인이 인지적으로 반응하는 것이라고 말했는데, 우울도 마찬가지입니다. 어떤 사람이 운전면허 시험에 응시했다가 떨어졌다고 합시다. 노력했는데 이루지 못하면 우울이 발생하는 '상황'이니 당연히 우울감을 느끼게 되겠죠. 하지만 모든 사람이 그렇지는 않습니다. 어떤 사람은 '아, 정말 짜증 나네. 운전하는 거 그냥 포기하고 말까. 너무 우울하네'라고 느끼지만, 어떤 사람은 잠깐은 실망하고 아쉽다고 생각하지만 '친구도 한 번은 떨어졌다는데 뭐, 다음에 또 보면 되지'라고 우울감 따위는 개나 줘버리기도 합니다. 사람에 따라 상황을 보고 해석하는 인식이 다르기 때문이죠. 그래서 우울도 외로움과 마찬가지로 상황적 정서라기보다는 인식적 정서입니다.

인식적 정서이기 때문에 한쪽이 발생하면 다른 쪽도 활성화됩니다. 인식은 우리가 세상을 바라보고 판단하고 해석하는 방식과 관련이 있기 때문이죠. 외로움을 느끼면 동시에 우울감도 느끼게 되고, 우울감을 느끼게 되면 외로움도 함께 느끼게 됩니다.

인식적 정서는 우리의 생각과 관점 등을 변화시킨다면 충분히 조절할 수 있습니다. 우울하거나 외로울 때 좋아하는 음악을 들으면서 커피를 한잔 마시면 외로움과 우울감이 해소되는 것도, 단순히 인간이 주어진 상황과 자극에 무조건적으로 반응하는 단세포 생물이 아니라, 상황과 자극을 자기 나름대로 판단하고 해석하여 받아들이는 존재라는 것을 말해 줍니다.

　　외로움은 우울이라는 마중물을 만나서 더 몸집을 불려 우리를 집어삼킬 수 있는 크기로 변합니다. 외로움 자체는 병으로 진단되지 않지만 외로움이 우울과 만나서 우울증으로, 우울장애로 발전하면 의사의 도움 없이는 일상생활이 불가능하게 될지도 모릅니다. 그래서 궁금합니다. 도대체 우울감을 동반하는 외로움을 느끼고 있는 우리가, 우울증 진단의 단계까지 가지 않으면서 일상생활을 영위하고 있는 이유가 무엇인지 말입니다. 병원에 가지 않아도 일상에서 외로움을 풀어내는, 우울증으로 발전하지 않도록 해주는 해법이 존재하기 때문은 아닐까요?

소비하라, 그러면 해결될 것이다

외로움도 우울도, 해결하고 싶은 문제입니다. 우리는 뭔가 풀어야 할 문제가 있으면 어떤 식으로 해결하고 있을까요? 사례를 생각해 보죠.

　　29살의 남성 A씨. '사귀고 있는 여자친구의 처음 맞이하는 생일을 어떻게 보내면 좋을까?'라는 고민이 있습니다. 뮤지컬 배우 홍광호의 열광적인 팬인 여자친구를 위해 3개월 전에 미리 예매해 둔 뮤지컬 〈지킬 앤 하이드〉의 VIP 좌석 두 매가 오늘의 깜짝 선물입니다. 점심시간에 맞춰 맛집도 예약해 두었죠. 맛집에서 이탈리안 요리 커플 세트를 먹고, 요즘 핫하다는 카페에서 시그니처 음료도 마셨죠. 1시간 정도 일찍 도착해 뮤지컬 극장 포토존에서 사진을 찍고, 프로그램북과 키링 하나를 샀습니다. 뮤지컬이 10시가 넘어서 끝나서 여자친구의 집까지는 택시를 이용했죠. 헤어지면서 여자친구가 "오늘 정말 멋진 생일이었어. 정말 고마워~"라고 말합니다. 휴우~, 이렇게 여친 생일 과제를 잘 끝마친 하루였네요.

살다 보면 우리는 해결해야 하는 많은 문제와 어려움, 고민에 직면하게 되죠. 그리고 과제를 해결하기 위해 다양한 노력을 합니다. 만일 '비만 탈출'이 과제라면 어떻게 할까요? 식사량을 평소의 2/3으로 줄이거나, 저녁마다 집 근처의 공원을 1시간 달려 보는 것은 어떨까요? 아니면 가까운 피트니스센터 회원권을 끊어 정기적으로 운동을 하거나 개인 트레이닝PT을 받기도 하고, 요즘 효과가 있다는 다이어트 식품을 섭취하는 것도 방법입니다. 성적을 올리고 싶다면 어떻게 할까요? 공부 시간을 늘리거나, 최근 핫한 참고서를 열심히 보거나, 학원 강의를 듣거나, 인강을 듣는 방법도 있을 겁니다.

해결해야 하는 문제가 어떤 것이냐에 따라서 여러 방법을 선택할 수 있지만, 반드시 포함되는 방법이 있습니다. 바로 무언가를 구입해서 그것의 도움을 받는 방법입니다. 바로 소비를 통한 문제해결입니다.

비만이 문제라면 매일 열심히 자발적으로 운동하는 것이 가장 현명한 방법이겠지만, 인간의 의지는 약한 법이라 누군가의 통제를 받거나 의무적으로 운동하지 않으면 안 되는 상황을 만들어야 합니다. 그래서 일단 운동부터 해야겠다는 의무감으로 제일 먼저 피트니스센터 등록을 합니다. 다이어트의 핵심은 식이 조절입니다. 요즘 다이어트 프로그램의 대세인 저탄고지 다이어트를 하기로 하고 냉장고를 뒤집어엎은 다음 모두 채소와 고기로 다시 채워 넣습니다. 여러 소비를 통해 다이어트를 위한 만반의 준비를 마쳤습니다. 마음이 평안해졌습니다. 이제 살 빠지는 일만 남았습니다.

인간은 혼자서 인생의 모든 문제를 해결할 수 없기에 다른 사람의 힘을 빌려야 하기도 했고, 그 과정에서 분업이 이루어졌습니다. 분업을 통해 자연스럽게 다른 사람이 가진 능력이나 물건을 화폐를 통해 거래하는 교환을 하게 되었죠. 이렇게 외부에서 서비스나 상품을 구매하여 문제를 해결하는 과정을 '소비'라고 합니다. 그러니까 서비스나 상품을 구매하는 행위, 서비스와 상품을 사용하는 행위도 모두 소비행위에 포함됩니다.

흔히 현대 사회를 '소비사회'라고 부릅니다. 대량생산된 물건을 대량으로 소비하는 사회라는 특성을 말하기도 하고, 필요 이상으로 소비를 하는 사회를 말하기도 하고, 인간이 자신의 정체성을 소비로 드러내는 사회라는 뜻이라고 하기도 하고, 상품과 서비스가 지닌 본원적인 기능적 목적이 아닌 기호적 목적으로 소비되는 사회라는 조금 어렵게 해석되는 용어이기도 하죠. 중요한 것은 소비가 인간의 다양한 행위 중 가장 중요한 행위로 자리 잡았다는 것을 이 '소비사회'라는 용어가 말해 주고 있다는 사실입니다.

우리의 인생은 코앞으로 시시각각 찾아오는 많은 문제와 어려움을 해결하는 과정이며 선택의 연속입니다. 그리고 소비사회에서 해결을 위한 대부분의 선택은 소비행위를 통해 이루어지죠. 몸이 아프면 병원을 찾아가 진료비를 내고 의사에게 진찰을 받고 약을 처방받습니다. 정보와 지식이 필요하면 학원이나 인터넷 강의를 등록하거나 관련 서적을 구매하여 해결하려 합니다. 몸이 아프거나 지쳐 빨리 집으로 가서 쉬고 싶다면 버스나 지하철 같은 대중교통보다는 더 많은 비용을 들여 택시를 이용하죠. 뭔가 먹고 싶은 음식이 생각나면 음식점을 찾아가거나 마트에서 식재료를 구매해 집에서 요리해 먹을 겁니다.

아침에 눈을 떠서 다시 잠자리에 들어가기까지 우리는 많은 소비행위의 결과로 이루어진 삶을 살고 있습니다. 그러니 당연히 우울감이나 외로움이라는 풀어야 하는 과제도 소비로 해결하는 것에 익숙합니다.

일상의 외로움은 일상의 소비로

'아 왠지 요즘 삶이 따분하고 우울한 거 같아'란 생각이 들면 소비를 통해 해결할 수 있다는 이야기이지만, 우울감을 없애자고 갑자기 고급 단독주택을 구입하거나, 엄청난 가격의 명품 가방이나 고급 차를 사거나, 고급 호텔의 스위트룸에 숙박하거나 하는 소비행위를 하는 것이 과연 일반 시민들에게 가능한 걸까요? 무리해서 이렇게 한번 우울감을 풀어냈다고 해도 이런 식의 소비는 계속되기 어려울 겁니다. 일상에서 우울감이 느껴진다면 놀이동산에 놀러 가거나, 대형할인점에서 쇼핑하거나, 가까운 맛집에 가거나, 영화를 보거나, 카페에서 차를 마시거나, 술을 마시거나 하는 것이 소비를 통해 해결하는 일반적 방법일 겁니다. 외로움도 마찬가지입니다.

일상에서 우리에게 찾아오는 외로움은 엄청나거나 특별한 소비행위를 해야만 해결되거나 희석되는 것은 아닙니다. 만일 그렇다면 외로움을 해결하기 전에 경제적 궁핍에 시달리게 되어 감당할 수 없는 우울증으로 발전하여 극단적 선택에 이르게 될지도 모릅니다.

앞서 우울이나 외로움은 인식적 정서라고 말했습니다. 그러니까 생각하기에 달렸다는 거죠. 외로움이 느껴질 것처럼 생각된다면 그런 생각의 전환을 통해 이를 예방할 수도 있고, 지금 외로움을 느끼고 있다면 다른 생각을 하거나 해서 외로움을 잊도록 하는 해결 방법도 가능하다는 뜻입니다.

혼자 있는 공간과 시간이 견디기 어려울 것 같으면 친구와 술을 마시거나 커피를 마시는 소비행위를 통해 외로움을 예방할 수 있고, 동료들 사이에서 인정받지 못하고 있어 외로움이 느껴지면 우선은 좋아하는 영화를 보면서 잠시 이를 잊어 보는 소비행위도 가능합니다. 물론 이런 소비행위가 근본적으로 외로움을 해결하는 치료법이 될 수는 없습니다. 어떤 사람의 외로움을 해결하기 위해서는 그 사람이 느끼는 외로움의 근본적 원인을 찾아내고 이를 해결해야만 가능하니까요. 하지만 이렇게 외로움의 근본적인 원인까지 찾아내서 해결해야 하는 외로움을 지닌 사람은 정신적인 치료가 필요한 수준의 외로움에 고통받고 있거나, 사회적 고립을 경험하면서 누군가의 도움이 없으면 정상적인 일상생활이 불가능한 사람들의 이야기일 겁니다.

그러니 일상에서 때때로 찾아오는 외로움, 왠지 잠시 무기력을 부르는 외로움, 우울한 기분을 느끼게 하는 외로움 등을 적절하게 통제하여 내 안의 괴물로 키우지 않는 방법은, 이런 작은 외로움들이 생겨났을 때 수시로 소비행위를 통해 관리해 주는 것입니다.

외로움이 개인과 사회의 문제로 발돋움하고 있는 지금 그리고 이 시대에, 외로움으로 몸부림치지 않고 쓰러지지 않으면서 일상생활을 영위할 수 있는 건 바로 커피를 마시고 영화를 보는 것처럼, 그리 대단하지 않은 소소한 소비행위만으로도 외로움을 충분히 조절할 수 있기 때문입니다.

소비사회는 외로움 전성시대를 맞아 아주 다양한 상품과 서비스를 시장에 내놓고 일상의 외로움을 회피하고, 희석하고, 해소하려는 우리를 유혹합니다. 이런 상품과 서비스를 얄미운 소비자 기만의 상술이라고 치부할 수만은 없습니다. 외로움을 위한 소비는 부정적인 정서에서 꺼내 달라고 보내는 구조 신호에 소비사회가 응답해 주었기 때문에 가능했던 것일지도 모르니까요.

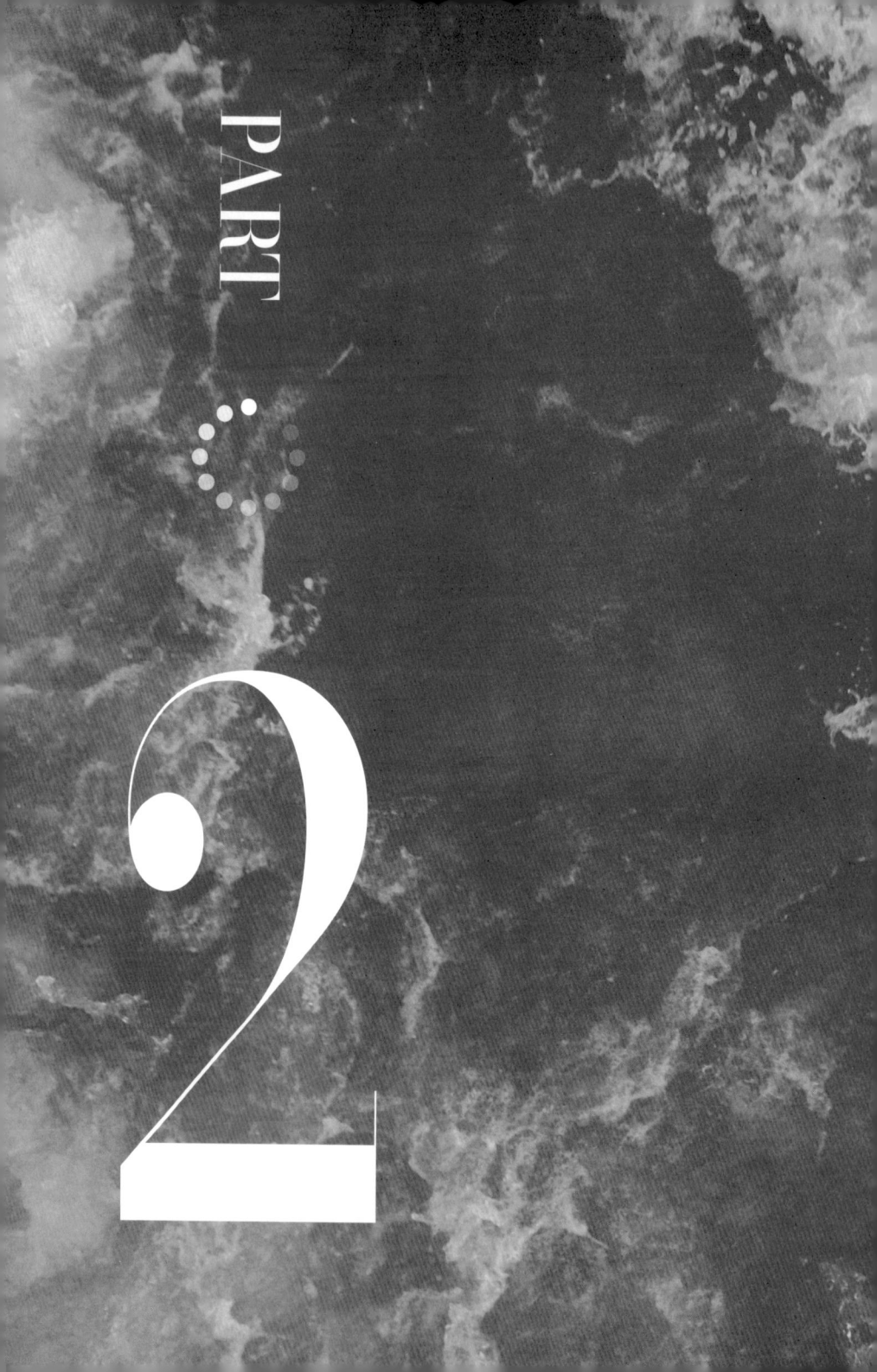

팬이 되어 외로움을 바라보다

The Loneliness-Consuming Society

INTRO

외로움을 잊거나 해소하기 위해 여러분은 어떤 행동을 하시나요? 친구를 만나는 직접적인 방법도 있지만, 상대가 나만을 위해 항상 대기하고 있기를 기대하는 것은 어렵습니다. 가장 간단한 방법은 지금 이 외로운 기분에서 벗어나기 위해 다른 대상에 몰입하는 것이죠. 드라마, 영화, 애니메이션을 보거나, 소설이나 웹툰을 읽고, 게임에 열중하는 등 콘텐츠를 즐기는 방법이 아마도 손쉬운 방법일 겁니다. 뭔가 하나에 몰입한다는 것은 다른 생각, 다른 인식, 다른 감정을 가질 여유를 스스로 제한하는 것이니까요. 인터넷 시대에는 이런 디지털 콘텐츠가 가장 값싸고, 빠른 몰입의 대상이 되었습니다.

무언가에 몰입하는 동안, 우리는 한 가지에만 집중하게 되면서 내 안에 자리한 여분의 생각이나 감정 등에 눈을 돌리기 어렵습니다. 몰입은 '주위의 모든 잡념, 방해물들을 차단하고 원하는 어느 한 곳에 자신의 모든 정신을 집중하는 일'이라고 정의되는 만큼, 외로움을 느끼게 하는 상황을 인식하거나 외로움의 정서에 괴롭힘을 당하는 자신의 온전한 정신과 몸을, 어느 특정 대상을 향하게 하여 외로움에서 벗어나게 해줍니다.

물론 무언가 몰입하는 대상은 그때그때 다를 수 있습니다. 음식을 먹을 동안에는 내 앞의 삼겹살에 몰입하고, 소개팅할 때는 건너편에 앉은 상대에게 몰입하고, 시험공부를 할 땐 교과서에 몰입하겠죠. 이렇게 몰입의 대상을 상황에 따라 다르게 하면서 순간의 정신을 한 곳에 집중할 수 있을 겁니다.

하지만 언제 어디서든 우리를 노리고 있는 외로움을 잊기 위해 매번 각기 다른 무언가에 몰입하는 전략을 사용해야만 한다면 순간마다, 상황마다 어떤 것에 몰입해야 할지 생각하고 선택하는 것은 매우 피곤하고 효율이 떨어지는 전략이겠죠. 평소에 신중히 하나의 대상을 선택하여 이 대상에만 자신을 몰입할 수 있도록 한다면 무척 깔끔하게 외로움에서 벗어날 수 있을 겁니다. 게다가 대상이 인간이나 인격화된 것이라면, 몰입할 대상과 인간적 상호관계를 맺고 있다는 것을 느낄 수 있고 이 관계 자체가 외로움을 멀리하게끔 만들어 줄 겁니다. 외로움은 무언가와의 단계가 단절된 상태를 말하니까요.

게다가 누군가 또는 무언가에 몰입하게 되면 우리는 대상을 '사랑'하게 됩니다. 아니 사랑하기에 몰입하고 있는지도 모르죠. 사랑은 '주체와 대상'을 지닌 관계이기 때문에 '혼자'라는 외로움의 상황과는 거리가 있습니다.

'평소 특정 대상에 몰입하고 있는 사람'은 외로움과는 인연이 먼 사람일지 모릅니다. 이런 사람을 우리는 '팬' 또는 '마니아'라고 부르죠. 외로움의 시대를 극복하기 위해 우리는 무언가 또는 누구의 팬이 되어 열심히 사랑하고 응원하고 있지 않을까요? 아니 일방적으로 팬이 대상을 사랑하는 것만이 아니라, 대상도 알게 모르게 열심히 팬을 사랑하고 응원하고 있는 건 아닐까요? 그렇기에 몰입 대상과 팬 사이에는 외로움의 위험한 계곡을 함께 건널 수 있는 흔들다리가 존재한다고 생각합니다. 그럼 그 흔들다리가 어떤 것인지 알아보도록 하죠.

01

외로움의 시대, 팬과 팬덤을 말하다

IM HERO

'IM HERO', 외국인이라면 어떻게 읽을까요?

'I am'의 줄임 형태인 'I'm'에서 ' ' '를 깜빡 잊고 안 썼나 보다 생각하고는 '아이 엠 히어로'라 읽을 가능성이 클 겁니다. 하지만 영어권 사람들이라면 hero 앞에 정관사 the를 넣어서 'I'm the hero'라고 쓰거나, 아니면 부정관사인 a를 넣어서 'I'm a hero'라고 써야 올바른 표기이니 고개를 갸웃거릴 테지요. ' ' '도 빠져 있고 관사도 없으니 이건 제대로 된 영어가 아니라 한국인들만의 영어, 그러니까 콩글리쉬라고 받아들일지도 모릅니다.

어떤 외국인은 이렇게도 생각하지 않을까요? 의미를 지닌 문장이 아니라 혹시 동양인의 이름을 표기한 것이 아닐까 하고요. 그래서 그냥 발음 그대로 읽어 '임헤로'나 '임해로'라고 하는 사람도 있을 겁니다.

하지만 우리나라 사람이면 어떨까요? 외국인과 마찬가지로 이상한 영어라고 생각하거나, '임해로'란 사람의 이름을 표기한 거라고 생각할까요? 아닙니다. 왜냐면 우리나라 사람이라면 모두 이 영어가 어떤 의미인지 알고 있기 때문이죠. 바로 유명 트로트 가수인 임영웅을 의미한다는 걸 말이죠. 물론 이 영어를 정확히 읽는 방법은 '임 히어로'도 '임영웅'도 아니라 '아임 히어로'라고 읽어야 한다는 것은 또 다른 문제이긴 하지만 말입니다.

스파이더맨, 아이언맨, 배트맨, 슈퍼맨처럼 세상을 구하는 데에 전력을 다해온 히어로의 이름은 누구나 들으면 알고 있죠. 하지만 얼마 전까지만 영화산업을 견인해 오던 이런 해외 대표 히어로들도 이제는 힘이 쇠진했는지 좀처럼 부활의 조짐이 보이지 않고 있는 상황에서 이들을 대신해 대한민국에는 더 유명한 영웅이 활약하고 있으니, 바로 가수 임영웅입니다. 우연히 이름이 영웅이라서 더 그런 느낌이 드는 걸까요?

임영웅의 인기는 새삼스럽게 강조하지 않아도 될 정도인데, '임영웅 신드롬'으로 불릴 만큼 트로트 가수나 인기 가수를 넘어 하나의 사회문화적 현상이 된 이유와 사회적 영향에 대해 2024년 11월 30일 한 학술단체인 한국대중음악학회가 '임영웅'이라는 주제로 학술대회를 개최할 정도입니다. 참고로 한국대중음악학회는 2018년에는 세계적인 보이그룹이 된 BTS를 주제로 학술대회를 했다고 하니 임영웅은 BTS 수준의 영향력이 있다고 인정받은 셈이네요.

임영웅만이 아니라 트로트 붐이 일면서 트로트 가수들도 대중적 인기를 기반으로 활발한 활동을 하고 있습니다. 오디션 프로그램을 통해 이름을 알린 트로트 가수들은 TV와 라디오, 그리고 인터넷 매체 등을 통해 대중적 인기와 영향력을 얻게 되었고 열렬한 팬들의 응원으로 이런 현상은 더욱 확대되어 가는 모습을 보이고 있죠. 젊은 세대 중심의 보이그룹이나 걸그룹의 팬클럽 활동이 한동안 뉴스로 보도되기까지 하던 시기가 있었는데 이제는 이런 팬클럽 활동이 중장년층에까지 확대되면서 '팬덤문화'가 사회적 공인을 받은 용어로 정착했다고 생각됩니다.

팬덤fandom은 '공통적인 관심사를 공유하면서 공감과 우정의 감정을 나누는 사람들이 모인 집단을 말하는 하위문화'라고 정의되는데, 과거 우리나라에서 팬덤은 주로 '아이돌 팬덤'을 이야기할 때나 사용되던 용어였습니다. 최근에는 대중문화 영역에서 아예 팬클럽을 팬덤이라는 용어로 사용하기도 합니다. 예를 들어 'BTS 팬클럽 아미 A.R.M.Y'라고 하지 않고 'BTS 팬덤 아미'라고 표현합니다.

자신이 좋아하는 아이돌 그룹의 팬클럽을 중심으로 가수들을 응원하면서 앨범 구매, 공연 관람과 관련 굿즈 소비의 핵심으로 등장한 팬들은 가수의 이름으로 기부 활동을 하거나, 공원이나 숲을 만드는 긍

2024년 '제15회 잉크INK, Incheon K-POP 콘서트'에서 케이팝 팬들이 응원봉을 흔드는 모습.
(출처: 인천광역시 예술정책과, 공공누리 공공저작물)

정적인 측면의 팬덤도 화제가 되었지만, 스토킹에 가까운 수준의 팬 활동을 하거나, 팬덤을 활용해 앨범을 강매하는 마케팅이 이루어지거나 하는 부정적인 측면도 보였죠. 그런데 이런 팬덤문화는 국내를 넘어서 이제는 세계로 번져 나가서 팬덤 규모는 계속 성장하고 있습니다.

　　IBK투자증권의 2023년 보고서에 따르면 국내 주요 엔터 4사인 하이브, SM, JYP, YG의 핵심 팬층인 코어core 팬덤 규모는 약 350만 명, 아이돌 팬덤 산업의 규모는 약 8조 원 규모로 추정되며 향후 세계적으로 그 규모는 더 커질 것이라고 합니다. 이제 팬덤은 대한민국이라는 좁은 공간을 벗어나 세계적인 현상이 되어가고 있죠.

이런 팬덤은 대중문화의 영역에서만 화제가 되는 것은 아닙니다. 2024년 겨울 '팬덤'이라는 단어가 정치면에도 등장했죠. 바로 대한민국을 강타한 계엄 정국의 시위 현장을 찍은 사진에 형형색색의 응원봉이 등장한 모습이 주목을 받으면서 말이죠. 각 언론사는 아이돌 콘서트장을 방불케 하는 분위기를 앞다투어 보도하면서 '집회 문화가 바뀌었다!'고 보도했고, 아이돌 팬덤이 MZ세대의 정치 참여를 이끌면서 소속감을 다지는 한편, 느슨한 연대감을 다져온 청년세대가 광장으로 나와 만나면서 감동을 느끼는 측면을 보여주는 현상이라는 해설을 덧붙이기도 했죠.

이렇게 대중예술 분야에서 시작해서 이제는 사회 전반으로 폭발적 확장을 한 팬덤 현상은, 개개인 행위를 집단적 행위로 변화시키는 역할을 하고 있습니다. 팬덤은 개개인의 팬이 하나로 연결되는 '개인적 차원의 연결' 뿐만 아니라, 개인의 행위가 사회적 단위의 집합 행위로 이어지는 '사회적 차원의 연결'을 이야기해 줍니다. 연결은 외로움과 관련해서 중요한 단어입니다. 개인적으로 누군가 또는 무언가의 팬이 되는 것, 그리고 개개인의 팬들로 이루어지는 팬덤의 연결성은 외로움의 사회를 바라볼 때 좀 더 자세히 들여다볼 필요가 있습니다.

팬, 외로움과 대항하는 몰입

우리는 무언가 또는 누군가를 아주 많이 좋아하게 되면 공유하고 싶어지고, 다른 사람들에게 다가가서 이야기를 하고 싶어집니다. 좋아하게 되면 팬이 되고, 팬이 되면 관심을 공유하고 팬들끼리 이야기를 나누는 팬덤으로 확대되는 거죠.

팬이 되기 위해서는 자신의 내면이 아닌 외부에 있는 대상에 대해 끊임없이 관심을 기울여야 합니다. 팬이 되는 과정은 그래서 개인이 타인이나 사회와 연결되는 과정이고, 이 연결이 유지되는 과정을 말합니다.

우리가 어딘가, 무언가, 누군가와 연결되어 있고, 게다가 그 연결의 접합력이 강력하고, 끈끈하고, 정서적이며, 자신의 정체성과 관련되어 있다고 인식하고 있는 상황에서는 외로움이 끼어들 여지가 없습니다.

애니메이션이나 만화 등의 콘텐츠에 열광적인 팬을 일컫는 오타쿠의 예를 살펴볼까요? 국내에서 '덕후'라는 단어로 표현되는 오타쿠는 일본에서 사용하기 시작한 용어입니다. 1970년대에 애니메이션이나 만화, 코스프레, 게임 등의 매니아들이 이름도 모르고 아직은 이런 매니아층을 다소 부정적인 눈으로 바라볼 시기에 서로를 부르던 호칭이었죠. 본래 '집'이나 '댁'이라는 뜻으로, 초기에는 집 안에만 틀어박혀서 취미 생활을 하는 사람을 지칭했기 때문에, 1990년대까지 오타쿠는 '집 안에 혼자 틀어박혀 콘텐츠에 빠져 살면서 사회적 관계에서 스스로 배제된 사람들'이라는 전형적인 이미지를 가지고 있었습니다. 하지만 점차 정보화가 진전되어 콘텐츠 산업이 산업 경쟁력을 지닌 분야로 인정받고 기업과 국가가 소프트웨어 육성에 나서면서 오타쿠가 콘텐츠 산업을 이끄는 핵심 세력으로 주목을 받으며 오타쿠에 대한 연구와 분석이 활발히 진행되기 시작했습니다. 그러면서 '사회에서 배척된 외톨이'라는 오타쿠의 이미지도 변화를 보입니다.

우리는 흔히 오타쿠를 외로운 사람들이라고 오해하기 쉽습니다. 혼자 집에 틀어박혀 애니메이션이나 게임을 즐기는 사람이라는 오래전부터의 인식이 여전히 강하기 때문이죠. 하지만 1990년대 이후 이들을 인터뷰하고 조사하는 과정에서 오타쿠가 외로운 사람들이라는 생각은 잘못된 것임을 알게 됩니다. 그들은 서로 온/오프라인 네트워크를 이루어 정보를 교환하고, 끊임없이 어떤 신상품이 출시되는지 등의 외부 세계에 관심을 가지고, 자신이 즐기는 콘텐츠와 관련된 외부 정보를 탐색하고 자신이 발견한 내용을 외부로 발신하면서 타인과 사회의 연결성을 오히려 강화하고 있었죠.

게다가 더 중요한 건 콘텐츠를 즐기는 과정에서 '외롭다'고 느끼고 있지 않다는 점이었습니다. 그들은 수박 겉핥기식으로 콘텐츠를 소비하는 것이 아니라, 콘텐츠에 몰입해서 즐기고 있었고 그 과정에서 수준 높은 안목을 지닌 사람으로 성장하고 있었기 때문입니다. 다시 말해 몰입해서 콘텐츠와 연결되어 있고, 그 결과 사회와의 네트워크가 지속적으로 유지되고 있었던 거죠.

무언가 또는 누군가에 몰입되어 있을 때 우리는 외로움을 느낄 겨를이 없습니다. 한창 사랑에 빠진 사람을 아무도 외로운 사람이라고 생각하지 않습니다. 오히려 그는 행복한 사람일 겁니다. 비록 그 사랑의 결말이 상대의 차가운 이별 통보로 마무리되더라도, 사랑에 몰입된 공간과 시간은 외로움의 공간과 시간이 될 수 없죠. 게다가 콘텐츠는 이를 즐기는 사람에게 이별을 통보하지 않습니다. 콘텐츠 소비자가 애니메이션이, 게임이, 캐릭터가 지겨워지거나 더는 흥미가 생기지 않아서 버릴 수는 있지만 말이죠. 그러니 이별을 통한 외로움은 콘텐츠 소비자가 선택하고 결정하고 통제할 수 있습니다.

사업가는 일에 몰입되어 있을 때 외로움을 느끼지 않습니다. 일이 마무리되고 나서 비로소 외로움을 느낄 수는 있지만, 너무나 그 일이 재미있어서 주변이 보이지 않는 상태로 몰입되어 있을 때는 자신의 관심은 그저 하나에 집중되어 있을 뿐입니다. 그가 혼자 열심히 뛰어다니는 모습을 보면서 주변 사람은 '외롭겠다'고 생각할 수는 있겠지만 정작 본인은 그런 생각을 가져본 적이 없을 겁니다.

외로움은 인식적 정서라고 말했습니다. 인식적 정서는 단순히 상황이 주어졌을 때 무조건적으로 발생하는 것이 아니라고도 했습니다. 정서의 주체인 개인이 주관적으로 받아들이는 정서가 바로 인식적 정서입니다. 무언가에 또는 누군가에 몰입된 사람은 자신의 상황이 어떻든 상관없이 자신을 외로운 사람이라고 느끼지 않습니다. 아주 잠시 외로움을 느끼는 순간은 있다고 해도 다시 몰입의 대상으로 마음이 움직이게 되니 그 외로움이 그에게 미치는 영향은 아주 미미합니다.

팬이 된다는 것은 몰입을 경험하는 것과 같습니다. 외로움은 몰입하는 팬의 마음에 싹을 틔울 수가 없습니다. 그 캐릭터가, 그 배우가, 그 가수가, 그 작품이, 그 게임이 내 마음을 불태우는 뜨거운 존재이고, 타인과 사회와의 연결 고리를 만들고 있는 한 외로움이 비비고 들어올 여지가 없는 거죠.

이 시대와 사회를 살아가는 우리가 외로움에 쓰러지지 않는 건, 우리가 가슴 속에 몰입할 수 있는 대상을 품고 있기 때문일지도 모릅니다.

다른 사람은 모르겠지만 넌 소중하니까

지금 외로움을 느끼고 그것을 벗어나고 싶거나 찾아올 외로움이 두려워 뭔가 하고 싶을 때. 몰입할 수 있는 대상을 찾기 위해 주변을 둘러보고 아무거나 적당한 것을 하나 선택합니다. 자, 이제 몰입 시작~.

대상에 몰입할 수 있는 팬이 된다는 건 이처럼 간단한 건 아닙니다. 몰입의 대상이 되는 누군가나 무언가가 어떤 자격을 지니고 있어야 하기 때문이죠. 몰입의 대상이 되기 위해 갖춰야 하는 가장 중요한 자격은 연결되고자 하는 대상이 쉽게 일상에서 만날 수 없는 존재여야 한다는 점입니다.

일상적으로 쉽게 만날 수 있는 흔한 대상이라면 좋아하는 마음으로 팬이 될 수 있겠지만, 그 대상에 몰입되어 '연결되고 싶다'라는 욕구는 크지 않을 겁니다. 언제든지 연결될 수 있으니까요. 몰입되는 팬의 대상은 그만큼 연결에 대한 욕구가 커야 가능합니다. 대상과 연결되기를 바라는 욕구가 있다는 것은 그 대상과 연결되기가 어렵기 때문입니다. 우리는 손을 뻗어 닿기 힘든 존재들과 연결되었을 때 큰 행복감을 느끼곤 하니까요. 그리고 다른 사람들에게는 하찮게 보일 수 있지만 내게는 소중한 존재와 연결됐을 때 몰입한 팬들은 놀라운 소비행위를 보이곤 합니다.

2022년 아직 코로나로 모두가 어려운 시기를 보낼 때, 편의점과 마트에서 때아닌 빵 구매 소동이 일어났습니다. 편의점 배송트럭을 쫓아다니면서까지 동네 모든 편의점을 순회하면서 빵을 사 모으려는 사람들 때문에 생긴 일이었죠. 사람들이 구매하려고 했던 빵은 '포켓몬빵'이었습니다. 이 빵에는 세계적으로 흥행한 애니메이션 <포켓몬스터>에 나오는 포켓몬 캐릭터의 모습이 그려진 스티커인 '포켓몬 띠부씰(띠부띠부씰이라고 합니다)'이 하나씩 들어 있었는데, 총 159종의 띠부씰 컬렉션을 모두 모으기 위해 팬들이 움직인 결과였습니다.

그런데 희귀 캐릭터의 띠부씰은 아무리 빵을 많이 사도 얻기가 힘들었고, 띠부씰만을 얻기 위해서 사고 나서 먹지도 않고 버려지는 빵이 문제가 되기도 했죠. 그래서 일부 편의점에서는 1인당 3개까지 판매를 제한하기도 하고, 빵이 들어오면 몰래 숨겨 두었다가 단골에게만 판매하기도 하는 등 웃지 못할 일도 뉴스에 등장하곤 했었습니다.

얼마 전에 지창욱 배우가 예능 프로그램에 나와서 띠부씰과 관련된 이야기로 화제가 되기도 했습니다. 지창욱 배우는 자신이 동네 직거래 앱 애용자라고 하면서 이렇게 말했거든요.

"저도 얼마 전에 당근에서 포켓몬 띠부씰 컬렉션을 26만 원에 샀어요."

그 이야기를 옆에서 듣고 있던 프로그램 MC인 유재석 씨와 조세호 씨가 눈을 크게 뜨면서 놀라는 모습을 보였습니다. '아니 그게 뭐라고 그렇게 비싸게 사는 거죠?'라는 표정이었죠. 하지만 만일 여러분이 포켓몬의 팬이라면 이 정도의 가격은 오히려 적당하다고 생각할지도 모릅니다. 2022년 포켓몬 빵 품귀 현상이 일어났을 때, 중고거래 플랫폼에서 인기 포켓몬인 '피카츄' 띠부씰이 1개에 10만 원, '뮤' 띠부씰은 4만 5000원에 거래됐고, 띠부씰 159종을 모은 공식 씰북이 110만 원에 올라오기도 했으니까요.

내가 연결되기 원하는 대상이 있는데 그 대상이 다가가기 힘든 상황에서, 만일 대상과 연결된다면 정말 행복할 겁니다. 몰입은 세상을 보는 인식을 바꿉니다. 다른 사람에게는 하찮은 대상도 팬의 인식으로는 억만금을 주고도 살 수 없을 만큼 소중한 것입니다. 팬에게는 대상의 절대적 가치가 중요한 것이 아니라, 자신이 주관적으로 인식하는 가치가 더 소중하니까요.

　오히려 다른 사람이 인정하지 않는 대상이나 눈을 두지 않는 대상이 자신에게는 더 소중한 존재라고 생각하는 연결감 또는 유대감은 '특별한 나와 너의 유대'라는 인식을 강하게 만들어 줍니다. 다시 말해 세상 사람들이 흔히 생각하는 연결성이나 유대와는 다르게 '다른 사람은 주목하지도 않고 봐주지 않는 너도 특별하고, 너에게 몰입하는 나도 특별하고, 그런 우리 둘의 관계는 엄청나게 특별해'란 인식을 만들어 주죠. 오타쿠를 부정적으로 바라보았던 1970년대부터 그들이 살아남을 수 있었던 건, '그래, 세상이 인정해 주지 않는 너를 난 사랑해. 그리고 그런 너를 사랑하는 나 자신도 자랑스러워'라는 마음이었지 않았을까요.

너의 기쁨은 나의 기쁨, 정서적 유대감

팬이 바라보는 대상과 자신이 하나 되는 연결감과 유대감은 단순히 '관계가 있다'라는 차원을 넘어선 정서적 연결감 또는 정서적 유대감으로 성장합니다.

　팬이 되면 대상이 더 성장하기를, 그가 멋진 성공을 이루기를, 그가 승리하기를 바라게 됩니다. 때론 그의 실패에 안타까워 하고 아픔에 슬퍼하기도 하죠. 그에게 기쁜 일이 생기면 함께 기뻐하고 그가 어려움에 빠지면 안타까운 마음에 발을 동동 구르기도 하죠. 또 대상이 성공하면 자신이 성공한 기분이 들면서 세상을 다 얻은 듯한 성취감과 만족감을 느낍니다. 그리고 그의 성공과 관련된 기사를 인터넷에서 보거나 상을 받는 모습을 보면 한껏 대상을 응원하는 자신이 대단한 사람이고 멋진 사람이라는 자아존중감도 느끼게 됩니다. 그 대상이 사람이든, 캐릭터든, 작품이든 상관없습니다. 마치 대상이 인격을 지닌 존재처럼 생각되면서 대상이 느낄 수 있는 감정과 대상이 처해 있는 상황을 그대로 자신의 그것과 동일한 것이라고 인식하게 됩니다.

일상에서 우리는 사람들과 함께 생활하면서도 외로움을 느끼곤 합니다. 그들이 나를 이해하지 못한다는 생각이 들 때이죠. 내가 지금 어떤 상태이며, 어떤 생각을 하고 있는지, 어떤 기분인지를 주변에서 이해해 주지 못한다고 생각하면 정말 슬프고 외롭고 서럽기까지 하죠. 가족 문제를 상담하는 TV 프로그램인 <요즘 육아 금쪽같은 내 새끼>에 나오는 사례 대부분은 자식을 이해하지 못하는 부모, 부모를 이해하지 못하는 자식의 모습입니다. 그리고 매번 갈등의 가장 큰 원인으로 이성적 이해의 부족보다는 정서적인 이해의 부족이 등장하죠. 정서적 이해는 정서적 공감입니다. 서로 간의 정서를 공감할 수 없는 상태에서 아무리 대화를 하려고 해도 좀처럼 그 간극을 메우기는 어렵습니다. 그래서 오은영 박사는 정서적 공감을 메우는 노력을 하라고 간곡한 부탁을 하곤 하죠.

우리가 만일 누군가와 '정서적으로 연결되어 있다는 느낌'을 가지고 있다면 외로움을 느낄 확률은 제로에 가깝게 낮아집니다. 내가 좌절하고 우울할 때 누군가도 그 좌절감과 우울감을 똑같이 느끼고 '우리 함께 잘해 나가자!'라며 응원해 준다면 아무도 외롭다고 생각하지 않겠죠. 팬은 대상이 좌절하고 우울하고 슬픔에 빠져 있을 때 함께 좌절하고 함께 슬퍼하며 그래도 우리가 옆에 있으니 힘을 내서 일어나라고 응원봉을 흔들어 주는 존재입니다. 그런데 과연 팬의 공감과 응원은 대상으로 향하는 일방통행으로 끝나는 것일까요? 아닙니다.

팬이 대상과 정서적으로 연결되어 공감하고 응원하는 것은, 대상도 나를 응원해 주고 있다는 것을 믿기 때문입니다. 정서적 유대감은 어느 한쪽에게만 해당되는 것이 아닙니다. 팬과 대상의 상호적인 방향으로 흐르는 공감과 응원이 바로 정서적 유대감입니다. 대상이 슬프면 팬도 슬픈 것처럼, 팬이 슬프면 대상도 슬픕니다. 그래서 슬픈 팬을 위해 대상은 슬픔을 공감하고 응원을 해주죠. 이상하다고요? 팬이 대상과 공감하고 응원하는 것은 알겠는데 어떻게 대상이 개개인 팬을 공감하고 응원하는 게 가능하냐고요?

"얼마 전에 어머니를 하늘나라로 모셨습니다. 오늘이 49재였습니다. 어머니 생각에 눈물이 앞을 가려 휴게소에 차를 세우고 라디오를 듣는데, 저와 어머니가 같이 좋아하는 이찬원 님의 노래가 나오네요. 감사합니다. 어머니와 함께 듣고 힘내서 살아갈게요."

얼마 전 고속도로 운전을 하면서 라디오에서 들었던 사연입니다. 가수는 팬을 개별적으로 찾아가 그의 슬픔에 공감하고 응원할 수는 없습니다. 하지만 그의 노래를 듣는 행위는 팬에게는 공감의 행위이고 응원의 행동이 됩니다. 정서적 유대는 인식적 유대이기도 하니까요.

물론 팬과 대상의 정서적 유대가 지나치게 되면 문제가 발생할 가능성도 있습니다. 팬은 '대한민국'이라는 공간에 살고 있지만 좋아하는 배우와 가수를 직접 만나서 대화를 나누고 껴안아 보기는 어렵죠. 그들과 무언가의 관계를 맺고 싶지만 그럴 방법은 상당히 제한되어 있습니다. 고작해야 그들이 등장하는 기사를 읽어 보거나, TV나 인터넷 등의 매체에 등장하는 모습을 보거나, 음악을 듣거나, 책을 읽거나 하는 비대면적 방법으로 그들과 관계를 맺을 뿐이니까요. 그래서 현실에서는 직접 그들과 관계를 맺을 수 없지만 가끔은 대상과 관계를 맺는 듯한 환상이나 상상을 통해 만족감을 느끼게 됩니다.

이 환상과 상상이 도를 넘어서면 '내가 사랑하는 저 배우도 나를 사랑할 거야'라는 정서적 연결감이 폭주하는 사태가 발생합니다. 뉴스에 심심찮게 등장하는 유명인 대상의 스토킹 범죄가 그 사례이기도 한데, 아래는 실제 BTS 멤버인 뷔에 대한 스토킹 범죄에 대한 뉴스입니다.

> 경찰은 앞서 지난달 서울 강남구 삼성동에 위치한 뷔의 집을 찾아가 뷔에게 접근을 시도한 혐의(스토킹처벌법 위반)로 20대 A씨를 입건해 조사

했다…. A씨는 이전에도 뷔의 집을 찾아간 전력이 있으며, 뷔에게 혼인 신고서를 건넨 여성과 동일 인물인지도 수사 중이다(OSEN. 2023.11.18.).

지나친 판타지 세상을 넘나들지 않는 범위에서, 대상과 내가 같은 정서를 공유하고, 같은 생각을 가지고 있다면, 아니 실제로는 그렇지 않더라도 그렇게 주관적으로 인식하고 있다면 외로움이 대상과 나의 사이에 파고들 틈은 없을 겁니다.

소비의 상징적 가치인 공유와 공감

한 사람의 팬이 된다는 건 그 자체로 외로운 사회에 반기를 드는 행동입니다. 외로움이 만연한 사회와 시대에, '나는 그와 연결될 거야. 나는 그와 정서적으로 유대감을 느끼고 싶어!'라고 하면서 반항하는 것이죠. 하지만 팬은 사회에 한 사람만 존재하는 건 아닙니다. 그래서 팬덤은 외로움의 소비시대를 풀어내는 중요 키워드 중 하나입니다. 왜냐면 팬이 되는 과정은 자연스럽게 무언가 또는 누군가와 관련된 소비행위가 있어야 하고, 공유하고 이야기를 나누는 과정에서도 굿즈를 구매하고 플랫폼에서 활동하는 집단적 소비행위가 수반되기 때문입니다.

팬덤은 그 정의에서 보듯이 '관심사에 대한 공감과 우정의 감정'이 공유되는 것이 특징입니다. 특정한 대상에 대한 팬들의 모임이 만들어내는 현상을 팬덤이라고 부르기 때문에, 우선 팬덤이 존재하려면 '팬'이라는 개인 소비자가 존재해야 합니다. 개인 소비자가 있다는 것은 소비의 대상이 되는 상품이 있다는 뜻이죠. 물론 상품이 가수나 배우와 같은 인물일 수도 있고, 소설이나 애니메이션 속의 캐릭터가 될 수도 있습니다.

    팬의 대상이 어떤 존재이며 어떤 성격인가와 상관없이, 소비사회에서 소비자에 의해 소비되는 대상은 상품이 됩니다. 그리고 소비자가 팬 활동을 하는 과정에서 지갑을 열어 소비행위를 한다면 이미 대상은 상품으로써 유통되고 구매된다는 의미이기도 하죠. 그래서 가수의 팬이라면 가수의 음반, 영상을 구매하고 시청하는 행위, 관련 굿즈goods를 구입하는 행위, 그리고 공연 티켓을 구매하는 행위 등이 모두 소비행위입니다.

    팬덤은 또 어떤가요. 팬덤이 형성되기 위해서는 개별 소비자인 팬이 함께 공유할 수 있는 공유물이 필요합니다. 앞에서 말한 가수의 음반, 영상, 굿즈는 모두 개별 소비자를 만족시키기 위한 상품인 동시에, 팬인 소비자들끼리 같은 상품을 구매했다는 의미에서 상징적 공유물로 소비됩니다. 예를 들어 응원봉은 개별 소비자가 혼자 집에서 가수의 노래를 듣거나 영상을 볼 때는 크게 도움이 되는 상품은 아닙니다. 여기서 잠깐 상품이 지니는 기능적 가치와 상징적 가치를 살펴볼 필요가 있습니다.

    상품의 기능적 가치는 원래 상품의 본원적 문제해결 목적을 말

할리데이비슨을 타고 있는 할리맨
(Photo by Dave_S., commons.wikimedia.org)

하고, 상징적 가치는 상품이 지닌 사회적인 의미를 말합니다. 할리데이비슨을 예를 들어 설명해 보죠.

할리데이비슨은 손잡이를 머리 위치보다 높게 튜닝하는 특이한 외관으로 잘 알려진 오토바이로, 오토바이를 타는 사람들은 자신을 '할리맨'이라고 부르면서 브랜드의 충성도가 높은 소비자로 유명하죠. 할리데이비슨도 오토바이이니 '이동 수단으로써의 편의성과 기동성'이라는 기능적 가치를 지닙니다. 어딘가로 이동하는 문제를 해결해 준다는 수단으로서의 본원적 가치에 해당하죠. 하지만 할리데이비슨을 구매하고 이용하는 소비자는 누구도 이 기능적 가치를 중요하게 여기지 않습니다. 그들에게 더 중요한 것은 '구속에서의 자유로움과 현실에서의 일탈의 로망을 즐기는 사람'이라는 할리데이비슨이 지닌 사회적 의미에 높은 가치를 두기 때문입니다. 바로 상징적 가치이죠. 우리는 '물먹는 하마'를 습기는 잘 빨아들이고 냄새를 제거하는 기능적 가치를 보고 구입하지만, 이 상품이 상징적 가치를 지녔다고는 생각하지 않습니다. 하지만 명품 브랜드를 구입할 때는 기능적 가치보다는 상징적 가치를 더 고려하고 소비를 하는 편이죠.

기능적 가치와 상징적 가치를 따져 보면 팬들이 구입하고 공연장에서 흔드는 응원봉의 기능적 가치는 '너를 응원하고 있다는 표시'적 가치입니다. 불이 켜진다고 해도 플래쉬 기능을 지닌 것도 아니고, 가수가 팬들의 얼굴을 확인할 수 있을 만큼 밝은 것도 아니니 그런 기능적 가치는 없죠. 하지만 응원봉은 '같은 응원봉을 들고 있는 우리는 모두 하나야. 우리는 모두 너를 응원하는 사람들이야'라는 사회적 의미를 지니고 있습니다. 다시 말해 유대와 연대, 소속의 상징성을 지니고 있죠. 그리고 이 응원봉이 단체로 빛나고 함께 움직일 때 비로소 상징적 가치가 빛을 발합니다. 마치 촛불집회에서 촛불이 어두움을 밝힌다는 기능적 가치가 아닌 상징적 가치로 활용되었던 것과 마찬가지로 말이죠.

팬이 소비하는 하나하나의 상품은 그것이 영상이든, 노래이든, 응원봉이든 모두 연대와 소속의 상징성을 지니고 있습니다. 연대와 소속은 나 혼자만이 아니라 타인과의 연결성을 의미하는 단어들입니다. 나는 혼자서 소설을 읽지만 그 소설을 읽었거나 읽고 있는 다른 사람과 '소설이라는 상품'을 통해 이야기를 나누고 연결되는 느낌을 갖게 됩니다. 그리고 일종의 '소설을 좋아하는 사람들'이라는 집단의식도 느끼게 되죠.

　　소비를 통해 대상이라는 상품이 지닌 상징과 의미를 공유하고, 공감하는 팬덤은 지금 이 시대의 외로움에 저항하는 가장 강력한 현상입니다.

02

너를 응원할 테니 나도 응원해줘,
상호응원 문화

응원의 종교가 필요하다

원고를 쓰고 있는 2025년 1월 15일. 구글에 '종교의 필요성'을 검색하니 AI가 아래의 대답을 들려줍니다.

> 종교는 개인과 사회에 긍정적인 영향을 미칠 수 있으며, 삶의 목표와 의미를 부여하고, 소속감을 제공하는 등의 역할을 합니다. 종교의 필요성은 다음과 같이 설명할 수 있습니다.
> ① 개인에게는 삶의 목표와 의미를 부여하고, 소속감을 제공하여 자아 정체성 확립에 기여합니다.
> ② 삶의 고통을 감내하고 주변과의 단절감을 극복하는 데 도움을 줍니다.

> ③ 사회적으로는 인간 집단을 결속시켜 사회 통합을 이룩하고, 규범과 질서를 정당화하여 사회 유지를 뒷받침합니다.
> ④ 정신적, 물질적인 것을 막론하고 문화 건설의 계기와 토대를 제공하여 문화 발전에 이바지합니다.

왜 갑자기 종교 이야기를 하냐고요? 사실 팬덤 현상은 종교와도 상당히 유사한 방법으로 인간이 지닌 본원적 외로움을 케어하고 있기 때문입니다. 그럼 위의 대답을 다시 한 번 잘 읽어 보시기 바랍니다.

종교는 우선 소속감을 제공한다고 합니다. 그 소속감은 자아 정체성의 확립에 기여를 하고요. 우리가 쉽게 이해가 되는 맥락입니다. 종교를 믿는 사람은 자신의 정체성을 '기독교인', '불교인', '이슬람교인' 등으로 자신이 누구인지를 규정하고 사회적으로 드러낼 수 있죠. 뒤에 한 번 더 자세히 정체성에 대해서 다루도록 하겠지만 아마도 사회적 정체성의 요소로 종교만큼 강력한 것은 없기도 합니다. 무슨 무슨 교회에 다니는 사람, 무슨 무슨 절에 다니는 사람이라고 더 구체적으로 자신의 소속을 말하기도 하죠. 그리고 종교를 지닌 사람들은 교리에 따른 삶의 목표와 의미를 자신의 것으로 삼기도 합니다.

두 번째에서 언급하는 '주변과의 단절감'은 말 그대로 '고독감', '외로움'의 표현입니다. 종교 생활이 외로움을 극복하는 데에 도움을 주는 모습은 해외로 이민이나 유학을 가서 쉽게 확인할 수 있습니다. 아는 사람도 없고 관계를 만들기 어려운 낯선 땅에 발을 들이면 외로움이 물밀 듯 밀려옵니다. 이때 쉽게 관계를 만드는 방법은 교회나 절과 같은 종교 기관을 방문하는 거죠. 지역의 교인이 되는 순간 모든 것이 해결됩니다. 한국 사람이 중심인 종교 기관이 있다면 더할 나위 없겠죠. 그래서 우리나라에서는 종교가 없던 사람도 이민을 가서는 종교를 가지게 되는 경우가 많습니다.

'인간 집단을 결속'시키는 역할을 한다는 세 번째 이유도 결국은 사회에서 혼자 벗어나 외톨이로 지내는 것을 방지하는 역할을 한다는 것을 달리 표현한 것에 지나지 않습니다. 결속된 집단에 개인이 속하게 되니 상황적 외로움은 물론 인식적 외로움과는 인연이 없는 사람이 되겠죠.

이렇게 필요성의 네 가지 이유 중에 세 가지가 우리가 지금 이야기를 나누는 주제인 외로움과 관련이 있습니다. 어쩌면 지구상에 종교가 탄생한 것은 모두가 서로 '다름'의 존재인 인간이, 공통된 '같음'을 추구한 결과가 아닐까 합니다. 같은 종교, 같은 믿음의 중심으로 집단을 이룬다면 다름 때문에 생기는 본원적 외로움이 원천적으로 차단될 테니까요.

그런데 위에서 말한 네 가지 종교의 필요성에서 종교를 '팬덤'으로 바꾸어 생각해 보죠.

> 팬덤은 개인과 사회에 긍정적인 영향을 미칠 수 있으며, 삶의 목표와 의미를 부여하고, 소속감을 제공하는 등의 역할을 합니다. 팬덤의 필요성

> 에 대해서는 다음과 같이 설명할 수 있습니다.
> ① 개인에게는 삶의 목표와 의미를 부여하고, 소속감을 제공하여 자아 정체성 확립에 기여합니다.
> ② 삶의 고통을 감내하고 주변과의 단절감을 극복하는 데에 도움을 줍니다.
> ③ 사회적으로는 인간 집단을 결속시켜 사회 통합을 이룩하고, 규범과 질서를 정당화하여 사회 유지를 뒷받침합니다.
> ④ 정신적, 물질적인 것을 막론하고 문화 건설의 계기와 토대를 제공하여 문화 발전에 이바지합니다.

종교의 필요성을 그대로 가져왔는데도 딱 들어맞다고 느껴지지 않나요? 심지어 네 번째 이유에서 보면 문화 발전이라고 나와 있으니 정말 기가 막힙니다.

팬들이 꽉 들어찬 공연장에서 떼창을 하고 응원봉을 흔드는 모습을 보면 가끔 종교 행사에 온 것은 아닐까 하는 착각을 하게 되는데, 다 그게 이런 이유였나 봅니다. 종교에서 신의 역할을 하는 것은 팬덤에서는 대상입니다. 대상은 신이면서 신의 목소리를 대변하는 목사나 스님의 역할도 합니다. 교회나 절과 같은 종교시설은 공연이 이루어지는 공연장이 되겠죠. 팬은 신도가 되어서 대상의 말 한마디, 몸짓 하나에 열중합니다. 절이나 교회에서 헌금을 하듯, 팬들은 티켓을 구매하고 굿즈를 구입합니다. 자신이 믿는 종교가 앞으로 번성할 수 있도록 할 수 있는 모든 지원에 전력을 다합니다. 신도들이 열심히 하는 만큼 신과 종교인도 신도들에게 삶의 목표와 소속감과 결속력을 만들어 주기 위해 열심히 노력합니다. 이런 대상과 팬의 주체적이고 능동적인 노력으로 팬덤은 종교와 가까워집니다.

그럼 자연스레 이런 의문도 생깁니다. '과연 종교를 믿는 사람은 그렇지 않은 사람보다 외로움을 덜 느끼는 걸까?' 하는….

2023년 국민일보와 조사전문기관 피앰아이가 공동으로 실시한 '외로움 척도 지수와 종교 상관관계'의 조사결과를 잠깐 보도록 하죠. 조사에서 사용한 'UCLA 외로움 종합 지수'는 외로움의 단계를 저단계/중등도/중고도/고단계로 나누어 점수를 산출하는데, 점수가 높을수록 외로움을 많이 느낀다는 의미입니다. 저단계(20~34점)는 일상적 외로움의 수준, 중등도(35~49점) 외로움은 일상생활에 무리가 없는 정도, 중고도 외로움(50~64점)은 상담 등 의료적 치료가 필요하며, 고단계 외로움(65~80점)은 당장 치료와 조치가 필요한 수준입니다. 조사결과 종교인과 무종교인의 중고도 외로움을 겪는 사람의 비율은 21.2%와 25.5%, 그리고 고단계 외로움의 비율은 1.4%와 4.3%로, 종교를 지닌 사람에 비해 종교가 없는 사람이 심각한 외로움을 겪고 있는 비율이 더 높다는 것을 알 수 있습니다. 또한, 이 조사에서는 무교인의 14%가 외로울 때 종교에 관심이 생긴 경험이 있었다고 답했습니다.

팬덤과 종교가 동일한 방식으로 외로움과 관련이 있다고 생각해 보면, 지금 우리 사회에서 사람들이 몰입할 수 있는 대상을 중심으로 나타나는 팬덤 현상은 외로움을 벗어나기 위한 몸부림의 그림자일지도 모릅니다.

서로를 필요로 하는 상호응원

신이 존재하기 위해서는 그 신을 믿는 사람들, 즉 신도가 있어야 합니다. 신도가 없다면 신은 존재할 수 없죠. 그래서 신과 신도는 서로가 서로의 존재를 가능하게 하는 역할을 합니다. 신도는 신을 경배하고 사랑하며, 신은 그런 신도를 사랑하고 이끌어 줍니다. 이런 신과 신도의 상호적 관계가 종교의 밑바탕입니다.

몰입의 대상과 팬의 관계도 이와 유사합니다. 팬들에게는 대상이 일종의 '신'과 같습니다. 그들은 대상을 믿고 따르며, 대상과 하나가 되고자 하고, 대상과 정서적 유대감을 느낍니다. 대상에게 팬들은 일종의 신도들과 같습니다. 팬들에게 대상은 자신의 존재를 통해 힘내라고 격려하고 삶의 의미를 부여하기도 하죠.

시니어를 대상으로 하는 잡지 <브라보 마이 라이프> 2024년 9월호에 실린 KBS 예능 프로그램인 <살림남>의 메인 PD 편은진 PD의 아래 인터뷰를 보면 팬과 대상의 상호적 관계를 엿볼 수 있습니다.

"스타의 성장을 위해 노력하면서 팬들 또한 함께 성장하는 것 같아요.

노년 우울증을 겪는 어머니를 둔 한 스태프가 '우리 엄마도 덕질했으면 좋겠어요'라고 말하더군요. 처음엔 연예인 다 부질없다며 팬 활동에 부정적이었는데, 회차를 거듭할수록 행복해 하고 삶의 의미를 찾는 본인 어머니 또래를 보며 생각이 달라졌다고요. 취미를 공유하고 친목을 도모할 수 있는 또래 집단과의 만남은 여생의 원동력이 돼요. 팬이 된다는 건 엄청난 일입니다."

그런데 이 인터뷰에서 또 하나 우리가 주목해야 하는 점은 대상과 팬 사이의 상호적 영향력이 엄청나다는 점만이 아닙니다. 바로 맨 처음의 부분을 주목해야 합니다. '스타의 성장을 위해 노력하면서 팬들도 함께 성장하는 것 같아요'라는….

1980년대로 타임머신을 타고 돌아가 보죠. 그 당시는 가수 조용필 씨가 엄청난 인기를 구가하던 시대였습니다. 당연히 그에게도 팬들이 있었고, 10대와 20대 여성 중심의 팬클럽은 '오빠부대'라고 불렸습니다. 그런데 그들이 과연 조용필 씨가 무명인 시절부터 팬이었고, 그의 성장을 함께 응원하는 팬들이었을까요?

전설적인 세계적 밴드인 비틀즈의 팬은 지금 국내에도 많이 있습니다. 그런데 국내의 비틀즈 팬들은 무명인 시절에 그들을 알게 되었고, 그들의 성장 가능성을 보고 응원하고, 그들의 성장을 기뻐하고 성공을 함께 축하하면서, 그들이 성장하는 모습을 통해 힘을 얻는 관계였을까요?

조용필 씨나 비틀즈를 사랑하고 응원하던 사람들은 이미 그들이 스타가 되고 난 후 팬이 되었을 겁니다. 아직은 노래를 부르기 시작해서 얼마 되지 않은 가수를 응원하는 것은 그 시대에는 불가능했으니까요. 비틀즈나 조용필의 존재도 알지 못했을 가능성도 있겠고, 노래 자체를 접하기도 힘들었을 겁니다. 하지만 시대가 바뀌었습니다. 인터넷이 발달하고 정보를 접할 수 있는 매체가 다양해지면서 우리는 프랑스 어느 작은 마을에서 춤을 추고 노래를 하는 소녀의 재기 넘치는 재능도 거의 실시간으로 볼 수 있는 시대가 되었죠. 게다가 그 소녀가 세계적인 스타로 발돋움하는 모습을 지켜볼 수도 있습니다. 바로 정보화 시대, 세계화 시대라고 불리는 우리가 사는 시대의 모습입니다.

  스타가 되기 전에 재능을 지닌 사람들이 능력과 끼를 보여 주고 이에 환호하면서 이들이 성장하는 것을 함께 응원하며 기뻐하는 것은 이제 특별한 일이 아닙니다. 심지어 이런 스타가 되어 가는 성장 과정은 일종의 상품이 되기도 합니다. "당신의 소녀/소년에게 투표하세요"라면서 존재조차 모르고 있었던 아이돌 지망생들을 응원하는 오디션 프로그램은 K-팝 인기의 촉매제가 되어서 프로그램 포맷이 해외로 수출되기도 했고요. 수많은 오디션 프로그램의 불같은 인기에 힘입어 각 방송사와 연예 기획사는 엔터테인먼트 분야의 '응원 문화'를 시대의 트렌드로 만들었습니다. 이런 트렌드는 최근 트로트 분야로 이어져 오디션 프로그램에서 무명의 한을 풀고 당당히 스타의 반열에 오르는 가수들의 모습과 노래를 쉽게 매체에서 만날 수 있습니다. 그들도 역시 시청자들의 응원에 힘입어 오디션 프로그램에서 승리를 쟁취하면서 자신의 가능성을 입증하였고, 시청자들도 자신들이 응원하는 지원자들이 스타가 되는 모습을 보면서 '나의 응원으로 스타가 만들어지는 과정'에서 성취감을 느낄 수 있게 된 것이죠.

이렇게 팬들의 응원으로 성장한 스타는 다시 팬들에게 자신의 모습을 보여주면서 팬들을 응원합니다. 오디션 프로그램 출신의 스타들은 팬들에게 지치지 말고, 넘어지지 말고, 좌절하지 말고, 행복한 나날을 보내기를 응원하는 인사를 수시로 전합니다. 그래서 스타의 뉴스나 동영상에는 "○○님의 모습에 감동을 받았다.", "나에게 용기를 주었다.", "우울한 시간을 보내고 있었는데 힘을 낼 수 있었다."라는 댓글이 셀 수 없을 만큼 많이 올라옵니다. 결국, 팬은 스타에게, 스타는 팬에게 서로서로 응원하면서 서로의 성장과 안녕을 기원하고 있는 셈입니다.

이러한 상호응원은 팬들이 일상생활에서 느끼는 외로움을 달래주기도 하지만, 스타가 높은 자리에 올라가면서 느끼게 되는 외로움으로부터 서로를 지키는 힘이 되어 줍니다. 이제는 우리나라 보이그룹의 차원에서 세계적 아티스트라고 불러야 하는 BTS의 멤버 진은 2015년 2월 2일 자신의 X(당시 트위터) 계정에 다음과 같은 글을 올렸습니다.

"저는 가끔 걷다 보면 외로울 때가 있어요. 이미 방탄이란 친구들이 함께 걸어 주지만 아미들도 항상 옆에서 걸어줬으면 해요. 앞으로도 계속 옆에 있어 줘요."

자신에게는 BTS의 멤버들도 필요하지만 그래도 외로울 때, BTS의 팬덤인 아미A.R.M.Y의 존재만으로 외로움을 떨쳐버릴 수 있다는 것을 말해 주었죠. 이처럼 곁에 있는 것만으로도 힘이 되어 외로움을 잊게 하는 존재, 스타와 팬은 각자에게 이런 존재로 함께 성장하는 것이죠.

그런데 이런 상호응원은 팬과 스타 사이에서만 볼 수 있는 건 아닙니다. 오디션 프로그램에는 반드시 출연자들이 팀을 이루어서 미션을 수행하도록 합니다. 그리고 그 과정은 카메라에 고스란히 담겨 이들을 응원하는 팬에게 실시간으로 전달되죠. 리더가 결정되고 각자의 역할과 위치가 만들어지는 과정에서 갈등의 모습도 보이곤 하지만, 팀원들은 서로 돕고 의지하며 서로를 격려해 가면서 미션을 수행해 갑니다. 오디션 출연자들 사이의 상호응원은 서로 경쟁해야 하는 상황에서 출연자들이 느낄 수밖에 없는 날 선 외로움을 따뜻한 포옹으로 승화시켜 응원하는 팬들에게 감동을 선사합니다. 그리고 팀원끼리 서로 도움을 주고받는 모습을 본 시청자 팬들은 더 그들을 응원하게 되고, 그 팀원들도 응원해 준 팬들에게 감사를 표하면서, 팬과 출연자들의 상호응원 구조는 더욱 공고해집니다.

상호응원은 아이돌이나 가수, 배우들을 대상으로만 일어나는 건 아닙니다. 만화나 애니메이션, 예능 프로그램, 드라마, 영화, 게임

등 모든 콘텐츠 분야에서 쉽게 볼 수 있죠. 시청률이나 구독자 수, '좋아요' 수는 얼마나 팬들이 해당 콘텐츠를 응원하고 있는지 쉽게 보여주는 숫자들입니다. 물론 콘텐츠 소비자들의 긍정적인 댓글도 직접적인 응원의 표현이기도 합니다.

    가수나 배우는 물론 콘텐츠나 캐릭터에 대한 상호응원은 이전의 시대에는 볼 수 없었던 특징이 하나 있습니다. 바로 '실시간 상호응원'이죠. 이전에는 팬의 응원은 직접 얼굴을 마주하는 공연장에서만 실시간으로 이루어졌지만, 이제는 인터넷의 연결 덕분에 유튜브나 SNS을 통해 '지금 여기에서' 대상과 팬은 함께 대화를 나누며 서로 응원을 할 수 있습니다.

상호응원에 감동하는 시대

상호응원의 모습이 오디션 프로그램에 한정되는 것은 아닙니다. 스포츠 경기의 중계방송을 보다 보면 마치 스포츠도 상호응원으로 서로의 외로움을 달래는 경연장처럼 보입니다.

    프로야구는 우리나라뿐 아니라 미국과 일본 같이 프로 스포츠가 행해지는 나라에서는 대표적인 스포츠입니다. 그래서 거의 모든 경기를 중계방송으로 볼 수 있죠. 그런데 최근 들어 중계 화면을 통해 눈에 들어오는 경기장의 모습에 작지만 중요한 변화가 생겼습니다.

2000년대 초반까지의 야구 경기 중계방송을 보면 투수, 타자, 야수를 중심으로 공을 던지고, 치고, 받는 플레이 모습이 화면에 잡혔습니다. 중계 카메라의 대수가 많지 않았던 이유도 있었겠지만, 주로 경기장에서 플레이하는 선수들을 보여주었죠. 간혹 벤치를 화면에 잡아주기는 했어도 감독의 모습을 보여주는 경우가 대부분이었죠. 하지만 최근 들어 벤치에 앉아 있는 선수들의 모습을 보여주는 횟수가 눈에 띄게 증가했습니다. 벤치에서 자기 팀을 응원하기 위해 소리를 치거나 환호하는 모습, 서로 앉아서 장난치는 모습, 아웃을 당하고 들어온 선수의 등을 두드리며 위로하는 모습, 그리고 코치나 감독에게 지시를 받는 선수들의 모습을 볼 수 있죠. 홈런을 치고 들어오면 선수들끼리 하이파이브를 하거나, 깊은 포옹을 하거나, 재미있는 퍼포먼스를 하는 모습은 이제는 빠질 수 없는 볼거리가 되었고요. 그래서인지 벤치에 있는 선수들도 중계 카메라를 보고 장난을 치거나 윙크를 하기도 합니다.

비단 야구뿐만이 아닙니다. 배구도, 농구도, 축구도, 탁구도 그리고 올림픽 중계방송도 이제는 선수들의 플레이 모습만이 아니라, 벤치에서 출전 선수들을 응원하고 격려하는 대기 선수들의 모습을 보여주는 화면을 흔히 볼 수 있습니다. 스포츠는 이기기 위한 것이기도 하지만, 서로 응원하며 격려하는 과정에서 감동을 주는 이야기라고 하는 것처럼 말입니다.

이렇게 스포츠에서 상호응원의 아름다움을 보여주기 시작한 배경은 이제 스포츠에서 승리로 맛보는 기쁨보다는, 스포츠에서 느낄 수 있는 감동을 소비자가 더 원하기 때문입니다. 오디션 프로그램처럼 스포츠도 승리를 위해 서로가 경쟁할 수밖에 없지만, 경쟁의 과정에서 느낄 수 있는 감동을 팬들이 원하고 있는 거죠.

이런 상호응원의 감동을 드라마나 영화가 주제로 삼지 않을 순 없겠죠. 2024년 화제의 드라마였던 <정년이>를 보셨나요? 극단 운영이 어려워져 극단 부지와 건물을 팔아야 할지 고민에 빠진 매란국극단 단장(라미란 분)에게 주인공 윤정년(김태리 분)은 너무 걱정하지 말라며 다음과 같은 말을 건넵니다.

"같이 무대에 올릴 사람도 있고, 무대를 봐줄 사람도 있는데 불안할 게 뭐래요. 사람들만 남아 있다면 전부 다 있는 거나 마찬가진 게요!"

드라마의 기획 의도를 보면 '어떤 순간에도 포기하지 않고 꿈을 좇는 찬란한 사람들의 이야기'가 주제라고 되어 있지만, 드라마의 등장인물이 보여주는 모습은 서로 응원하고 격려하는 따뜻함입니다. 허영서(신예은 분)는 경쟁자, 박초록(승희 분)은 악역으로 등장하는 듯하지만 결국은 윤정년뿐만 아니라 국극단 단원 모두는 서로 응원하고 격려하며 자신의 꿈을 향해 노력합니다. 정년이가 단장에게 무대에 올릴 사람, 봐주는 사람을 이야기하는 것은, 서로 응원이 있다면, 응원하는 사람들이 남아 있으면 문제가 없다는 뜻이죠. 그리고 마지막 회. 극단 운영을 위해 결국 건물을 팔기로 한 단장에게 "이제 건물이 다른 사람에게 넘어간다고 들었는데 얼마나 아프실지."라는 정년이의 말에, 전에는 "극단의 건물은 국극단의 기반이야. 사고파는 물건이 아니야."라고 말했던 단장은 이렇게 대답합니다.

> "매란국극단의 기반은 이 건물이 아니라 사람들이다. 공연을 올릴 사람들만 있으면 언제든 다시 시작할 수 있다."

단장이 말하는 '사람들'은 단순한 개별적 존재인 호모사피엔스가 아닙니다. 그들은 상호응원을 바탕으로 꿈을 이루려는 사람들이죠. 서로가 서로에게 필요한 존재들입니다. 함께 한다면 어떤 감동도 관객들에게 전달할 수 있는 사람들입니다. 혼자를 뜻하는 '사람'이 아니라 서로를 위하는 '사람들'인 거죠. 많은 시청자가 드라마 <정년이>에 끌렸고, 보고자 했고, 그리고 감동했던 것은 사람들의 이런 모습이었습니다.

팬들은 이제 단순히 대상이 자신에게 보내는 응원에 감동하는 것만이 아닙니다. 아이돌 그룹의 멤버 간의 격려와 응원, 영화나 애니메이션 등 콘텐츠에서 등장하는 캐릭터들 간의 격려와 응원에도 감동합니다. 그러다 보니 영화나 드라마에서 처음에는 경쟁자로 인식되었던 캐릭터들이 스토리가 진행되면서 사실은 서로를 끌어주고 밀어주면서 같은 꿈을 향해서 나아가는 스토리에 팬들은 열광하게 됩니다.

하나가 되는 마음, 응원의 심리

고려대학교와 연세대학교는 매년 줄여서 '고연전' 또는 '연고전'으로 부르는 정기전을 개최합니다. 두 학교의 경기는 선수들의 경기도 재미있지만 열띤 응원전이 화제가 되기도 해서 예능 프로그램에서도 간혹 두 학교의 응원단이 등장하기도 합니다.

두 학교 간 정기전에서는 재미있는 상황이 연출되곤 하는데, 경기에 이기고 있는 측의 응원보다 지고 있는 측의 응원이 더 열띠다는 점입니다. 지고 있는 상황에서도, 아니 오히려 지고 있으니 응원에 몰입하고 있는 재학생과 졸업생의 얼굴 가득히 차오르는 미소를 보면 응원을 받는 기쁨이 아니라 하는 기쁨이 얼마나 크길래 그런가 의문이 듭니다. 한 재학생은 학교 신문의 취재에 이렇게 대답했네요.

"경기의 승패에 상관없이 수많은 학우와 하나될 수 있는 것이 좋다."

그러니까 내 응원을 받고 우리 선수들이 힘을 내는 것도 기쁜 일이지만, 그보다는 나와 함께 응원하는 사람들과 하나가 되는 기쁨이 더 크다는 말이죠. 그러고 보면 우리가 월드컵이나 올림픽 때 광장에 모여 응원을 하려고 하는 이유도 혼자서 하는 응원이 아닌 여럿이 하는 응원이 만드는 하나됨의 기쁨을 느끼기 위해서라고 할 수 있겠네요.

스포츠에서 함께 응원하는 사람들과 하나가 되는 것의 기쁨은 팬덤의 현상에도 그대로 적용됩니다. 팬 한 사람 한 사람은 개별적 인간이지만, 서로 모여 대상을 응원하고 격려하는 사회적 현상을 팬덤이라 정의하는 것처럼 팬덤은 기본적으로 집단을 기준으로 하는 현상입니다. 어느 가수의 팬덤은 그 가수를 응원하는 팬들이 보여 주는 현상인 거죠.

앞에서 개별 팬으로서 대상을 마음으로 응원하는 것도 '대상과 팬의 연결감'을 만들어 외로움에 저항하는 것이라고 이야기했지만, 외로움 전성시대인 지금 팬덤이 왜 사회적으로 주목을 받는 현상인지 바로 이 '하나됨'의 인식을 통해 알아볼 수 있습니다.

우리는 외로움의 사전 예방을 위해 또는 외로움을 벗어나기 위해 다른 사람과의 연결을 도모하고, 그 연결 고리는 다른 사람과 나 사이에 찾을 수 있는 '같음'입니다. 그리고 팬덤은 내가 좋아하는 대상과 다른 사람이 좋아하는 대상이 동일할 때 만들어지죠. 이렇게 팬덤은 개개인이 지닌 '같음(동일성)'을 기반으로 하는 집단 현상이니 '나 홀로'란 개념과는 인연이 없습니다. 집단은 '타인과 함께'가 전제이니까요. 그래서 집단에 들어가는 순간 우리는 외로움의 폭격으로부터 안전을 확보할 수 있습니다. 그리고 집단은 안전을 주는 대신 대가를 요구합니다. 바로 집단의 구성원으로서 적합한 행위와 구성원 인식입니다. 응원봉을 사서 노래에 맞춰 흔드는 것은 팬덤의 구성원으로서 요구되는 행위이기 때문이죠. 음원이 나오거나 관련 굿즈가 출시되면 앞다투어 구입하는 것도 집단이 지닌 보이지 않는 압력이기도 하고, 팬 스스로 자기를 집단구성원으로 인식하기 위한 행동이기도 하죠.

　　스포츠팀을 응원하든, 가수를 응원하든, 아니면 자신의 모교를 응원하든 상관없이 우리는 응원을 통해 '집단성'을 느낍니다. 나 혼자만의 응원이 아니라 누군가 같은 대상을 응원하고 있을 거라 생각합니다. 그리고 각종 운동 경기장이나 콘서트, 공연장을 열심히 다니는 것도 응원의 집단성을 만끽하고 싶기 때문입니다. 혼자서 조용히 응원하고 있던 사람도 자신이 응원하는 대상을 집단을 이루어 응원하고 있다는 걸 알게 되면 그 집단에 참여하고 싶어집니다.

　　흔히 현대 사회의 큰 특징 중의 하나로 '개인화'를 이야기합니다. 최근에는 개인 중심이 심화되면서 '초개인화'라는 용어까지 등장했습니다. 온전히 나에게 집중할 수 있는 혼자만의 시간과 공간이 강조되고, 나의 관심사는 무엇이고, 나의 꿈의 무엇인지, 내가 좋아하는 것은 어떤 것인지 등 자신에게 초점을 맞추고 이를 최우선 과제로 생각하는 경향과 함께, 빅데이터나 인공지능을 활용한 개인화 서비스까지 발전하면서 초개인주의 트렌드가 이미 정착되고 있다는 이야기도 나오고 있죠.

　　하지만 개인주의나 초개인주의의 시대라 해도 여전히 인간은 사회적 동물일 수밖에는 없습니다. 그러니 '개인화'되어 가는 사회일수록 여기에 역행하는 모습도 선명하게 드러나게 됩니다. 바로 함께 하는 응원이 그것입니다. 응원에는 '탈개인화'라는 심리학적 원리가 작용합니다. 탈개인화는 개인 정체성보다 집단 정체성이 강해지는 현상을 말하죠. 그러니까 응원을 하는 동안에는 '박규상'이라는 개인이 아니라 '대한민국 국민'이나 '고려대학교 학생'이라는 집단적인 정체성이 더 강하게 드러납니다. 그래서 응원하는 팀이 승리하면 그건 '개별 팀'의 승리가 아니라 '우리 팀'의 승리라고 인식합니다. 월드컵 경기에서 승리하면 사실은 '대한민국 축구 국가대표 팀'의 승리이겠지만, 국가대표 팀의 일원이 아닌 응원하고 국민 모두의 정체성인 '대한민국' 또는 '대한민국 국민'의 승리라고 여기는 거죠.

스포츠의 응원이든, 팬의 응원이든, TV를 보면서 혼자서 소리 지르는 응원이든, 광장에서 함께 하는 응원이든, 응원에는 모두 '나 혼자'가 아닌 '하나 되는 우리'의 인식이 깔려 있습니다. 아마도 2002년 월드컵의 뜨거운 열기를 즐기고 있던 한 달여의 시간 동안 외로움을 느끼고 있던 사람들이 많지 않았던 것처럼, 우리에겐 앞으로도 외로움을 잊게 하는 응원이라는 지원군이 필요할지도 모릅니다.

03

나를 말하려면 네가 필요해, 사회적 정체성

나를 규정하는 것은 나의 집단이다

평소에 유튜브 활동을 해보면 어떨까 하던 차에, 3개월간 진행되는 유튜브 크리에이터 양성 과정 광고를 보고 지원했습니다. 20대부터 70대까지 다양한 연령의 20명이 선발되어 처음 얼굴을 마주하는 시간, 한 사람씩 간단한 자기소개를 하고 나니 사회자가 4명씩 팀을 이루어 주제를 정하고 콘텐츠의 형식과 내용을 구성해 보라고 합니다. 팀으로 이런저런 이야기를 나누다가 쉬는 시간이 되니 좀 더 구체적으로 개인에 대해 궁금한 것이 생기더군요. 주제를 하나로 통일해야 하니 필요한 일이기도 했죠. 옆에 앉은 사람에게 물었습니다.

"혹시 뭐 좋아하세요?"

"저는 야구 좋아합니다."

"아, 그러세요. 저도 좋아하는 데 혹시 어떤 팀 팬이세요."

"아, 저요? 저는 A팀 팬이죠. 최근엔 B팀도 좋아하지만, 그래도 A팀의 팬이라고 하는 게 맞습니다."

"어, 저도 A팀 팬인데, 이거 우연이네요. 저는 C선수 때문에 A팀 팬이 되었어요."

옆에서 이야기를 듣고 있던 나머지 두 사람도 야구를 좋아한다며 반색합니다. 각자 나는 어떤 선수가, 어떤 플레이가 좋은지 한마디씩 덧붙입니다. 쉬는 시간이 끝나고 나니 사회자가 묻습니다.

"도대체 쉬는 시간에 무슨 일이 있었나요? 팀 분위기가 정말 좋은데요!"

전화로 강의 의뢰가 오면 기관 담당자와 이야기를 나눈 후에는 반드시 학력과 경력이 칸칸이 나열된 강사 프로필을 메일로 보내 줍니다. 어느 고등학교 졸업, 어느 대학교 무슨 학과 졸업, 어느 대학원 무슨 전공, 어떤 학위 취득, 어느 기업 무슨 분야 어떤 직책 등이 한 페이지 가득히 담겨 있습니다. 그런데 내가 어떤 사람인지 보여주려는 것이 이력서나 프로필인데 결국은 어떤 집단에, 어떤 분야에 속해 있었느냐가 나를 말하는 것이란 생각이 들 때가 있습니다. '나는 어떤 능력을 지녔고, 나는 어떤 취미가 있고, 어떤 생각을 하고 있고'와 같은 내용이

들어가는 자리가 없네요. 물론 어디 어디에서 어떤 강의를 했다는 강의 경력도 다음 쪽에 담겨 있지만 그래도 어떤 이력서나 프로필을 봐도 이름, 사진과 함께 가장 중요한 것은 어떤 집단에 속해 있었는가를 알려주는 내용입니다. 여러분은 혹시 이력서를 쓰다가 집단이 마치 나를 규정하는 것처럼 느껴진 적은 없으신가요?

　2005년 랭커스터 대학교 심리학자 마크 레빈과 동료들은 축구를 좋아하는 대학생을 대상으로 실험을 했습니다. 낯선 사람이 자신과 같은 팀을 응원하고 있다면 그가 곤경에 빠졌을 때 기꺼이 도와줄 확률이 높아지는지 알고 싶었거든요. 우선 영국의 축구팀인 맨체스터 유나이티드의 팬 45명을 모집해서 간단한 안내를 한 뒤 캠퍼스를 가로질러 걸어가도록 했죠. 대학생들은 캠퍼스를 걷는 동안 조깅하는 사람이 넘어져 부상을 입는 장면을 목격합니다. 쓰러진 사람 절반은 맨체스터 유나이티드의 셔츠를 입은 사람이었고, 나머지 절반은 맨체스터 유나이티드의 경쟁팀인 리버풀의 셔츠나 상표가 없는 평범한 셔츠를 입고 있는 사람이었죠. 자, 그럼 맨체스터 유나이티드 팬인 대학생들은 과연 어떤 셔츠를 입고 있는 사람에게 더 도움을 주었을까요? 실험 결과, 맨체스터 유나이티드 셔츠를 입은 부상자를 돕는 비율이 세 배 더 높았습니다.

　이 실험이 끝난 후 연구자들은 실험 조건을 조금 더 복잡하게 해서, 맨체스터 유나이티드 팬인 또 다른 대학생을 모집해서 자신을 맨체스터 유나이티드 팬이 아니라 일반적인 축구 팬이라고 생각하고, 팀에 대한 응원보다는 축구에 대한 사랑에 집중하라는 안내를 한 후 똑같이 캠퍼스를 걷도록 했죠. 이번에 어떨까요? 과연 이번에도 대학생들은 맨체스터 유나이티드의 셔츠를 입은 사람을 더 많이 도와줬을까요? 첫 번째 실험과는 달리 이번 실험에서 대학생들은 부상자가 맨체스터 유나이티드 셔츠를 입었는지 경쟁팀인 리버풀의 셔츠를 입었는지 상관없이 똑같이 부상자들을 도와주었습니다. 하지만 축구팀 네이밍이 없는 셔츠를 입은 부상자들을 도와주는 사람은 거의 없었죠.

이 실험은 집단의 정체성을 어떻게 형성하느냐에 따라 우리는 자신을 어떤 사람으로 규정하는가에 대한 실험이었습니다. 자신을 어느 팀의 팬으로 규정한다면 그 팀과 관련된 사람에게 더 강한 애착을 가지게 되고, 팀이 아닌 축구로 범위로 넓혀 축구 팬으로 규정한다면 팀과 상관없이 축구를 좋아하는 사람과의 연결성을 고려한다는 것입니다. 우리는 자신이 어떤 집단에 속해 있는가에 대한 인식에 따라서 각자 다르게 자신을 규정하고 있나 봅니다.

사회적 정체성 vs 개인적 정체성

심리학이나 사회학 등 인문사회과학에서 사용하는 용어로 정체성 identity라는 용어가 있습니다. 심리학에서는 '정체감'이라고 하기도 하고 '자아동일성'으로도 혼용되어 사용됩니다. 정체성은 '나는 누구인가?', '나는 어떤 사람인가?'를 물었을 때 답할 수 있는 것으로, 자신의 정체가 무엇인지에 대한 판단, 다시 말해 자신이 누구인지에 대한 자기 규정을 의미합니다. 이렇게 표현하면 무척 간단해 보이지만 정체성은 조금만 깊게 들어가면 개념이나 종류를 설명하는 것만으로도 한 권의 책이 될 정도이니 자세한 내용은 전문서에 양보하기로 하고, 여기에서는 외로움과 관련해 집단에 초점을 맞춰 필요한 내용만을 다루도록 하죠.

정체성은 크게 나누자면 개인적 정체성personal identity과 사회적 정체성social identity으로 구분할 수 있습니다. 개인적 정체성이란 시간이 흐르거나 상황이 바뀌어도 자기 자신을 동일한 존재로 인식하는 자각을 말합니다. 조금 어렵죠. 예를 들어 상황이 바뀌어도 이 글을 쓰는 저자는 '나는 박규상이다'라는 개인적 정체성의 요소를 지닙니다. '나는 사람들과 대화를 좋아한다', '나는 디지털 매체를 다루는 능력이 있다', '나는 조용히 혼자 커피를 마시는 시간이 가장 행복하다' 등도 개인적 정체성의 요소들입니다. 이런 요소들의 총체, 그러니까 '나는 이러이러한 사람이다'라고 스스로가 느끼고 자신을 규정하는 것이 개인적 정체성입니다. 주로 성격이나 취향 등이 여기에 해당하겠죠.

사회적 정체성은 자신을 규정하는 데에 집단이 필요합니다. '나는 어느 집단에 속해 있다'라는 인식이기 때문이죠. 예를 들어 '나는 대한민국 사람이다', '나는 서울시민이다', '나는 용산구민이다', '나는 ○○대학 학생이다', '나는 ○○기업 사원이다' 등과 같이 자신을 규정할 때 집단을 기준으로 하는 인식입니다. 개인적 정체성이 비교적 지속적이고 인생에서 일관성을 가지고 있는 것에 반해서, 사회적 정체성은 변화하는 특징을 가집니다. 용산구에서 살다가 강북구로 이사를 하면 내가 속해 있는 집단이 변하죠. A고등학교에 다니다 B고등학교로 전학을 가면서 정체성의 변화가 생기겠죠.

개인적 정체성과 사회적 정체성을 살펴보니 어떤가요? 외로움을 느끼는 사람은 사회적 정체성을 중시하기보다는 개인적 정체성을 중시하는 사람이란 생각이 들지 않나요? 속해 있는 집단을 '나는 이런 사람이야'라고 자신을 규정하는 데에 핵심적으로 이용하는 사람은 외로움과는 인연이 없는 사람인 것 같기도 하고요.

학연을 중시하며 동창회와 관련된 일에 몰두해 있는 사람이 있다고 합시다. 그 사람에게 '너는 어떤 사람이냐? 너는 누구냐?'라고 물으면 졸업한 학교 관련 이야기를 하면서, 학교 동창회를 자신의 핵심적 규정 요소로 대답할 겁니다. 자신이 무엇을 좋아하는지보다는 내가 어떤 학교를 졸업했는지가 그에게는 더 중요하니까요. 이런 사람에게는 타인과의 관계로 만들어지는 집단의 소속감이 중요합니다. 반대로 좀처럼 학교나 회사의 이야기는 하지 않고 자기가 뭘 좋아하고 어떤 꿈이 있는지를 이야기하는 사람은 개인적 정체성에 근거해서 자신을 규정하고 있으니 내면적인 부분에 초점을 맞춘 삶을 살아가는 경향이 있을 겁니다.

그래서 개인적 정체성과 사회적 정체성 중 어떤 쪽을 자신의 핵심 정체성으로 인식하는지는 개인마다 다르고, 어느 쪽에 편향되어 있다고 해도 외로움과 직접적인 관련이 있다고 말하기는 곤란합니다. 개인적 정체성을 중시하는 사람이 혼자만의 외로운 상황에 노출될 가능성이 더 클 수 있지만 그렇다고 해서 외로움을 더 느낀다고 할 수 없습니다. 자신의 내면에 충실한 사람이니 상황에 크게 구애받지 않으면서 혼자 있어도 외롭다고 느끼지 않을 수도 있으니까요. 반대로 집단을 중시하는 사람은 오히려 집단에서 배제되는 것을 두려워할 테니 외로움에 취약하여 혼자라는 상황을 극도로 피하려 할지도 모릅니다.

하지만 이건 말할 수 있습니다. 개인이 속하는 집단의 수가 늘어날수록, 다시 말해 사회적 정체성이 풍성해질수록 외로움을 벗어날 수 있는 능력이 증가한다는 사실. 게다가 사회적 정체성은 단순히 '어떤 집단에 속해 있다'보다는 속해 있는 집단에 보이는 충성도, 열의 등 다시 말해 '집단에 대한 몰입'이라는 관계의 밀도가 높아질수록 당연히 외로움을 극복할 능력과 기회가 증가한다는 사실. 그래서 초등학교 동창회만 참여하는 사람보다 초등/중등/고등/대학교 동창회에 참여하는 사람이, 그리고 동창회에 건성건성 얼굴만 내미는 사람보다 발 벗고 나서서 동창회 일을 하는 사람이 외로움 사회에서는 유리한 조건을 지닌 사람이라 할 수 있습니다.

관계 밀도 최상위인 팬덤의 사회적 정체성

어떤 대상의 팬이 되어 팬덤을 형성하는 것은 단순히 동창회에 나가는 것과는 근본적으로 다릅니다. 초중고등학교에 진학할 때, 내가 가고 싶은 학교를 선택해서 간 경우는 거의 없습니다. 심지어 대학교도 회사도 정말 정말 그곳이 너무나 마음에 들어서 가는 사람은 그다지 많지 않습니다. 자신의 성적에 맞추다 보니, 자신의 능력에 맞추다 보니 적당하니 괜찮아서 선택하는 경우가 많죠. 어떤 이는 그냥 가까우니까 선택하기도 하고, 어떤 이는 부모님이 추천하니까 선택하기도 하고, 어떤 이는 사회적으로 좋은 평가를 받을 수 있어서 선택하기도 합니다. 여러분도 가만히 돌아보세요. 정말 여러분이 선택했던 학교와 회사가, 여러분이 사는 지역이 맹목적으로 너무나 좋아서 선택했는지를 말이죠. 아닐 겁니다.

팬이 되는 것은 다릅니다. 그 배우가 너무 좋아서, 그 게임의 캐릭터가 정말 마음에 들어서, 그 가수의 노래가 머리에서 떠나질 않아서, 그 선수의 플레이를 보면 너무나 행복해서 우리는 무언가의 팬이 됩니다. 팬은 기본적으로 대상과의 관계의 밀도가 다른 어떤 관계의 밀도보다도 높습니다. 어떻게 보면 부모-자식 간 관계의 밀도만큼이라고 할까요. 하지만 어쩌면 부모-자식 간의 밀도보다 높다고 말하는 것이 옳을지도 모릅니다. 세상 모든 자식이 부모를 열정적으로 사랑하고, 부모에게 충성하고, 부모가 자신을 행복하게 한다고 생각하지는 않으니까요. 하지만 팬은 대상을 열정적으로 사랑하고, 대상에게 충성하고, 대상이 자신을 행복하게 해주고 있다고 굳건히 믿습니다.

팬과 대상 간 관계의 밀도만이 높은 것은 아닙니다. 팬과 팬들 사이 관계의 밀도 또한 다른 타인과의 관계보다도 높습니다. 같은 회사의 동료 간보다, 같은 학교 졸업생 간보다, 같은 지역구민 간보다 공감하기 쉽고 일상을 공유하기도 쉽기 때문입니다. 회사, 학교, 지역, 팬덤 모두 사회적 정체성을 형성하지만, 팬덤은 대상을 코어core로 하는 상호응원을 통해 더 쉽게 관계의 밀도를 높입니다. 해외공연을 하는 가수의 공연을 보기 위해 가장 저렴한 항공편, 싸게 묵을 수 있는 호텔, 주변 음식점, 가수의 얼굴이 잘 보이는 자리에 대한 정보를 공유하고, 예약에 성공한 팬에게 아낌없는 축하의 박수를 보내고 실패한 팬에게 위로의 말을 건넵니다. 공연 티켓을 확보하기 위해 예약 전쟁을 치르는 경쟁자인 상황임에도, 팬들은 상호응원을 주고받는 관계입니다. 마치 드라마 <정년이>에서 정년이와 영서가 그랬듯 말이죠.

높은 관계의 밀도를 만들어내기 위해서는 관계의 형성과 유지를 위해 애써야 합니다. 하지만 다른 사람과의 관계를 형성하고 유지하는 것은 우리에게 많은 에너지를 요구합니다. 그 사람이 나와 어떤 다름과 같음을 가지고 있을지 파악하는 데에만도 시간과 비용, 노력이 필요합니다. 같음이 있다고 해도 그 같음이 표면적인 것인지(그러니까 같은 지역에 사는지) 아니면 깊이가 있는 것인지(나와 같은 꿈을 지니고 있는지)에 따라 관계의 한계도 설정해야 합니다. 게다가 몇 번의 클릭만으로도 쉽게 관계를 맺을 수 있는 시대에 과연 어떤 관계가 나의 정체성과 맞는 것인지를 파악하기도 어렵습니다. 그런 점에서 나와 같은 대상을 사랑하는 팬은 관계의 초기에 필요한 시간과 노력, 비용을 줄여 줍니다.

그러니까 팬덤이 지니는 사회적 정체성은 다른 집단보다도 자신의 정체성 인식에 더 크고 중요한 역할을 합니다. 우선 자신이 선택한 집단이라는 점, 두 번째는 그 집단의 선택은 내면의 욕구가 중심이 되었다는 점, 세 번째는 집단 내 관계가 대상-팬의 관계만이 아니라 팬-팬의 관계로 이루어져 있다는 점, 마지막으로 상호응원으로 관계 밀도가 높다는 특징이 있기 때문입니다.

가장 중요한 것은 대상-팬의 관계에서도 팬-팬의 관계에서도 관계 밀도가 높다는 점입니다. 밀도는 요소들이 서로 촘촘히 붙어 있는 상태를 뜻하면서 요소들이 응집하려는 경향성을 보이는지를 나타내죠. 관계 밀도가 높다는 것은 그만큼 요소 간의 응집력이 높고 심리적, 정서적 거리가 가깝다는 뜻이 됩니다. 대상과 팬 간의 밀착도는 말할 것도 없지만, 팬덤을 형성하는 팬과 팬 사이 응집력도 높다는 거죠. 응집력이 높아지면 팬덤은 그만큼 사회에서 자신들의 능력이나 영향력을 행사하기에도 쉬워지죠.

일례로 BTS의 팬덤인 아미와 관련된 사례를 들 수 있습니다. 아미들은 자신을 하나의 공동체로 인식하면서 BTS를 통해 받은 위로는 다른 사람에게도 돌려주는 취지에서 비영리 기부단체인 OIAA One In An Army를 2018년 4월부터 2020년 3월까지 매달 정기적으로 자선 프로젝트를 진행했고 현재는 비정기적인 기부 캠페인을 벌이고 있습니다. 이 단체의 슬로건은 '큰 팬덤이 커다란 변화를 만든다Big Fandom, Big Difference'로, 말 그대로 한 사람 한 사람의 팬이 모여 커다란 사회의 변화를 만들 수 있지 않느냐는 말을 표명한 슬로건입니다. 비단 아미뿐만 아니라 세계적인 아티스트의 팬덤은 기부나 숲 조성 등의 다양한 사회 공헌 활동을 전개하고 있다는 건, 이제 팬덤은 팬 자신의 정체성에 핵심적인 인식 요소로 자리 잡으면서 점차 관계 밀도도 높아지고 있는 것을 말해 줍니다.

마음의 집단을 형성하는 팬이 되어 보기

처음 소개팅을 나가면 어색함에 어떤 말을 해야 할지 주저하게 되죠. 사는 곳을 묻고, 가족 관계를 묻고 하다 보면 '무슨 취조를 하는 것도 아닌데…'란 생각이 미쳐 결국은 "뭐 좋아하세요?"라고 묻게 됩니다. "음식, 뭐 좋아하세요?"라고 말이죠.

좋아하는 음식을 대답하면 이 음식을 주제로 대화를 전개할 수 있으니 어색한 분위기를 풀기 쉽습니다. 하지만 이 때문만은 아닙니다. 좋아하는 음식이 나와 맞는지 아닌지도 중요합니다. 나는 매운 음식을 싫어하는데, 상대방이 "전 매운 음식을 좋아해요."라고 말하면 매운 음식을 주제로 대화는 할 수 있지만 '나와 동질성을 지닌 사람이구나'

라는 생각은 들지 않을 수 있습니다. 나와 같은 생각을 하고, 비슷한 가치관을 지녔고, 기호가 잘 맞는다면 일단 그 사람과 하나의 집단에 속해 있는 사람이라고 여기게 되죠. 그럼 어떤 요인을 가지고 '우리'라는 집단을 의식하고, 또 '우리'라고 인식하는 집단의 사람에게는 정말 다르게 행동을 할까 궁금해집니다. 이때 참조할 수 있는 것이 사회적 정체성과 관련된 실험이니 잠깐 살펴보도록 하죠.

사회적 정체성은 제2차 세계대전 후, 전쟁 중 홀로코스터를 비롯한 참혹한 일들이 어떻게 일어났는지와 관련하여 '사람들은 집단에 속해 있을 때 어떻게 행동할까?'라는 연구에서 도출된 개념입니다. 1960년대 후반 폴란드계 유대인인 브리스틀 대학교의 사회 심리학자 헨리 타지펠Henri Tajfel은 한 실험을 했습니다. 지역 학교의 사춘기 소년 64명을 연구실로 초대해 두 집단으로 나누었는데, 화면에 표시된 점의 수를 실제보다 많다고 생각하는지 적다고 생각하는지, 아니면 이전엔 전혀 모르고 있던 칸딘스키나 클레의 그림 중 어느 쪽을 좋아하는지와 같은 사소한 것이었죠. 집단은 점의 수를 '많다'와 '적다'로, 화가는 '칸딘스키'와 '클레'로 나눕니다. 그리고 소년들을 한 명씩 칸막이로 들여보내 돈과 학생들이 어떤 집단에 속해 있는지 적혀 있는 표를 주고는 상대 학생에게 돈을 나눠주라고 했죠. 소년들은 과연 어떤 집단의 학생들에게 돈을 더 나눠주었을까요? 대부분 점을 '많다'고 믿는 소년들은 자신과 같이 '많다'고 믿는 집단의 학생들에게, '칸딘스키' 그룹의 소년은 같은 '칸딘스키' 그룹의 학생들에게 더 많은 돈을 나눠주었습니다. 반대로 '적다' 그룹과 '클레'의 소년도 마찬가지로 '적다'와 '클레' 그룹의 학생들에게 많은 돈을 나눠주었죠.

소년들은 자신의 성향이나 취향이 같지 않은 사람에게 굳이 불이익을 준다고 해서 이익을 얻을 것이 없는 상황이고, 돈을 받을 학생이 누군지도 알지 못했는데 불구하고 이렇게 뭔가 집단이 구분되었다는 것만으로도 자신이 속한 집단에 유리한 행위를 한 거죠. 심지어 동전을 던져서 앞과 뒤가 나온 학생들을 두 집단으로 나누어 실험해도 동일한 결과가 나왔습니다.

아주 사소하고 간단한 기준이나 자극만으로도 사람들은 자신을 남들과 분류하고, 자신이 속한 집단의 구성원들을 선호한다는 사실이 위에서 살펴본 '최소 집단 실험'으로 밝혀진 거죠. 인간은 사회를 '우리'와 '그들'로 이루어진 집단으로 인식하고 이 분류를 기준으로 많은 행동을 한다는 것입니다. 아마도 친구와 적을 구별해야 생존에 유리했고, 같은 집단의 사람들과 협력하지 않으면 안 되었던 집단생활의 모습이 진화에 영향을 미쳤다고 할 수 있겠죠. 사실 우리는 실제로 집단이 없다면 내가 어떤 사람인지 어떤 삶을 살아야 할지 상상하기가 어렵기도 합니다. 살아남기 힘들었을 테니까요.

결국 내가 속해 있은 '내內집단'과 속해 있지 않은 '외外집단'으로 구분하는 것을 반복하면서 우리는 '나는 어떤 사람이다'라는 사회적 정체성을 인식하게 됩니다. 말이 어렵지 내집단은 결국 '우리'를, 외집단은 '그들'을 의미합니다. 이런 사회적 정체성은 외모나 성격 특성을 반영하는 개인적 정체성과 별개입니다. 사회적 정체성의 인식에는 그래서 '집단에의 소속감'이 가장 중요합니다.

집단에의 소속감은 우리가 다루고 있는 외로움의 반대 개념이기도 하겠지만, 모든 소속감이 다 해당하지는 않겠죠. 가족, 회사, 학교, 지역에 소속감을 지니고 있다고 해서 외로움이 해소되지는 않습니다. 내가 소속되어 있다고 생각하는 집단에 대해 긍정적인 정서를 지니고 있어야 하고 유대감을 느끼고 있어야 비로소 소속감은 외로움을 떨쳐내는 도구가 될 수 있습니다. 하지만 소속감은 외로움을 떨쳐내는 기본적 요소임은 틀림없습니다. 말하자면 특정 집단에의 소속감은 외로움 해소의 필요조건이긴 하지만 충분조건인 건 아닌 거죠.

위의 최소 집단 실험에 등장하는 피험자들이 생각하는 단순 조건에 의한 '우리'와 팬이 생각하는 몰입과 열정에 의한 '우리'의 차이는, 바로 집단 소속감이 열정, 몰입, 유대감을 바탕으로 하고 있는가 없는가입니다. 팬은 단순하게 어떤 우연적 요인으로 집단이 구분되고 형성되는 것이 아니라, 개인이 자발적으로 열정을 지니고 몰입을 하여 대상과 집단 멤버와의 유대감을 강하게 인식하고 있습니다.

우리 모두는 인생의 어느 시점에 무언가의 팬이 됩니다. 어렸을 때는 만화나 애니메이션이나 동화의 주인공에 몰입되어 팬이 되고, 가수나 배우나 예능인과 같은 유명인의 팬이 되기도 하죠. 어떤 사람은 자동차나 스마트폰을 만드는 특정 기업의 팬이 되기도 합니다. 모두가 알지 못하는 사람이나 물건이 팬의 대상이 될 수도 있죠. 동네 편의점에서 일하는 직원의 팬, 작은 동네 서점의 팬, 구독자 수 100명인 유튜버의 팬도 될 수 있습니다.

    팬이 된다는 건, 대상에 대한 몰입으로 외로움을 잊게 만들고, 상호응원을 통해 외로움으로 겪게 되는 상처를 위로받고 격려받으며, 사회적 정체성을 한 겹 더하여 사회구성원으로 살아가는 의미를 느끼게 해주고, 같은 대상의 집단과의 소속감을 부여하여 외로움을 극복하는 데에 도움을 줍니다. 팬과 팬덤의 전성시대라고 불리는 지금, 아마 우리는 어느 시점에서든 팬이 되는 경험을 통해 외로움을 이겨내고 있는 것은 아닐까요?

외로움을 소비하는 사회

일상에서
비일상으로의 점프

The Loneliness Consuming Society

I N T R O

    일상 곳곳에 숨어 있는 외로움을 벗어나서 한숨을 돌리고 다시 일상으로 돌아와서 힘차게 생활하기. 우리가 바라는 것은 바로 이것이겠죠. 외로움뿐만 아니라 슬픔, 괴로움, 우울함, 피곤함, 쓸쓸함, 울적함, 따분함 등 뭔가 부정적인 생각이 들거나 정서에 휩싸일 때 우리는 그런 생각과 정서를 강요하는 '지금 여기에서' 훌쩍 벗어나 어딘가 새로운 곳으로 떠나고 싶어집니다. 나를 지치게 하고, 괴롭히는 것들과 이별하고 싶죠. 우리가 여행을 가는 이유가 바로 이것입니다.

    그런데 나를 외롭고, 지치게 하고, 괴롭히는 것들과의 이별이 말처럼 쉬울까요? 영화 해리포터 시리즈 속의 도비는 주인인 루시우스 말포이가 무심코 던져준 양말 덕분에 노예에서 해방되면서 그 유명한 밈인 "Dobby is FREE(도비는 자유예요)!"를 외치며 떠나갈 수 있었지만, 현실의 우리에겐 어려운 일입니다.

    여행이라는 일상과 잠시의 이별도 유용한 외로움 도피 전략이기는 하지만 여행도 경제적, 시간적, 정신적 여력이 있어야 가능한 거죠. 돈도 시간도 노력도 필요한 해외여행이라면 간헐적인 전략으로 활용할 수는 있지만, 상시적 전략이 되기는 어렵습니다. 외로움이 나를 괴롭히는 일상에서, 일상이 아닌 비일상의 세상으로 넘어가는 것은 분명 외로움의 시공간을 벗어나는 좋은 방법이긴 하지만, 실제로 이렇게 시간과 공간의 차원을 이동하는 것은 여의치 않은 일입니다.

    인간은 오랜 역사를 통해 일상과 비일상을 넘나드는 방법을 구축했고, 일상 공간 아주 가까운 곳에 비일상으로 넘어가는 포털을 만들어 일상의 외로움을 잊게 해주었죠. 바로 교회나 절과 같은 종교적 공간을 정기적으로 찾아 초월적 존재와 만나는 비일상을 경험하도록 했습니다. 물론 종교적 공간을 다시 벗어나면 일상으로 안전하게 돌아올 수 있었죠. 초월적 존재와의 정기적인 만남은 일상의 아픔, 외로움, 괴로움을 사라지게 만드는 힘이 있습니다. 이런 만남은 종교적 의식이라는 시스템으로 운영되었죠.

현대에도 일상의 외로움을 잊게 만드는, 우리에게 아주 가까운 비일상의 공간들이 있습니다. 이 공간에서 우리는 '소비사회'라는 초월적 존재를 만납니다. 우리의 모든 문제를 해결해 주는 존재이며 사회운영 원리이기도 하죠. 이 공간은 쇼핑몰, 백화점, 쇼핑센터와 같이 소비를 핵심 기능으로 하고 있습니다. 고맙게도 이런 공간은 교회나 절처럼 우리가 일상에서 비일상으로, 다시 비일상에서 일상으로 안전하고 편안하게 이동할 수 있도록 보장해 줍니다.

쇼핑 공간을 통한 일상에서 비일상으로의 점프는 비교적 정기적으로 일어납니다. 우리는 일상생활에 필요한 물건을 사기 위해 정기적으로 이들 공간에 방문하니까요. 그런데 소비사회의 등장과 함께 본격적으로 모습을 드러냈던 이들 쇼핑 공간들은 최근 많은 변화를 보이고 있습니다. 더욱 비일상의 세계로 소비자를 유도해서, 더욱더 일상을 잊게 만들려고 말이죠. 쇼핑 공간은 어떤 원리로 그리고 어떤 모습으로 더 강렬한 비일상을 우리에게 보여주려 하고 있는지 살펴보면서 외로움의 일상을 잠시 떠나보도록 합시다.

01
일상의 외로움,
외로움의 의식[1]

어린 왕자가 만난 외로움의 주민들

'어린이들을 위한 동화처럼 보이지만 결코 동화가 아닌, 어른들을 위한 이야기'라고 하면 가장 먼저 어떤 이야기가 떠오르나요? 아주 작은 별에서 지구로 찾아와 자신만의 사랑과 아름다움을 애틋하게 전해주고 가버린 왕자의 이야기가 있습니다. 예, 여러분도 잘 알고 계시는 생텍쥐베리의 소설 『어린 왕자』입니다. 그런데 어린 왕자의 이야기는 사실 외로움의 이야기이기도 합니다.

  어린 왕자는 지구로 오기 전에 자신의 별 가까이에 있는 여섯 개의 별을 방문해서 별의 주민들을 만납니다. 그 별들은 어린 왕자의

---

[1] 어린 왕자의 내용은 '생텍쥐페리 저, 베스트트랜스 역, 『어린 왕자』, 산호와진주, 2012년 전자책'에서 인용했습니다.

별 만큼이나 작은 별이어서 한 사람만 살고 있는 별이었죠. 첫 번째 별에서 만난 사람은 왕이었습니다. 다스리는 사람도 없는 별에서 외로이 왕 노릇을 하는 사람이었죠. 두 번째 별에서 왕자는 허영으로 가득한 허영쟁이를 만납니다. 그는 다른 사람이 자신을 찬양해 주기를 원하는 사람이지만 혼자만의 별에서는 자신을 찬양해 줄 사람이 없는 외로운 사람이었죠. 세 번째 별의 주민은 종일 술만 마시는 술꾼이었죠. 술만 마시고 있다는 게 부끄러워 이를 잊으려고 술을 마시고 있다는 외로운 술주정뱅이이었습니다. 장사꾼을 만난 건 네 번째 별이었죠. 장사꾼은 무언가를 발견하면 그것을 자신의 것으로 만들고 나서는 소유물의 리스트를 장부에 적어 놓는 것에 만족하는 사람입니다. 장사꾼이라고 하지만 거래를 할 상대가 없는데도 말이죠. 다섯 번째 별에서는 종일 가로등을 켜고 끄는 일을 반복하는 사람이었는데, 그는 너무나 바빠서 잠을 자고 싶지만 일을 멈출 수가 없습니다. 누구를 위해 가로등을 밝히는지도 모른 채 말이죠. 마지막으로 방문한 여섯 번째 별에서는 어마어마하게 큰 책을 쓰고 있는 지리학자를 만납니다. 하지만 탐험가들이 별의 지리를 이야기하면 이걸 기록하는 사람인데 정작 자신은 자리에서 움직이지 않는 사람이죠.

어린 왕자의 별에 있는 단 한 송이의 장미도 외로운 존재이지만, 지구에 와서 만난 사막에 불시착한 조종사도, 길들임의 의미를 알려준 여우도 그렇죠. 심지어 지구에서 처음 오른 뾰족하게 솟은 산봉우리도 그렇습니다. 어린 왕자는 산봉우리에 반갑게 인사하지만 돌아오는 것은 메아리뿐입니다.

"안녕!"

"안녕……, 안녕……, 안녕……."

메아리가 대답하자 어린 왕자가 물었죠.

"당신은 누구세요?"

"당신은 누구세요……, 당신은 누구세요……, 당신은 누구세요……."

어린 왕자가 말합니다.

"우리 친구해요. 외로워요."

"외로워요……, 외로워요……, 외로워요……."

대화를 나누고 마음을 공유할 수 없는 메아리는 외로움을 더해 줄 뿐입니다. 나를 둘러싸고 있는 존재도 결국은 나를 받아주는 것이 아닌 거죠.

어린 왕자에 등장하는 캐릭터들은 늘 혼자라서 누군가 자신의 이야기를 들어줄 사람, 자신과 마음을 나눌 사람을 필요로 합니다. 하지만 그들 모두가 드러내어 외로움을 호소하지는 않습니다. 그래서 이야기를 따라가다 보면 과연 그들이 외로움을 느끼고는 있을까 하고 궁금해지기도 하죠. 특히 여섯 개의 별에서 만난 주민들이 그렇습니다.

분명 별의 주민들은 작은 별에서 혼자라는 상황적 외로움을 느낄 뿐만 아니라, 명령을 들어줄 사람, 자신을 찬양해 줄 사람, 함께 술을 마셔줄 사람, 자신에게 소유물을 양도해 줄 사람, 자신이 밝힌 가로등 불의 가치를 알아줄 사람, 자신이 만들고 있는 지리책에 정보를 주고 그 책을 활용해 줄 사람이 필요할 테지만, 모두가 그런 티를 내지 않습니다. 마치 외로움을 인식하고 있지 않은 척하면서 말이죠.

별의 주민들은 아마도 일상적인 외로움에 대응하기 위해 각자의 전략을 활용하는 것처럼 보입니다. 일종의 외로움 대처 전략이라고 할까요. 자, 그럼 별의 주민들이 각자 어떤 대응 전략을 사용하는지 알아보죠. 혹시 우리가 일상에서 사용하고 있는 외로움 대처 전략과 같을지도 모르니까요.

별의 주민이 말해 주는 외로움 대처 전략

왕은 자신이 다른 사람들과는 차원이 다른 사람이기 때문에 타인들과 함께 섞이면서까지 외로움을 해소할 필요가 없다고 생각합니다. 현실을 왜곡해서 인식하면 쉽게 자신의 외로움도 합리화할 수 있으니까요. 찬양을 원하는 허영쟁이는 누군가의 찬양을 갈구하면서 '외롭긴 뭐가 외로워, 이렇게 나를 찬양하는 사람이 있는 걸…'이라고 상황을 자신에게 맞추어 인식하기도 합니다. 진실이 아니라도 이런 찬양으로 외로움은 감출 수 있습니다. '너는 잘하고 있고, 충분히 멋지고 훌륭한 사람이야'라고 말해 주는 사람들을 옆에 두고, 이걸 증명할 수 있는 책을 읽거나 유튜브 동영상을 찾아봅니다. 두 번째 별의 허영쟁이가 어린 왕자에게 묻습니다.

"넌 나를 진심으로 찬양하는 거지?"
"찬양이 뭐죠?"
"음, 찬양이란 내가 이 별에서 가장 잘생겼고, 옷을 잘 입으며, 부자고, 똑똑하다는 것을 인정하는 거지."
"하지만 이 별에는 아저씨 혼자뿐인 걸요!"
"날 기쁘게 해줘. 나를 찬양해 달라고!"
"아저씨를 찬양해요. 하지만 이런 게 무슨 소용이에요?"

세 번째 별의 술꾼처럼 술을 마시는 건 외로움을 잊을 수 있는 가장 일반적이면서도 현실적 방법입니다. 성인이라면 누구나 한 번쯤은 활용해 보았던 전략이죠. 문제는 술을 마셔도 외로움의 근본적 해소는 턱도 없다는 겁니다. 오히려 더 외로움이 심각해질 위험도 존재합니다. 별에서 만난 술꾼은 술을 마시는 일상이 부끄러워 술을 마신다는 터무니없는 이유를 말하고 있지만, 이걸 외로움으로 바꿔 쓰는 것이 우리에게는 더 적절해 보입니다.

"왜 술을 마셔요?"
"잊기 위해서란다."

어린 왕자가 세 번째 별에서 만난 술꾼

"뭘 잊고 싶은데요?"
"외로운 것을 잊고 싶단다."

　술을 마시는 동안에는 외로움을 잠시 잊을 수 있지만, 다시 제정신으로 돌아오면 외롭다는 것을 알게 되고, 그래서 그 외로움을 잊기 위해 술을 마시는 반복의 연속입니다.
　장사꾼은 자신의 목표에만 집착함으로써 외로움을 잊습니다. 실제로는 자신이 소유하고 있는 것도 아니지만 보이는 것은 자신이 소유한 것이라고 간주하고, 장부에 소유물을 기입하고는 책장에 넣고 보관하는 것으로 끝이죠. 그의 인생 목표는 리스트를 풍부하게 하는 것뿐 실질적인 것은 없습니다. 통장에 찍히는 숫자에 집착하고, 이력서에 들어가는 한 줄을 쌓는 것에 목숨을 거는 동안 외로울 틈이 없을 겁니다.

가로등을 관리하는 가로등지기는 어떤가요? 어린 왕자가 잠시라도 쉴 수 있는 방법을 알려 주지만, 그는 말을 듣지 않습니다. 마치 자신은 뭔가의 명령에 따라 끊임없이 일에 몰두해야 하는 인간이라고 자신을 규정하고는 그 일에서 벗어나지 못합니다. 워커홀릭입니다. 너무 일에 몰두하는 모습을 보고는 조금 쉬엄쉬엄 일하라고 말하니, "외로울 새가 어디 있어요? 그건 능력 없는 사람들이 하는 푸념에 불과한 거 아닌가요?"라고 대답한 사장님을 만난 적이 있는데 마치 그 사람의 모습을 보는 거 같네요.

마지막 별의 지리학자는 세상의 의미보다는 팩트만을 중시하는 사람입니다. 사람의 감정이나 경험, 상상보다는 사물이 지닌 흔들리지 않는 사실만을 바라보고 객관적인 증명을 중시하는 사람입니다. 그에게는 자신이 혼자 있다는 상황은 팩트이겠지만, 자신이 '외롭다'는 정서나 감정은 하등의 쓸모가 없습니다. 물론 다른 사람의 감정, 정서, 상상도 자신에게는 무의미한 것이겠죠. 그에게 외로움이라는 정서는 버려야 할 쓸모없는 것입니다.

별에서 만난 모두는 외로운 사람입니다. 홀로 별에서 살아갑니다. 그래서 어린 왕자가 떠날 때 만류하기도 하죠. 별의 주민들이 꿈과 희망과 사랑을 잃어버린 어른의 단편적인 모습을 지닌 상징으로 해석하는 학자들도 있지만, 가장 중요한 것은 모두가 외로운 존재라는 사실입니다. 그리고 그 외로움을 잊기 위해, 또는 외로움을 회피하기 위해 각자 자신만의 방식을 활용하고 있다는 거죠.

정리해 보면 다음과 같은 전략일 겁니다.

① 왕의 전략 : 나와 어울릴만한 부류의 사람은 드물어. 상관없잖아, 혼자라도….
② 허영쟁이의 전략 : 나를 좋아하고 응원해 주는 사람이 있다면 그걸로 충분해.
③ 술꾼의 전략 : 일상의 외로움을 잊는 잠시만의 현실 도피적 행위로 넘겨보자고.
④ 장사꾼의 전략 : 인생이 목표가 확실하다면 그것에 몰입해서 매진해 보자고.
⑤ 가로등지기의 전략 : 나에게 주어진 과업에 충실하면 외로움을 느낄 새가 없어.
⑥ 지리학자의 전략 : 정서나 감정보다는 팩트에 초점을 맞추어서 세상을 살자고.

어떤가요? 여러분도 이런 전략을 사용하고 있지는 않나요? 하나만의 전략이 아니라 몇 개의 전략을 혼용해서 사용하기도 할 겁니다. 일상에서 외로움을 마주하게 될 때, 그 외로움에 흔들리지 않기 위해, 현실을 왜곡해서 받아들이거나, 자신만의 장벽을 쌓거나, 나에게만 유리한 상황을 조성하거나, 외로움이란 정서를 무시하거나, 일이나 학업에 몰두하거나 하는 전략을 말이죠. 별의 주민들이 사용하는 전략이 절대적으로 잘못되거나, 사용해서는 안 되는 것들이 아닙니다. 아주 자연스럽게 우리가 활용하는 것들이죠.

어떤 때는 술로 외로움을 달래고, 어떤 때는 '너는 잘 사고 있다니까, 너의 잘못이 아니야'라고 말해 주는 사람들을 만나기도 하고, '외롭다는 건 사치스러운 감정이야. 나에게는 해야 할 일이 너무 많아'라며 자신을 다잡기도 하고, '내가 너무 방황하는 건 아닐까. 내가 진정 좋아하고 원하는 것이 있다면 이런 헛헛한 느낌은 들지 않을 텐데'라며 자기성찰을 곁들이기도 하죠.

그러니 별의 주민들은 못나고 비뚤어진 사람들이 아니라 모두 우리 안에 있는 외로움의 모습으로 살고 있으면서 나름대로 외로움에 대응하려고 노력하는 우리의 내면입니다. 그래서 어린 왕자는 이런 자신의 내면을 돌아보면서 마지막으로 지구로 향합니다. 지구에서 자신의 외로움, 별의 장미가 지닌 외로움을 꿈과 희망, 그리고 사랑으로 채울 수 있다는 확신을 줄 수 있는 누군가를 만나기 위해서 말이죠.

여우가 말해 주는 외로움을 길들이는 해법

그럼 과연 어린 왕자는 지구를 방문해서 그의 바람을 이룰 수 있었을까요? 자신과 장미의 외로움을 사랑과 꿈과 희망으로 바꾸는 해법을 알아냈을까요?

종이 인형극 어린 왕자의 한 장면(in Papiertheater Invisius, Germany, 2021)
(Puppeteer:Rüdiger Koch, commons.wikimedia.org)

　　어린 왕자가 지구에 도착해서 만나는 많은 캐릭터 중 유일하게 외로움을 풀어낼 가장 적절한 방법을 알고 있는 이가 있습니다. 누구인지 짐작이 가시나요? 여우입니다. "정말 소중한 것은 눈에 보이지 않아."라는, 어쩌면 우리가 인생을 살아가면서 가장 중요하게 마음에 담아야 하는 비밀을 어린 왕자에게 알려 준 바로 그 여우입니다. 산봉우리에게까지 친구가 되자고 외칠 만큼 외로움을 벗어나고자 했던 왕자에게 불쑥 먼저 말을 걸었던 바로 그 외로운 여우입니다.

　　서로 친구가 필요했던 어린 왕자와 여우. 여우는 왕자에게 자신을 길들여 달라고 말합니다. 길들인다는 의미는 관계를 맺는 것이고, 자신을 길들인다면 서로 필요한 하나밖에 없는 존재가 된다고 말하면서요. 어린 왕자는 어떻게 하면 여우를 길들여 외로움을 달래 줄 친구가 될 수 있는지 묻습니다.

"그럼 내가 어떻게 하면 되는데?"

"인내심이 필요해. 하지만 하루하루 시간이 지날 때마다 넌 내게 조금씩 다가오게 될 거야. (중략) 매일 같은 시간에 오는 게 좋을 거야. 만일 네가 오후 4시에 온다면 나는 3시부터 행복해질 거야. 4시가 가까워질수록 나는 점점 더 행복해지겠지. (중략) 그런데 네가 아무 때나 온다면 언제부터 마음의 준비를 해야 할지 모르잖아. 그래서 의식이 필요한 거라고."

여우는 이야기 속에서는 삶의 자세를 알려주는 멘토와 같은 역할을 하기도 하지만, 의미를 해석해 보면 외로움을 풀어내는 상징이 아닐까 합니다. 외로움으로 슬픔에 잠긴 어린 왕자의 곁에 불쑥 등장해서 친구가 되어 주겠다는 여우는, 길들임을 통해 외로움이 해소될 수 있다고 말해 줍니다. 그런데 여우의 말에 중요한 단어가 하나 있습니다. 바로 '의식'입니다. 여우는 의식이 뭐냐고 묻는 어린 왕자에게 의식의 의미를 이렇게 말해 줍니다.

"이것도 많이 잊혀진 건데, 의식이라는 것은 어느 날을 평소와 다르게, 어느 시간을 평소의 시간보다 특별하게 만드는 거야."

여우를 길들인다는 건, 외로움을 길들인다는 뜻입니다. 여우가 지닌 외로움, 왕자가 지닌 외로움은 서로가 서로를 길들이면서 조금씩 색깔이 옅어지니까요. 결국, 평소와 똑같은 일상을, 마치 일상이 아닌 것처럼 만드는 것이야말로 외로움을 길들여 외로움에서 벗어날 수 있는 방법이라고 여우는 말하고 있는 셈입니다.

과연 외로움이라는 일상이 지닌 평소의 모습을, 특별하게 바꾸어주는 의식이란 무엇일까요? 그 의식의 비밀을 알아낸다면 여우가 외롭지 않게, 어린 왕자가 외롭지 않게, 서로를 길들이는 비법을 풀어내어 나의 외로움을 길들일 수 있지 않을까요?

여우는 자신과 왕자의 외로운 일상의 흐름을 의식을 통해 특별한 시간과 공간으로 바꾸는 것을 제안합니다. 그리고 그 의식은 대단히 일상적이어야 합니다. 여우가 말하는 의식은 일생에 단 한 번만 갑작스레 '짠!' 하고 행해지는 의식이 아닙니다. 매일 매일 조금씩 조금씩 반복적으로 나를 행복하게 해주는 의식입니다. 우리가 매일 아침을 먹고, 매일 지하철을 타고, 매일 동영상을 보고, 매일 잠자리에 드는 일상 속에서 일어나는 의식이어야 합니다. 여우는 그래야 마음의 준비를 할 수 있고, 그 의식이 행해지기 전부터 일상의 외로움에서 벗어난 행복감을 느낄 수 있다고 말하죠.

일상을 일상이 아닌 것으로 바꾸는 일상의 의식. 어쩌면 굉장히 어렵게만 느껴지는 이 의식이 사실 일상의 외로움에 만연한 세상을 우리가 꿋꿋하게 살아가게 해주는 힘이 아닐까 합니다. 그럼 그 일상의 의식이란 구체적으로 어떤 것일까요?

이전 직장에는 아침 출근길에 항상 스타벅스 커피를 사서 출근 시간 10분 전에 사무실로 들어오는 직원이 있었습니다. 그런데 하루는 출근 시간에 딱 맞춰서 숨을 헐떡이며 사무실 문을 여는 그의 손에 스타벅스 커피가 들려 있지 않았죠. 그리고는 한 시간 정도 일을 하더니 슬그머니 자리를 떴던 그는 손에 스타벅스 커피를 들고는 사무실로 돌아왔습니다. 그 모습이 재미있어서 물었습니다.

"아니, 꼭 스타벅스 커피를 마셔야 하는 이유가 뭐야. 뭐 특별한 의미가 있는 거야?"
"아니요, 뭐 그런 건 아니에요. 그냥 저의 아침마다의 루틴이랄까 의식이랄까. 스타벅스 커피를 마셔야 하루가 시작된다는 생각이 들어서요."

그 직원에게 하루의 시작은 '특정 브랜드의 커피를 마시는 의식'으로 시작되나 봅니다. 하지만 그가 과연 이런 의식을 매일 말 그대로 의식하고 있는 것일까요? 아닐 겁니다. 아마도 그에게는 습관처럼 정착된 행동 패턴이겠죠.

외로움을 길들이는 일상의 의식

우리는 습관적으로 하는 행동들이 많습니다. 아침에 눈을 뜨면 잠자리 옆에 놓인 스마트폰으로 시간을 확인하는 것부터 시작해서, 아침을 먹기 전에 마시는 물 한잔도 그렇고, 매일 아침 출근길에 타는 정해진 지하철의 탑승칸도 그렇고, 비가 올 때면 괜히 떠올리는 막걸리도 그렇고, 여름이 다가오면 슬슬 다이어트를 준비하는 것도 습관적입니다. 어렸을 때는 더 많았죠. 횡단보도의 하얀색 부분만 밟고 가려고 하는 아이, 화단 끝의 연석만 밟으면서 걷는 아이, 비가 온 후 물이 고인 웅덩이만 골라서 첨벙대며 걷는 아이를 지금도 거리에서 만날 수 있습니다.

　　일상의 행동이 습관이 되는 것은 그 행동에 의미가 부여되는 순간입니다. 어떤 행동이 처음 시작될 때는 아무런 의미가 없었지만, 그 행동이 '뭔가의 목적이나 이유가 있는 것이 아닐까'라는 해석이 덧붙여지는 순간 의식이 되는 거죠.

　　앞서 '출근길 스타벅스 커피'는 처음에는 그냥 눈에 띄어서 마시게 되었을 수도 있고, 아침 출근길 활력을 불어넣기 위한 카페인 섭취를 위해 우연히 들어간 커피 가게가 스타벅스일 수도 있었을 겁니다. 그런데 한 번 두 번 그 행동을 반복적으로 하게 되면 우리는 스스로 반복적 행위의 이유를 찾으려고 노력합니다. 인간의 뇌는 어떤 행동이나 말을 하더라도 납득이 되지 않으면 굉장히 불편해 하거든요. 그래서 뇌는 이렇게 생각하는 거죠. "아, 나는 스타벅스 커피를 한잔 마셔야 하루의 일과를 잘 시작할 수 있어."라고 말이죠. 그럼 정신없이 바쁜 출근길 속에서도 스타벅스 커피는 그에게 의식이 됩니다.

　　이렇게 우리의 일상은 사소하지만 중요한 의식으로 채워져 있습니다. 이 일상의 의식은 나름의 목적이 있습니다. 운전석에 앉으면 자연스럽게 옆에 놓인 껌 통에 손이 가는 건 운전하는 동안의 졸음도 날리고 주의력을 떨어뜨리지 않으려는 목적을 지니고 있죠. 운전하는 동안의 외로움을 잊으려고 몸을 움직이려는 목적이 있을지도 모르겠네요.

저녁에 아무도 없는 집으로 돌아와 조명을 켠 다음, 제일 먼저 TV 리모콘의 전원 버튼을 누르는 것도 일종의 의식입니다. 그 의식을 통해 집은 비어 있는 무미건조한 공간space이 아니라, 소리와 빛으로 채워진 일상생활의 장소place로 바뀝니다. 금요일 저녁에 친구들과 치맥을 즐기는 것도, 잠옷을 입고는 좋아하는 게임에 접속하는 것도, 주말에 교외에 나가 맛집을 순례하는 것도, 두 달에 한 번은 공연을 보러 가는 것도, 3일 연휴가 주어지면 해외여행을 가려고 하는 습관적 행동들도 모두 일상의 의식이 될 수 있죠. 그리고 많은 이런 의식들은 소비행위와 연관되어 있죠.

스타벅스 커피를 사고, 공연장에 가고, 게임을 즐기고, 친구들과 술잔을 기울이고, 책을 읽고, 영화를 보고, 음악을 듣고, 스포츠 중계를 보고, 일주일에 한 번 볼링을 치고, 퇴근길 편의점에서 좋아하는 맥주를 사는 모든 일상의 사소하고도 반복적이긴 하지만 의미가 부여된 행위들은 소비를 통해 형성되는 의식입니다.

이런 의식들이 있으니 평소와는 다른 시간과 공간이 만들어 집니다. 스타벅스 커피를 마시는 시간은 업무를 하면서 힘든 나의 평소의 시간과 공간을 잠시 잊어버리고 커피 향을 즐기고 있는 나만의 시간과 공간을 만들어 줍니다. 캔 맥주 하나를 옆에 두고 프로야구 중계를 보고 있는 시간과 공간은 아무 의미 없이 보내는 평소의 시간과 공간에 재미와 즐거움을 채워 새로움을 느끼게 해주죠. 여우가 말했듯이, 우리에게는 뭔가 일상에 '특별함'이라는 의미를 부여할 수 있는 의식이 필요합니다. 그리고 그 특별함은 '혼자'라는 시간과 공간에서 느끼는 정서에 짓눌리지 않고 자신의 시간과 공간이 외롭지 않게 만들어 줍니다.

일상에서 외로움을 느끼는 시간과 공간이 많다면, 그리고 그 외로움으로 우울과 같은 부정적인 정서를 맛보게 되는 횟수가 잦아진다면 우리는 외로움이나 우울을 회피하려고 노력하겠죠. 한 달에 한 번은 일주일씩 해외여행을 가는 거도 좋을 겁니다. 일주일에 한 번 20만 원에 가까운 뮤지컬을 보기 위해 VIP석을 예매하는 것도 좋겠죠. 흑백요리사 프로그램에 나온 셰프의 값비싼 오마카세 요리는 어떨까요? 상상만 해도 이렇게 할 수만 있다면 일상의 외로움이니 우울이니 하는 부정적인 정서는 아주 쉽게 떨쳐 버릴 수 있을 것 같습니다.

하지만 일반 서민들인 우리의 현실은 녹녹하지 않습니다. 학업과 업무의 스트레스로 채워진 시간표가 매일 아침을 기다리고 있고, 내 책상 속 통장 아닌 '텅장'은 여유가 없다고 비명을 지르고 있는 데다가, 인기 있는 항공권이나 공연 티켓 예매는 조상의 도움이 필요할 정도이니까요. 그럼 우리는 이대로 주저앉아서 부정적인 정서의 장맛비를 온몸에 맞으며 있어야 할까요? 이렇게 비를 맞고 있다가는 독한 감기에 걸려 병원행이 틀림없을 텐데 말이죠.

우리가 매일 병원에 가지 않고 외로움이 충만한 이 시대의 일상을 살아갈 수 있는 건 앞에서 말한 대로 사소해 보이고 하찮아 보이는 의식들이 기능하기 때문입니다. 우린 저렴하면서도 어렵지 않은 의식을 통해서, 일상의 외로움과 외로움으로 유발되는 우울과 같은 정서를 내면에 쌓아 두지 않을 수 있습니다. 내면에 차곡차곡 눌려 있다가 조그마한 구멍이 생기면 폭발적인 힘으로 분출되어 일상이 아니라 인생 전체를 파괴할 수 있는 부정적 정서를 조금씩 피식피식 빼내는 기능을 하는 의식 덕분입니다.

소비야말로 안전한 외로움 경감 도구

어린 왕자가 만난 여섯 별의 외로운 주민과 지구에 사는 외로운 우리들 사이에는 큰 차이가 하나 있습니다. 바로 소비생활이 이루어질 수 있는 가의 여부입니다. 어린 왕자가 방문한 여섯 별의 주민은 소비와는 인연이 없는 일상을 보내고 있죠. 그들 별에는 화폐를 매개로 하는 상품과 서비스의 거래라는 개념이 없습니다. 물론 이런 거래에는 분명히 거래의 당사자가 존재해야 하는데, 이런 사람도 없죠. 더 중요한 것은 이런 거래를 통해 자신들이 지닌 문제를 해결할 수 있다는 개념도 가지고 있지 않습니다. 그런 별의 주민에게 평소와 다른 특별함이 존재하기는 어렵습니다. 물론 평소를 특별하게 만들어 주는 의식이라는 것 자체가 무리이겠지만 말입니다.

우리는 외로움의 정서가 나를 괴롭힐 듯한 조짐을 보이면 잠시 외로움에 주목하는 눈을 다른 곳으로 돌릴 수 있습니다. 우리가 잠시 한숨을 돌린다는 건, 일상이 주는 부정적인 정서를 가라앉히고 잊어버릴 수 있는 기회를 만든다는 뜻입니다. 그리고 그 기회를 만들어 주는 가장 강력한 도구가 바로 소비행위입니다.

우리는 외롭거나 우울하거나 하면 알코올, 카페인 등을 섭취하거나, 기분 전환을 위해 독서나 명상, 휴식, 산책을 하거나 가벼운 운동이나 댄스, 요가, 낚시를 하기도 하고, 네일 아트나 마사지를 받거나, 좋아하는 음악을 듣기도 합니다. 물론 마트나 쇼핑몰에 가서 물건을 사거나, 영화를 보러 극장에 가기도 하죠. 스포츠를 직접 관람하기도 하고 중계방송을 보기도 하고, 뮤지컬이나 연극 공연을 보기도 하고, 게임을 하기도 하고, 유튜브 동영상을 보기도 합니다. TV 예능 프로그램이나 드라마는 아마 가장 손쉬운 소비행위일지도 모르겠네요. 친구나 동료들과 함께 술이나 차를 마시며 대화를 나누기 위해서도 맥주나 안주를 구입해야 하니 소비를 벗어날 수는 없겠죠. 그중에서 여행은 카페 방문, 맛집 탐방, 쇼핑 등을 포함한 그야말로 외로움을 달래는 종합선물 세트와 같은 소비행위입니다.

이렇게 소소한 소비행위를 통해 일상의 외로움을 잠시나마 잊는 방법을 우리가 활용하는 이유는 이 방법이 상당히 안전하기 때문입니다. 예를 들어 너무 외로워서 누군가에게 전화를 걸어 "소주나 한잔 할까?"라고 했을 때, 전화를 받은 상대방이 "아, 내가 지금 좀 바빠서.

미안해."라고 대답한다면 어떤 기분이 들까요? 아마 외로움이 더 폐부를 찌를 것 같습니다. 가족 사이에서 왠지 나만 외톨이가 된 기분이라서 6살 딸아이에게 "유라야, 오늘 유치원에서 배운 노래 한번 불러봐."라고 부탁했는데 만약 딸이 "싫어, 아빠 나한테 관심도 없으면서 뭐."라고 하면 어떨까요? '아, 역시 나는 가족이라는 울타리에 포함되지 않는구나'라는 좌절감이 느껴지지 않을까요?

　이런 기분이 드는 이유는 내가 타인에 대해 기대하는 것과 타인이 실제로 나에게 반응하는 것과는 차이가 있기 때문입니다. 이 책의 앞 부분에서 외로움의 근본적 이유는 결국 '우리는 서로 다른 사람이기 때문'이라고 했던 것을 기억하시나요? 직접 외로움을 해소하려면 생각이나 기호, 취미, 정서, 관점 등에서 '그 사람은 나와 같다'는 것을 확인할 수 있고, '나와 그'라는 작은 집단의 정체성을 공유하는 것입니다. 하지만 그게 말처럼 쉬울까요? 쉽지 않으니 우리는 우회적인 방법으로, 간접적인 방법으로 외로움을 해소하는 방법을 선택합니다. 그 방법이 일상에서 쉽게 할 수 있는 소비행위인 거죠.

　우리는 상품과 서비스가 시장에서 거래되는 시장경제주의를 기반으로 하는 사회에서 살고 있습니다. 우리는 시장을 통해 구매한 상품과 서비스가 어떤 효과를 나에게 가져다줄지 알고 있고 실제로 사기에만 휘말리지 않는다면 구입한 상품과 서비스의 효과는 거의 기대에서 어긋나지 않죠.

　그러니 혹시 나의 주변 사람에게 호소하여 직접 외로움을 해소하는 방법보다는, 소비를 통해 안전하게 외로움이란 정서를 조금씩 발산하거나 희석하는 방법을 선택합니다. 훨씬 정신적으로, 감정적으로 안전한 방법이기 때문이죠. 사실 현대 사회는 외로움이나 우울과 같은 부정적인 정서의 해소와 경감을 위해 무언가를 소비하도록 구축된 사회입니다. 물론 이런 소비를 통해 본원적인 외로움이나 우울과 같은 부정적 정서를 해소할 수는 없죠. 우리의 외로움이 쇼핑을 하고 맛집을 찾고 영화를 본다고 해서 해결되는 것은 아닌 것처럼 말이죠. 대신 잠시라도 외로움을 잊어버리게 하고 모른 척하게 해주는 기능을 합니다. 하지만 이 기능이야말로 사실 가장 중요한 기능이죠.

    우리가 경험하는 지금의 외로움은 상황적 외로움이라기보다 인식적 외로움이라고 이야기했는데, 인식적 외로움에서 완전히 탈피하기 위해서는 성직자와 같은 삶을 사는 수밖에는 없습니다. 인간은 현실 속에서 많은 사람과 부딪히며, 많은 어려움과 문제를 해결해 가면서, 그 과정에서 다양한 정서를 경험할 수밖에 없습니다. 다시 말해 아무리 우리가 노력한다고 해도 언제든지 또 어디에든 외로움의 요소가 존재한다는 말이죠. 우리가 만약 이런 외로움의 요소 하나하나에 모두 주목하고, 그때마다 외로움을 인식하고 살아간다면 아마도 미쳐버리고 말 겁니다. 그래서 이 외로움의 정도를 조금은 낮춰주거나, 잠시 잊게 해주거나 해서 내면을 흐트러뜨리지 않는 수준으로 만들 필요가 있습니다. 소비는 이런 기능을 하는 거죠.

02
비일상의 자동문을 연
소비사회

외로운 일상의 성스러운 구원자

가정 안에도, 회사 안에도, 지역 안에도 외로움의 자극이 도처에 지뢰처럼 깔린 현대 사회에는 외로움이 일상화되어 있습니다. 상사의 잔소리에도, 무서운 뉴스에도, 대출이자가 빠져나가는 통장에도, 심지어 나에게만 일부러 늦게 도착하는 것처럼 보이는 버스에도 숨어 있죠. 마치 일상이 외로움이란 지뢰가 셀 수 없이 매장되어 있는 비무장지대와 같네요. 그럼 어떻게 하면 좋을까요? 그냥 비무장지대에서 요리조리 잘 주변을 살펴 가며 외로움을 피해 가면 될까요? 아니겠죠. 아마 가장 좋은 방법은 비무장지대를 벗어나는 것일 겁니다. 하지만 위험천만의 비무장지대를 일상에서 그냥 유유히 걸어 나갈 수 있을까요? 그러다가는 벗어나는 과정에서 반드시 지뢰를 밟을 것입니다. 그래서 점프

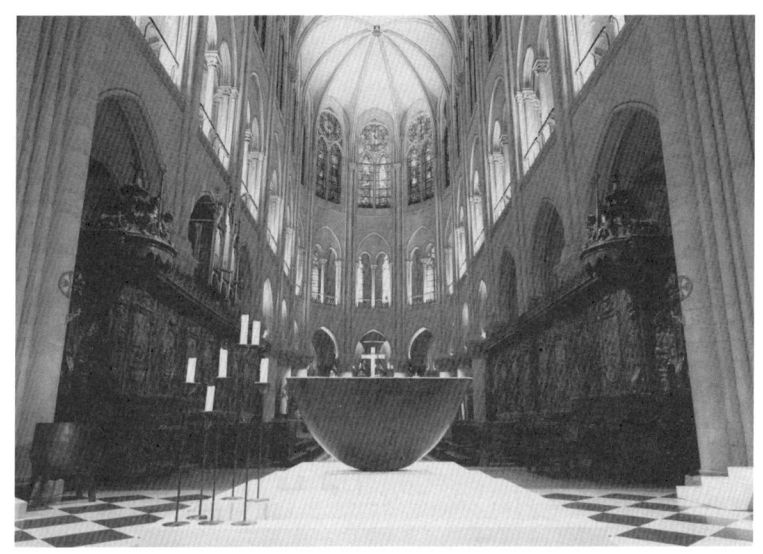

2019년의 화재에서 2024년 복원된 파리의 노트르담 대성당 내부.
속세를 잊을 수 있는 비일상의 공간 구성.
(Photo by Ibex73, commons.wikimedia.org)

가 필요합니다. 마치 애니메이션이나 판타지에서 나오는 순간 이동 같은…. 그렇게 하면 우린 안전하게 외로움의 비무장지대를 벗어날 수 있겠죠.

사실 일상에서 비일상으로 점프하는 대표적인 방법은 종교의 힘을 빌리는 것입니다. 교회, 절, 성당 등과 같은 종교적 장소에 가서 종교적 행위를 하는 것이죠. 그래서 예로부터 신이나 신비로운 힘을 지녔다고 생각되는 자연을 대상으로 기도를 하거나 제물을 바치는 등의 행위는 비일상성을 표현하는 대표적인 행위였습니다. 종교와 비일상의 관계를 다루는 학문분야인 종교사회학에서는 '성聖'과 '속俗'이라는 개념으로 이 관계를 풀어 나갑니다. '성'에 해당하는 종교적 부분은 당연히 우리 생활에서 비일상 부분에 속하죠. 종교행사나 종교행위는 매일 일상에서 볼 수 있는 건 아니니까요. '속'은 흔히들 '세속'이라고 말하는 매일매일의 생활을 반영하는 것으로 일상적인 부분에 속합니다. 물론 종교를 모든 사회생활의 근본으로 삼는 이슬람 국가들의 경우는 종교의 비일상성과 일상성이 분리되지 않는다는 예외가 있으니 주의할 필요는 있지만요.

네덜란드의 문화사회학자인 호이징가Johan Huizinga는 비일상과 관련하여, 놀이나 유희의 기원은 신이나 의인화된 자연에게 올리는 의례나 제례에서 시작된 것이라고 분석했습니다. 그러니까 그는 지금 우리가 즐거움을 목적으로 하는 행위가 사실 시작점은 성스러운 종교적 의례였다고 본 거죠. 그는 이런 비일상성을 지닌 유희를 원하는 것이 인간의 본성이라고 생각했습니다. 유희는 절대로 생산적인 활동이 아닙니다. 인간이 살아남기 위해 행하는 모든 행위는 생산과 관련이 됩니다. 인간이 선사시대부터 해왔던 사냥을 하고, 밭을 일구고, 집을 짓고, 입을 옷을 만드는 행위들은 모두 생산적 활동에 속하는데 반해, 놀이와 유희는 살아가기 위한 목적을 지닌 행위는 아니니까요. 그래서 사회학에서는 '속俗=일상=생산적 활동' vs '성聖=유희=비일상=비생산적인 활동'이라는 식으로 대립적 관계로 바라봅니다. 소비를 생산의 반대 개념으로 보고 '비생산=소비'라는 점을 떠올린다면 왜 소비가 비일상을 만들어 내는지를 이해하는 데에 도움이 될 수 있습니다.

인간은 절대 생산을 중심으로 하는 일상만으로는 살아갈 수 없습니다. 반복적으로 말하지만, 우리의 일상은 외로움과 우울, 스트레스 등의 부정적 정서가 반드시 동반하기 때문이죠. 동물을 사냥하고, 과실을 따고, 불을 피우고, 추위와 더위를 피하기 위해서 땀을 흘리고 움직여야만 하는 이러한 행위는, 태초에 인류가 존재했던 시절부터 해야만 했던 것이었죠. 때로는 생명의 위험마저 감수해야 했습니다. 기독교의 성경에 나오는 에덴동산 이야기처럼 '성'스러운 에덴동산에서 쫓겨난 '속'세에서의 인간의 일상은 땀과 눈물의 연속입니다.

그러니 이 부정적인 정서로 가득한 일상을 잠시 잊어버리고, 다시 힘차게 일할 수 있도록 생기를 되찾게 해주는 비일상이 인류에게는 필요했습니다. 결국, 우리 인간은 일상과 비일상을 적절히 왔다 갔다 하는, 상당히 다이내믹한 삶을 영위하고 있는 거죠.

그러다 보니 우리 삶에서 일상과 비일상의 적절한 균형을 맞추는 것이 숙제가 되었습니다. 어느 한쪽으로 기울어지게 되면 소모적 인간이 되거나, 쓸모없는 인간이 되어 버리게 되죠. 까딱 잘못해서 비일상에서 과도한 시간을 머물게 되면 마약중독자, 게임중독자, 광신도, 사회 부적응자가 될 것이고, 일상에만 집착하여 지나치게 오래 머물면 답답한 사람, 꽉 막힌 사람, 숨 막히는 사람, 예술과 문화를 모르는 사람이 되기 십상입니다.

이렇듯 인간의 삶은 아주 오랜 옛날부터 일상과 비일상이 혼재되어 있었는데, 점차 사회가 복잡해지고 개인화 성향이 강해지면서 조금씩 변화가 나타납니다. 점차 공동체 구성원 모두가 함께 교회나 절과 같은 종교 활동에 참석하거나, 제사를 지내는 등 사회적인 행위를 통한 비일상 경험이 감소하게 되었고, 이에 반해 개인이 혼자서 할 수 있는 행위를 통해 비일상을 경험하는 일이 많아지게 되었죠. 이런 변화 속에서 다양한 소비행위가 비일상을 개인적인 차원에서 경험하게 해주는 강력한 수단으로 활용되기 시작했습니다.

  이런 비일상의 경험을 우리가 쉽게 소비행위로 손에 넣을 수 있는 것이 된 데에는 두 가지 배경이 있다고 생각합니다. 하나는 개인이 비일상의 시간을 보내는 것이 외로움, 우울, 불안, 불만, 스트레스를 잠시나마 잊게 만들어 사회구성원의 심리적 안정성을 부여하여 사회 질서를 유지하는 데에 공헌했기 때문이죠. 다시 말해 비일상이 존재하니 일상이 더욱 풍요롭게 된다는 인식을 사회구성원들이 하게 되었기 때문입니다. 그리고 또 하나의 배경으로는, 비일상을 소비자에게 제공하면서 수익을 올릴 수 있는 상품과 서비스가 대량으로 시장에 등장했다는 점입니다. 최근 이런 경향은 더욱 뚜렷해지고 있죠. 대표적인 것이 영화, 만화, 애니메이션, 게임, 음악, 연극, 소설과 같은 콘텐츠 산업입니다. 물론 월드컵, 올림픽, 프로야구 등의 스포츠도 여기에 속하죠. 만일 상업주의가 이런 비일상으로의 점프를 위한 상품과 서비스를 준비해 놓지 않았다면 아마 우리는 여전히 때가 되면 교회나 절, 그리고 동네 어귀의 큰 나무 주위에 모여서 일상의 어려움을 잠시 잊는 비일상을 동네 사람들과 함께 마주 보면서 즐기고 있었을지도 모릅니다.

　자, 이제 일상에서의 유희적 소비, 생산적이지 않은 소비가 어떻게 비일상으로 우리를 이끌어서 외로움을 비롯한 부정적인 정서에서 구원해 주고 있는지를 알 수 있게 되었네요. 그럼 '일상, 비일상, 그리고 소비를 통한 부정적 정서의 경감'을 이야기한 김에 한 발 더 들어가 보기로 할까요.

소비, 소비사회, 비일상 소비

소비를 통한 비일상으로의 점프가 일상에서의 외로움, 우울 등의 부정적 정서로부터 인류를 구원해 준다는 사실을 알게 되었다고 해도 잊어서는 안 되는 것이 하나 있습니다. 이런 현상이 일반적으로 사회 전반에 등장한 것은 역사적으로 그리 오래된 것이 아니란 점이죠. 소비가 만드는 비일상으로의 점프는 '소비사회'의 등장과 함께 시작된 현상입니다.

　소비사회는 단어 그대로 한 사회에서 소비를 중심으로 사람들의 생활이 움직이는 특성을 지닌 사회를 말합니다. '삶을 영위하는 데에 필요 이상으로 소비를 하는 사회'라고 되어 있는 사전도 있고, '생산자 중심의 경제 체제에서 소비자 중심의 경제 체제로 전환된 사회'란 곳도 있고, '사회적 부의 창출이 소비를 통해 활성화되는 사회'라는 식으로 정의도 다양합니다. 하지만 조금씩 다른 내용이라도 '사람들의 사회적 활동에서 생산보다 소비가 중요하게 되었다'는 공통점은 지니고 있습니다.

이 소비사회란 단어가 사용되기 시작한 것은 대략 제2차 세계대전이 끝난 1950년대로 알려져 있습니다. 제2차 세계대전 이전에는 일부 유럽이나 미국에서는 조금씩 물질적 풍요를 누리기 시작했지만, 일반 서민까지 폭발적으로 넘쳐나는 상품을 즐길 수는 없었죠. 냉장고, TV, 세탁기와 같은 지금의 필수품도 아직 그다지 보급률이 높지는 않았고요. 하지만 전쟁이 끝나면서 전쟁에서 활용되었던 기술이 상품생산에 활용되고, 전쟁 수행에 필요했던 조직 체제가 기업 조직 효율화에 적용되고, 무엇보다도 인간을 관리하는 시스템이 정비되었습니다. 이 덕분에 생산 면에서는 양질의 상품과 서비스가 풍부하게 사회에 제공되었고, 전쟁 후의 복구 과정에서 소비자들은 폭발적인 소비 활동을 보이게 됩니다. 때맞춰 생산이 활발해지자 다수 노동자의 고용이 뒤따랐고 이에 따라 임금도 상승하면서 노동자들은 높은 생산성을 창출하도록 정비된 산업 역군이자 훌륭한 소비자가 되었죠. 또한, 노동조합 형성과 더불어 노동자 지위도 굳건해지면서 노동자들은 안정된 소득을 보장받고, 기본 생활비 이외의 여윳돈이 생기자, 남는 돈의 대부분을 새로운 상품과 서비스를 구입하는 데에 사용하였습니다.

하지만 소비사회의 도래는 이런 경제적, 기술적, 사회 구조적 변화로만 촉발된 것은 아니었죠. 우리가 외로움과 연결해서 주목해야 할 점은 사람들 마음이 전쟁을 전후로 달라지면서 소비사회에 새로운 심리 현상이 자리 잡게 되었다는 거죠.

전쟁은 삶의 의미를 다시 생각하는 기회가 되었습니다. 사람들은 힘들게 일만 하다가 전쟁이 나면 즐기지도 못하고 죽을 수 있다고 생각하게 되었죠. 이런 불안이 팽배하던 전쟁이 끝나자, 사람들의 라이프스타일은 욕구를 억압하고 내일을 위해 인내하는 방식에서 기회가 되면 지금을 즐길 수 있는 방식으로 변화했고, 가지고 싶은 것이나 하고 싶은 것을 즉시 소비하면서 만족을 느끼고 자신의 생활을 즐기는 것을 우선으로 생각하게 되었죠. 그리고 이렇게 세상이 '열심히' 소비하는 사회로 바뀌기 시작하자 학자들은 소비자 또는 소비의 중요성에 대해 주목하기 시작해서 '소비자사회 consumer society'나, '고도대중소비사회 high-mass-consumption age', '대중소비사회 mass consumption society' 등의 단어를 사용하기 시작하면서 소비사회의 도래를 이야기했죠. 그리고 드디어 프랑스의 사회학자인 보드리야르 Jean Baudrillard 가 『소비사회의 신화와 구조』를 출간하면서, 이전의 대량소비와 대량생산을 중시하던 소비사회가 아닌 소비의 의미 변화에 주목한 소비사회 분석 방법을 제시합니다.

보드리야르의 책이 출간된 직후인 1980년대의 선진국들은 이미 물질적 풍요로움이 포화된 상태였고, 우리나라를 포함한 많은 나라도 어느 정도의 물질적 풍요로움을 느끼고 있던 시절이었는데, 얼핏 보면 대단히 바람직한 상황인 것처럼 보이는 이 시절은 사실은 기업과 정부는 물론 노동자이며 동시에 소비자인 개인에게도 위기적 상황이었습니다. 왜냐구요?

예전 같으면 냉장고를 사고 싶어 하는 사람이 많아서 기업은 어떤 냉장고를 만들어도 잘 팔렸습니다. 매출이 늘어나니 생산시설을 확장하고 고용을 늘렸고, 정부는 세금을 더 많이 거둘 수 있었고, 개인은 임금이 오르니 소득도 늘어났습니다. 누구나가 이상적으로 생각하는 선순환이 어느 정도 계속되었습니다. 그런데 문제는 그때부터 시작되죠.

자동차를 예를 들어볼까요? 어느덧 자동차를 만들어도 시장이 포화되면서 잘 팔리지 않는 시기가 옵니다. 게다가 기술 발달로 자동차를 만드는 기업이 많이 등장해서 경쟁이 치열해지고, 결국은 서로 가격을 인하하면서까지 판매 경쟁에 돌입하게 되죠. 그러자 기업의 수익은 감소하고, 고용은 줄고, 정부가 거둬들이는 세금도 줄게 됩니다. 선순환에서 악순환으로 전환된 셈입니다. 자동차를 계속 팔아서 수익을 내야 하는 기업은 더는 '빠르고 안전하고 기름을 덜 먹는' 좋은 기능만 가지고는 경쟁사 제품을 이길 수 없게 되었고, 뭔가 다른 부가가치를 소비자에게 호소할 필요가 있었습니다. 이때 등장한 것이 차별화였죠. '다른 회사 자동차와 우리 회사 자동차는 다릅니다. 당신이 멋지게 성공한 사람이라면 이 정도 차는 타야 폼이 납니다'라는 식입니다. 기업들은 상품의 기능적인 면에서 차이를 만들어내기 어렵게 되자 사람들 마음에 특정 이미지를 심는 것에 힘을 기울였죠. 그 결과, 소비자들은 기능 면에서 차이가 있어서가 아니라 그 상품이 가지고 있는 사회적인 상징성이나 이미지를 중시하는 소비를 하게 되었습니다.

보드리야드는 이런 현상을 지켜본 뒤 현대의 소비사회는 상품의 기능이 아닌 '차이를 생성하는 기호학적 특성을 중시하는 사회'라고 간파했고, 그의 책은 세계적인 베스트셀러가 되면서 사회학, 경영학, 심리학 등의 영역으로 소비사회 관련 연구가 활발히 진행됩니다. 특히 기업은 광고나 판매 촉진 등의 마케팅 활동에서 그의 논리를 적극적으로 활용하면서 기업의 경영 활동 분야 중 인사관리, 생산관리, 재무관리에 비해 뒤처져 있던 마케팅이 가장 중요한 경영 활동으로 자리매김하는 데 큰 도움을 주었죠.

하지만 이런 차별화나 기호적 의미를 강조했던 소비사회론도 2000년대에 이르러서는 서서히 관심 밖으로 사라지게 되죠. 이미 상품의 기호적 의미나 차별화가 상식으로 정착되었기 때문이기도 했지만, 더 중요한 것은 소비자가 자신을 표현하는 수단으로써 이전처럼 상품을 활용하지 않게 되었기 때문입니다. 예를 들어 어떤 사람이 자신은 매우 개방적인 사람이라고 생각한다면, 패션도 가방도 자동차도 일반적이지 않은 개방적인 이미지를 지닌 상품을 구입하고 사용하긴 했지만, 이런 이미지나 상징은 조금 시간이 지나면 다른 이미지나 상징으로 대체되기 때문에 지속적으로 이용할 수는 없었던 거죠. 마치 한때 유행했던 진보적이고 개방적 문화의 상징인 통기타나 청바지가 지금은 그런 이미지나 상징성이 없는 것과 마찬가지로 말이죠.

그러다 보니 끊임없이 새로운 상징이나 이미지를 지닌 상품을 찾아서 이를 구입해야 했고, 이건 소비자에겐 상당히 피곤한 일이기도 하고 돈도 많이 필요한 일이었죠. 그러니 차라리 이런 소비를 통해 자신이 누구인가를 어필하기보다, 만일 다른 표현 매체나 방법이 있다면 자신의 모습을 더 잘 표현할 수 있지 않을까 탐색하게 되었고, 이때 인터넷이 등장하면서 사람들은 이를 상품이 아닌 표현 매체로 사용하게 됩니다. 청바지를 통해 자신의 '개방적 성격'을 간접적으로 표현하지 않고, 인터넷에 자신의 '개방적 모습'을 직접 표현하게 된 거죠.

인터넷이 진보하는 2000년대의 소비사회에서 소비는 '소비자 내면을 보완'하는 행위로 성격이 바뀝니다. '나는 현재 이런 생각을 하고 있어', '내 심리 상태는 지금 이래', '나는 이렇게 세상을 보는 관점을 가지고 있어', '나는 이런 욕구를 품고 있어'가 정말 있는 그대로 드러내는 소비가 실시간으로 모두에게 전달되는 소비사회가 시작된 것입니다.

외로움이 문제라면 내가 해결해 주지

소비는 소비자 개인의 욕구에서 출발하는 것이고, 소비사회는 이 욕구가 끊임없이 증폭되고 재생산되어야 유지될 수 있는 사회입니다.

"나는 차가 없습니다. 그래서 대중교통 수단을 이용하거나 걸어 다녔죠. 그런데 아이가 태어나니 유모차를 끌고 대중교통을 이용하기가 어려워 '차를 사고 싶다(욕구)'는 생각이 들었고 경차를 한 대 샀니다. 하지만 막상 차를 타고 다니다 보니 생각보다 내부가 좁아서 '좀 더 큰 차를 사고 싶어졌죠(+욕구).' 이렇게 몇 년을 타고 다니다 보니 친구들도 나이와 직급에 맞추어서 중형차로 바꾸는 것을 보니 '나도 내 지위에 어울리는 차를 타고 싶다(++욕구)'는 생각에 중형차로 바꾸었습니다."

이처럼 소비사회는 소비자 욕구의 증폭과 순환으로 유지됩니다. 한번 차에 대한 욕구가 발생하면 그 욕구는 차 한 대 샀다고 해서 사라지거나 해결되는 것이 아닙니다. 오늘의 욕구는 내일의 욕구를 소환하는 재료가 됩니다. 우리가 이야기하고 있는 외로움도 이런 소비사회가 지닌 욕구의 순환과 증폭에서 벗어나지 않습니다. '외로움을 잠시라도 잊고 싶다', '외로워서 생기는 우울함을 떨쳐내고 싶다', '외로움의 원인을 해소하고 싶다'는 생각이 들면 우리는 자연스럽게 '외로움과 같은 부정적 정서를 줄이거나, 없애고 싶은 욕구'가 생기게 되죠. 그럼 이 욕구 해결을 위해 우리는 무언가의 소비를 합니다. 아래와 같은 사례처럼 말이죠.

"오늘은 오전부터 부장님의 씁쓸한 질책에, 동료들까지 왠지 모르게 뒤에서 수군대는 것 같았던 기분에, 그리고 퇴근 전에 걸려온 친구의 저녁 술자리 약속 취소 전화 때문에, 외로움이 발목을 잡았는지 그동안은 눈에 들어오지 않았던 동네 어귀 카페 간판이 유독 밝습니다. 카페의 문을 열고 들어섭니다. 70년대풍 인테리어의 작은 카페에는 진한 커피향이 떠돕니다. 그냥 커피나 한잔하고 들어갈 요량으로 자리에 앉아 핸드드립 커피를 주문하고 나니 피곤함과 쓸쓸함이 몰려옵니다. 앞에 놓인 커피 향은 잠시나마 아무 생각도, 아무 느낌도 없는 편안함을 가져다 줍니다. 그 후로는 외롭거나 우울할 때면 바로 그 카페로 갑니다. 머무는 시간도 길어졌고, 바리스타와의 대화 시간도 늘어났고, 좋아하는 좌석도 생겼습니다. 그 후로는 조금 더 범위를 넓혀서 혼자 있는 시간을 채워 줄 수 있는 카페를 찾아다니는 습관이 생겼습니다. 커피 맛에도 눈을 떠서 더 특별하고 더 입맛에 맞는 커피를 찾아 순례를 하게 되었고요."

외롭고 우울하고 슬플 때, 우리는 이런 부정적 정서가 적거나 없던 평소의 상태로 돌아가고 싶어합니다. 심리학에서는 우리 심리가 평소의 안정된 상태로 돌아가려는 경향을 '심리적 항상성 psychological homeostasis'이라고 부릅니다. 예를 들어 슬픔을 느끼면, 우리의 몸과 마음은 불안정하고 불편한 상태인 슬픔을 벗어나 빨리 평소의 안정적 상태로 돌아가고자 하는 경향을 보입니다. 그 경향이 욕구인 셈입니다. 외로움을 느끼기 전, 아프기 전, 슬픔을 느끼기 전의 나로 돌아가고 싶다는 욕구는 아주 자연스러운 일이고, 우리는 이를 위해 무언가를 소비하는 셈입니다.

　사실 '욕구가 생긴다'는 상황 자체는 풀어내야 할 '문제가 생긴다'와 같은 의미입니다. 욕구를 풀지 않고 그대로 놔둔다면 심리적, 정신적, 신체적으로 문제가 생기는 법이니까요. 그래서 모든 욕구는 '풀어야 하는 문제해결의 필요성'을 동반하고, 소비사회에서는 문제해결의 만능 처방으로 소비가 활용됩니다. 해결해야 하는 문제가 발생하면 욕구가 생기고, 욕구는 문제를 해결함으로써 풀어지니 문제해결을 위한 소비를 하게 됩니다.

　'배가 고프다(해결 문제) → 무언가 먹고 싶은 욕구가 생긴다 → 가까운 음식점에 들어가 식사를 주문한다', '심심하다(해결 문제) → 재미있게 시간을 보내고픈 욕구가 생긴다 → 영화를 보러 간다', '날씨가 너무 추운데 외출해야 한다(해결 문제) → 지금보다 두꺼운 옷을 입고 싶은 욕구가 생긴다 → 두꺼운 패딩을 구입한다'라는 식이죠.

　우리는 일상의 크고 작은 문제와 욕구를 직면하게 되었을 때 즉각적으로 문제를 해결하여 욕구를 해소하고자 합니다. 어쩌면 우리네 인생은 연속되는 수많은 문제해결의 과정이고 어떻게 문제해결을 할 것인가의 선택으로 채워진다고 해도 과언은 아닙니다. 인류가 지구에 존재하기 시작하고 나서, 인류를 가장 괴롭혔던 것은 "어떻게 해야 내 눈앞의 문제를 해결할 수 있을까?"이지 않았을까요? 그리고 문제를 해결하기 위해 다양한 시도를 해보면서, 그중 가장 나은 방법을 선택했을 겁니다. 그러니 오랫동안 인류는 '그 문제를 해결하기 위해 어떤 방법들이 있는가?', '그 방법 중 어느 것이 가장 효과적인가?', '효과적인 방법은 내가 쉽게 선택해서 적용할 수 있는가?'라는 선택의 문제로 골머리를 앓았겠죠. 모든 것을 혼자서 생각하고, 판단하고, 선택해야 한다면 아마 하나의 문제만으로도 평생을 고민했을지도 모릅니다. 하지만 인간은 진화하고 발전하는 영장류입니다. 머리를 쥐어짜던 인류는 아주 쉽고 간단하게 이런 고민을 해결할 수 있는 사회를 만들어 냈고, 그것이 바로 소비사회입니다.

아주 사소한 문제와 욕망도, 인생에 큰 영향을 미칠 커다란 문제와 욕구도 소비사회 속에서 우리는 아주 익숙하게 문제를 해결하고 욕구를 풀어냅니다. 어딘가로 이동을 해야 하는 문제가 주어졌을 때, 만일 '빠른 시간에 가고 싶다'는 욕구라면 택시를, '적은 비용에 이동하고 싶다'는 욕구라면 버스를, '적은 비용으로 정확히 시간을 지키면서 이동하고 싶다'는 욕구라면 지하철을 선택하면 되죠. 시장에 나와 있는 다양한 상품과 서비스 중, 우리는 스스로 시행착오를 거치지 않아도 어느 것이 어떤 면에서 문제해결에 효율적인지 소비사회가 갖춰 놓은 시장평가를 기반으로 판단하고 선택할 수 있습니다.

외로움도 마찬가지입니다. 혼자 있는 상황 그 자체가 주는 외로움을 해소하고 싶다는 문제를 저비용으로 해소하고 싶다는 욕구가 있다면 가까운 카페에 앉아 다른 사람들과 함께 공간과 시간을 공유하거나, 테이크아웃 커피를 들고 가까운 공원으로 가서 푸르름을 즐기는 사람들 속에서 가볍게 산책하면서 혼자인 상황을 벗어나면 됩니다. 외로움의 정서에서 눈을 돌려 기분 전환을 하고 싶다면 영화, 애니메이션, 드라마, 스포츠 중계 등을 시청하거나, 게임을 하거나, 마사지를 받거나, 필라테스와 같은 운동을 하면 되겠죠. 조금 여유가 있다면 국내 또는 해외여행을 하거나, 비싼 티켓값을 지불하고 뮤지컬이나 오페라와 같은 공연을 즐기는 것도 좋은 방법입니다.

　　소비사회는 언제 어디서라도 쉽게 일상에서 비일상으로 점프할 수 있는 시장을 준비해 두고 있습니다. 우리는 이 시장에서의 소비를 통해 비일상으로 건너가 일상에서의 외로움을 잠시 잊어버리거나, 줄이거나 없앨 수 있습니다. 그럼 최근에는 어떤 특징을 지닌 비일상으로의 점프가 주목을 받고 있는지 한번 살펴보도록 하죠. 아마도 일상에서 나를 토닥이는 그 무언가, 그 누군가의 손이 나를 비일상으로 이끄는 것이 아닐까 합니다.

03

모든 욕구를 충족하는
쇼핑 공간

쇼핑하러 가면 딴사람이 되는

주말이면 항상 드라이브도 즐길 겸 일상을 벗어나 도시 외곽에 있는 자연을 보고 카페에서 차를 한잔 마시고 돌아오는 걸 즐기는 가족이 있습니다. 이번 주말에도 어디를 가볼까 계획을 하던 차에, 영하 10도를 넘는 한파가 덮치면서 멀리 나가는 것에 조금 망설이게 됩니다. 그때 딸아이가 그러네요.

"뭐, 그럼 우리 새로 생긴 쇼핑몰에 가보는 건 어때?"
"특별히 뭐 사야 하는 건 없는데, 쇼핑몰은 왜?"
"아니, 요즘 쇼핑몰에 물건만 사러 가는 사람이 어디 있어? 구경하러 가는 거지. 카페도 있고, 극장도 있고, 음식점도 있고, 갤러리도 있고,

게다가 얼마나 멋지게 내부를 잘 꾸며 놓았는데. 쇼핑몰 구경하러 멀리서 오는 사람도 있는데 엄만 무슨 소리야?"

상품이나 서비스를 구매하는 것이 쇼핑입니다. 쇼핑의 목적은 말할 것도 없이 필요한 상품과 서비스를 통해 지금의 문제를 해결하거나 즐거움을 얻으려는 것입니다. 하지만 때로는 쇼핑을 하는 행위 자체가 즐거움을 주거나 목적이 되기도 하죠. 특히 외로움의 일상을 벗어나기 위해서 쇼핑도 아주 좋은 방법이기도 합니다. 옷을 사려면 일단 옷들을 구경해야 하고, 마음에 드는 것을 선택하기 위해서는 브랜드, 가격, 품질, 색깔, 쓰임새 등등을 잘 살펴보아야 하죠. 물건을 선택하기 위해 집중하는 동안 외로움의 정서는 잠시 잊혀집니다. 그보다 더 중요한 건 새로운 물건을 산다는 행위 자체가 즐거움이기 때문에 플러스 정서가 외로움이라는 마이너스 정서를 누를 수 있다는 장점도 있죠. 어쩌면 쇼핑은 모든 외로움, 우울, 슬픔, 피곤함 등을 모두 주무를 수 있는 통합 치료제일지도 모릅니다. 특히 남편들의 눈에는 쇼핑몰에 가면 갑자기 활기차지는 부인을 보면 더 그런 것 같죠.

평소에 알고 지내는 부부가 재미있는 이야기를 하나 들려주었습니다. 부부는 아들 옷을 하나 사러 유명 아울렛에 갔다고 합니다. 엄마는 옷 하나 사러 귀찮게 차까지 타고 1시간 가까운 아울렛까지 와야 하냐고 아들에게 핀잔을 주었지만, 막상 주차장에 차를 주차하고 1층 에스컬레이터를 올라타는 순간부터 언제 그랬냐는 듯이 힘이 넘치는 표정이었다고 합니다. 부인은 아들이 원하는 스포츠 브랜드가 있는 곳부터 가자는 남편 말은 한 귀로 흘려듣고, 1층 브랜드 매장부터 찬찬히 둘러보기 시작했다는군요. 남편은 옷을 살 생각도 없었는데 부인은 '이게 어떠냐, 저게 어떠냐'며 남성복 판매장도 둘러보고, 주방용품 판매장, 여행용품 판매장 등도 들렀다고 합니다. 아들과 남편은 슬슬 다리도 아프고 지쳐 가는데도 부인은 오히려 더욱 생기가 넘치는 얼굴이 되어서는 아들이 원하는 옷을 하나 사고 나서도 혼자서 열심히 아울렛을 돌았다고 합니다. 남편과 아들은 이제 지쳤으니 혼자 갔다 오라며 커피숍에 가서 앉았는데, 옆에 앉은 아들이 아빠에게 이렇게 말했다고 하네요.

"엄마는 쇼핑만 하러 오면 딴사람이 되는 것 같아."

일상에서 비일상으로 점프를 하는 것은, 어린왕자의 여우가 말한 것처럼 새로운 공간과 시간을 맞이하는 것만이 아닙니다. 일상에서의 내가 아닌 새로운 내가 되는 거죠. 일상에서는 외롭고 고단한 나이지만, 비일상에서는 힘차고 당당한 내가 되는 것처럼요. 딴사람이 되는 겁니다. 부정적인 정서를 지닌 내가 아닌, 긍정적인 정서를 지닌 내가 됩니다.

'그 사람은 춤을 추기 시작하면 딴사람이 된 것 같아요'라는 말은 그는 춤을 추는 공간과 시간 안에서는 평소의 그가 아닌 다른 사람이 된다는 뜻입니다. '운전대만 잡으면 딴사람이 되는 것 같아'라고 하면 평소에는 얌전하고 수동적인 사람이 욕도 하면서 거칠고 화도 잘 내는 사람이 된다는 의미이죠. 이때 무대나 자동차 안은 그 사람에게는 일상이 아닌 비일상의 공간이 되는 셈입니다.

위에서는 지인의 부인을 사례로 들었지만, 쇼핑을 즐기는 공간과 시간이 사람을 바꾸는 경우는 비단 여성뿐만이 아닐 겁니다. 남성들 역시 컴퓨터, 전자제품 코너를 그냥 지나치지는 못하죠. 새 하드디스크 하나 사려고 했을 뿐인데 진열된 키보드도 두드려 보고, OLED와 LED, QLED TV가 어떻게 다른지 자세히 화면을 살펴보기도 하죠. 쇼핑 행위의 관심 품목이 남성과 여성의 경우 차이가 있을 뿐 쇼핑을 통해 나타나는 현상은 비슷합니다. 게다가 최근에는 남성도 패션과 화장 등에 관심이 늘어나면서 남성과 여성의 차이를 관심 품목으로 나누는 것도 별로 효과가 있지는 않고요. 그럼 왜 우리는 이렇게 돌아다니면 다리도 아프고 공기도 탁해 답답한데도 계속 매장을 둘러보고 싶어지는 마음을 가지고 쇼핑을 즐기는 걸까요? 마치 쇼퍼홀릭 shopaholic 처럼 말이죠.

쇼퍼홀릭 shopaholic 은 알코올중독자 alcoholic 에서 따온 말로 '쇼핑에 중독된 사람'을 일컫는 말입니다. 알코올이든 마약이든 중독이라는 것의 특징은 현실을 잊게 하여 환상을 맛보게 해준다는 뜻이죠. 그러니 쇼핑에도 이런 중독적인 성향이 있다는 말입니다. 사실 소비사회는 소비자를 쇼퍼홀릭으로 만들어 욕구의 순환과 증폭으로 이끄는 힘을 가지고 있습니다. 마약중독자가 마약이 주는 욕망 충족을 끊을 수 없고,

더 많은 양의 마약을 원하는 것과 마찬가지이죠.

　　쇼퍼홀릭은 물건을 구매하는 행위 그 자체가 쾌락을 주기 때문에 쇼핑을 멈추지 못하는 사람입니다. 쇼퍼홀릭의 방에는 사용하지도 않는 가방, 입지도 않는 옷, 신지도 않는 신발이 산더미같이 쌓여 있죠. 온종일 홈쇼핑 채널을 틀어 놓고 '지금 바로 전화 주세요', '마감 5분 전'이라는 문구에 현혹되어 전화하고는 배달되어 온 물건을 뜯어보지도 않는 사람들도 쇼퍼홀릭에 가까운 사람들이고요.

　　나는 쇼퍼홀릭은 아니니 걱정 없다고 안심해서는 안 됩니다. 주말에 왠지 무료하고 심심해서 뭔가 기분 전환이라도 하고 싶어지면 '마트에나 갈까?'라고 말하거나, 괜히 새로운 쇼핑센터가 생겼다고 하면 가고 싶어지거나, 멀리 있는 아웃렛 매장까지 가서 윈도쇼핑을 하거나 한다면 중증은 아니라도 잠재성은 있는 것이니까요. 게다가 같이 쇼핑을 간 사람이 다리가 아프다고 돌아가자고 애원하는데도 뭐가 힘드냐며 좀 더 둘러보자고 말하고 있다면 자신의 쇼퍼홀릭 유전자를 의심해야 합니다.

쇼핑, 그 축제에 현장으로

쇼핑은 우리의 일상을 축제로 만들어 줍니다. 물건을 고르고, 돈을 지불하고, 사용하는 걸 떠올리는 것은 외로움을 없애는 가장 간편하고 빠른 최고의 방법이죠. 그 물건이 싸구려 액세서리든, 비싼 승용차든, 아니면 새로운 아파트든 크게 중요한 건 아닙니다. 중요한 것은 쇼핑 행위 자체를 통해 우리는 꿈을 꾸고 현실을 잊을 수 있다는 점이니까요.

쇼핑 행위 자체가 일상을 벗어난 비일상의 체험을 제공하기 시작한 역사는 그다지 길지 않습니다. 학자들은 1852년 파리에 만들어진 세계 최초의 백화점인 봉마르셰Le Bon Marché Rive Gauche의 등장을 그 시작으로 보고 있죠.

백화점 설계는 그 유명한 에펠탑 설계자인 구스타프 에펠이 맡았습니다. 당시 백화점 창업자는 고객들이 재래시장에서 가격 흥정을 거쳐야 물건을 살 수 있는 방식이 마음에 들지 않았다고 해요. 당시 파리에는 반품하려는 고객과 상인 사이의 실랑이로 문제가 많았기 때문이죠. 그래서 봉마르셰 백화점는 개점 초기부터 정찰제와 반품제를 도입했고, 돔 형식의 천장으로부터 자연광이 들어오도록 한 화려한 실내 장식으로 고객들이 '대접받으며 쇼핑한다'는 느낌이 들도록 했습니다. 여기에 휴게실과 미술관을 설치하고 폐점 후에는 무도회를 열기도 했죠. 이런 이유로 사람들은 백화점을 '소비의 궁전'이라고 불렀습니다.

이 봉마르셰 백화점이 비일상을 체험하는 소비의 시작점으로 평가받는 이유에는 앞서 말했던 '성聖'과 '속俗'의 개념을 도입했기 때문입니다. 창업자들은 설계자인 에펠에게 가능한 백화점의 내부설계를 교회의 건축 양식과 가깝게 해달라고 부탁했습니다. 백화점에 들어서는 사람들은 높은 천장에 마치 스테인드글라스를 통해 빛이 들어오는 교회의 내부공간에 들어온 듯한 느낌을 받게 만들고자 한 거죠. 백화점 공간 자체가 속세의 공간이 아닌 성스러운 공간의 분위기를 가지게끔 말입니다.

정찰제는 공간만이 아니라 공간 속의 거래 시스템이 일상이 아니라는 점을 강조합니다. 백화점 밖의 일상은 물건을 사면서 가격을 흥정하며 목소리를 높여야 하고 때론 실랑이도 해야 하지만, 백화점에 들어서면 그런 거래 시스템은 존재하지 않고 우아하고 편안하게 거래를 할 수 있습니다. 백화점 쇼핑객은 밖의 일상에서와는 다른 거래 시스템을 따르는 '딴사람'이 되어야 하는 거죠. 이렇게 일상적인 세속을 벗어난 성스러운 장소로서의 백화점이라는 이미지는 당시 여성에게 쇼핑이 하찮은 행위가 아니라 품격 있는 행위라는 이미지를 주는 데 성공합니다.

현대의 쇼핑이 19세기 봉마르셰 백화점에서의 쇼핑만큼 극적으로 비일상인 것은 아니라 하더라도 쇼핑은 충분히 현실을 잊게 해주는 매력을 지니고 있습니다. 더군다나 이제는 밖으로 애써서 나가지 않아도 홈쇼핑이나 인터넷쇼핑을 통해 오락하는 기분으로 쇼핑하게 되었고요. 그러다 보니 '비일상으로 점프하는 쇼핑'이 '일상적'으로 일어나는 환경이 조성되면서, 우리는 언제든지 비일상을 만날 수 있는 '비일상의 편재' 현상이 가속화되고 있습니다. 비일상이 우리 주변 곳곳에 펼쳐져 있고, 우리는 아주 간단히 쇼핑이라는 버튼을 누르면 그 비일상으로 쉽게 이동할 수 있다는 뜻입니다. 그러니 만일 조금 전에 상

교회처럼 높은 천장과 유리를 통해 들어오는 외부 빛이 특징인, 1892년 봉마르셰 백화점의 모습을 그린 석판화 기념품.
(출처: Brown University Library, commons.wikimedia.org)

사한테 잔소리를 들어 조금 짜증 나고, 답답하고, 외롭다고 느껴지더라도 크게 고민할 필요가 없다는 거죠. 손안의 스마트폰 화면에서 그다지 비싸지 않은 간단한 아이템을 하나 고르면서 시간을 보내는 것으로 잠시나마 마음의 평안을 얻고 외로움을 잊을 수 있으니까요.

그런데 이렇게 쇼핑으로 간단히 쉽게 비일상으로의 점프가 가능해지니 정작 쇼핑을 우선 목적으로 만들어진 공간이 쇼핑몰, 백화점,

쇼핑센터 등은 또 다른 변신을 해야 합니다. 이전에는 쇼핑만으로도 소비자에게 외로움과 우울 등 부정적 정서를 해소하고 즐거움이란 긍정적 정서를 만들어 줄 수 있었는데 이제는 한계에 다다른 거죠. 소비자의 욕구가 증폭되었기 때문입니다. 그저 단순히 '물건을 사고파는 공간'에서의 쇼핑만으로는 부족해진 겁니다. 그래서 등장한 것이 '쇼핑몰의 놀이동산화'입니다.

결론부터 말하자면 이제 쇼핑을 위한 공간들은 물건을 사고파는 공간의 의미를 넘어 먹는 즐거움, 보는 즐거움, 심지어는 체험하는 즐거움을 모두 충족시킬 수 있는 놀이동산으로 바뀌었습니다. 쇼핑몰의 한 층을 채우고 있는 한샘과 같은 가구와 인테리어 매장이나, 가구뿐만 아니라 생활잡화까지 취급하는 이케아와 같은 곳을 가보죠. 이런 매장들은 이제 단순히 상품을 진열해 놓고 판매하는 수준에 그치지 않고, 소비자가 일상을 보내는 공간이 아닌 비일상의 공간을 보여 줍니다. 아파트 평수별로 가상의 모델하우스를 만들어 놓고 자신들의 상품을 곳곳에 배치해 놓거나, 아이들의 방이나 혼자 사는 남성의 방과 같은 공간을 만들어 놓고 적절한 상품들로 공간을 채워 놓았죠. 아이들은 마치 자신의 방이 이렇게 새롭고 예쁘게 꾸며질 거라 생각하면서 구경하느라 힘들어 하지 않습니다. 이렇게 매장의 공간은 평소 생활하고 있는 일상의 공간과는 다른 멋진 공간을 제시하면서 마음에 드는 상품이 있다면 즉시 구매하도록 유혹하고 있죠. 이런 매장들이 고객의 마음에 심으려는 것은 바로 '비일상의 느낌'입니다. 그렇다고 그 비일상의 느낌이 귀족의 방과 같다거나 어느 동남아시아의 방처럼 이국적인 느낌이 드는 것이어서는 안 됩니다. 그저 일상과 아주 조금만 다른 비일상의 느낌이어야 하죠. 항상 청소가 말끔히 되어 있으면서 세련된 최신 전자제품과 최소한의 예쁜 생활잡화들로만 채워진 미니멀리즘을 추구하는 공간의 느낌처럼 말이죠. 바닥이 보이지 않을 정도로 여기저기 물건이 넘쳐나고, 사놓고 쓰지도 않은 물건으로 후회하는 일상의 모습은 여기서는 찾아볼 수 없습니다. 비일상을 일상생활 가까이에서, 더욱더 편하게, 더 싸게 즐길 수 있는 공간을 마치 가까운 공원에 가볍게 소풍 가는 것처럼 방문합니다.

자녀가 성장해서 독립하기 시작하고 정년을 맞이하면서 사회적으로도 외로움을 느끼기 시작하는 중장년층에게도 쇼핑몰은 비일상을 즐길 수 있는 공간이 되기도 하죠. 특히 나이가 들어 새로운 트렌드에 뒤처지거나 첨단기술로부터 소외되어 가고 있다는 느낌을 가지고 있는 중장년층에게는 더욱 그렇죠. 당당한 소비자로 쇼핑몰에 발을 들이고, 요즘 유행하는 상품도 확인해 보고, 젊은이에게 인기 있다는 음식도 먹어 보고, TV에서 보았던 물건도 사면서 눈치보지 않고 소비사회의 현역으로 참여할 수 있으니까요.

그래서 이런 매장을 찾아갈 때면 소풍 갈 때 느껴지는 설렘이 있습니다. 외롭다면, 그래서 우울하다면 어떨까요? 이런 설렘을 주는 쇼핑이 딱 맞지 않을까요? 그런데 주변을 보니 이런 쇼핑 공간의 놀이동산화가 여기저기서 일어나고 있네요. 한번 찾아가 볼까요?

트레이더스 고양점의 매장 모습

나는 코스트코에 보물 찾으러 간다

이제 대도시 주변에서 쉽게 찾아볼 수 있게 된 창고형 할인매장. 처음 회원제 창고형 할인매장인 코스트코가 한국에 진출했을 때만 해도 과연 성공할 수 있을지에 대한 의문이 있었지만, 이제는 트레이더스 홀세일클럽처럼 국내 유통기업도 창고형 할인매장 사업에 진출해서 꽤 오랜 시간이 지났을 뿐만 아니라, 이들 성장세도 계속되고 있습니다. 트레이더스의 경우 시장 진출 15년 만인 2024년에는 영업이익이 전년 대비 2배인 1000억을 돌파하여 22개의 트레이더스 매장이 131개의 이마트 매장 이익보다 더 많을 것으로 추정된다고 합니다. 이마트보다 점포당 매출이 2배 정도 많은 셈이죠.

트레이더스 고양점의 푸드코트 모습

    그렇다면 왜 트레이더스나 코스트코와 같은 창고형 할인매장은 유통업계가 어려움을 겪는 불황의 시기에도 인기를 끌면서 성장을 지속할 수 있는 걸까요? 가장 먼저 생각할 수 있는 것은 아마도 가격일 겁니다. 일반 대형 할인매장보다 저렴한 가격으로 상품을 판매하기 때문에 특히 불황에 더 소비자를 유인하는 효과가 있습니다. 하지만 호황기에도 성장세가 지속되고, 소비자들이 멀리 떨어진 곳에서까지 찾아가는 현상을 저가격 판매로만 설명하기는 어렵습니다. 주변 어디라도 있는 대형할인점도 '저가격 고품질'을 내세우고 있으니까요. 그렇다면 대형할인점과 창고형 할인매장의 차이점은 무엇일까요?

    창고형 할인매장은 연회비를 받고 있다는 점도 큰 차이점 중의 하나이긴 하지만, 외로움과 관련해서 살펴보면 '비일상의 느낌'을 주느냐 그렇지 않냐가 가장 큰 차이입니다. 창고형 매장에는 대형할인점에 없는 불가리 향수, 몽블랑 만년필, 해외 수입 식품 등의 상품이 있습니다. 게다가 정말 엄청나게 넓은 상품 창고에 들어온 느낌을 주는 매장에다가, 상품들은 묶음 단위로 포장되어 진열된 모습이라서, 주차하고 매장 안으로 카트를 밀고 들어서며 소비자가 느끼는 매장의 첫인상은 '아, 여긴 우리나라 같지가 않네'와 같은 이국적 분위기입니다. 매장을 방문할 때도 가볍게 걸어서 가기보다는 자동차를 운전해서 한가득 사야 하는 기분이 들죠. 높은 천장, 그냥 하얀 벽돌이 보이는 기둥과 벽, 복잡한 동선을 요구하지 않는 넓고 탁 트인 통로도 대형할인점과는 다릅니다. 대형할인점에서 보이는 친절한 상품 설명이나 판매원의 설명도 없지만, 그렇다고 사람들은 불평하지는 않습니다. 어디에 무엇이 있는지, 그 상품은 어떤 것인지에 대해서 마치 보물찾기를 하듯 찾아내는 것을 오히려 재미있어 하는 듯 보입니다. 특히 코스트코는 수입 상품을 많이 다루고 있고, 코스트코 이외의 매장에서는 찾아볼 수 없는 상품을 갖추어 놓아서 새로운 것을 발견하는 재미가 더합니다.

  창고형 할인매장은 일상에서 우리가 쉽게 만나는 쇼핑 공간과는 다른 공간입니다. 그래서 우리가 창고형 할인매장을 방문하면 뭔가 비일상적 경험을 하는 것처럼 느낍니다. 그런데 창고형 할인매장에서 또 한 곳. 정말 특별한 비일상을 경험하는 곳이 있습니다. 바로 푸드코트입니다. 코스트코도 트레이더스도 언제나 푸드코트에 더 사람이 많습니다. 앉을 자리를 확보하는 것은 정말 어렵고요. 특징은 미국식 푸드코트의 스타일을 따르고 있다는 점이죠. 우선 탄산음료의 판매방식도 독특합니다. 손님은 대형 종이컵을 구매한 후 무한리필로 음료를 마실 수 있습니다. 그래서 그런지 후기를 읽어 보면 종이컵 하나만 구매해서 두 사람이 나눠서 마셨다는 내용을 많이 볼 수 있습니다. '1인 1음료 주문 필수'를 고수하는 다른 음료 판매 업소와는 확실히 차별화된 모습입니다. 그래서 가족 단위로 와서도 종이컵을 하나나 둘만 구입해서 서로 나누어 마시는 모습을 자주 볼 수 있는데, 그렇다고 직원이 이를 제지하거나 하지는 않습니다.

메뉴의 특징 중 하나는 이마트와 같은 대형할인점 안의 푸드코트 단골 메뉴인 떡볶이, 짜장면, 비빔밥, 돈가스, 김치찌개와 같은 메뉴가 없다는 거죠. 피자, 핫도그, 스파게티와 같은 양식 위주의 메뉴 구성입니다. 역시 의도적으로 마치 해외에 온 듯한 비일상의 느낌을 주기 위한 선택이 아니었나 싶습니다.

창고형 대형할인점의 비일상의 느낌은 미국 코스트코의 CEO인 제임스 시네갈의 말로 알 수 있습니다. 그는 어느 인터뷰에서 "코스트코에 오는 손님들은 피너츠 버터 하나를 싸게 사겠다고 시간을 내서 15마일이나 차를 타고 오는 것이 아니다. 매장에서 숨겨진 보물을 찾는 재미를 위해 오는 것이다."라고 말했죠. 창고형 할인매장은 마치 우리가 어렸을 때 오래된 물건들이 쌓여 있는 창고에 들어가서 물건들을 뒤적이면서 놀다가 이상하거나 재미있는 물건을 발견했을 때 느끼는 기쁨을 경험할 수 있도록 해줍니다.

그래서 그런지 창고형 할인매장에 가면 가족 단위로 오는 손님도 많지만 남성 고객이 많은 것도 특징입니다. 남성들은 어렸을 때부터 보물찾기라면 먹는 것도 마다하고 빠져드니까요. 그래서 초창기 코스트코가 생겼을 때는, 처음에는 그냥 운전기사 역할로 따라온 남편이 뜻밖에 갖추어진 상품이나 분위기가 재미있어서 오히려 부인을 졸라서 코스트코를 찾는 경우도 많았다고 합니다.

마지막으로 이들 창고형 할인매장이 비일상을 느끼게 해주는 이유가 하나 더 있습니다. 연회비를 내는 회원제 운영을 하고 있다는 점이죠. 코스트코는 회원과 동반자만 출입할 수 있고, 트레이더스는 비회원이더라도 이용을 할 수는 있지만 회원이 되면 구매 금액의 일정 비율을 적립금으로 제공하는 회원제로 운영되고 있습니다. 운영방식은 약간 다르지만 '회원에 가입한다'란 것만으로도 뭔가 특별한 대우를 받는 느낌을 만들어 주는 건 마찬가지인 셈이죠. 코스트코는 그런 점에서 트레이더스보다는 좀더 특별한 비일상의 경험을 제공합니다.

아무나 들어올 수 있는 일반적인 대형할인점은 누구나 이용할 수 있다는 점에서 일상적이지만, 한정된 사람만 들어올 수 있고 회원에게만 특별한 가격으로 판매하는 회원제 창고형 할인매장은 비일상의 공간이 됩니다. 누구나 가벼운 달리기를 할 수 있는 공원과 회원제 피트니스센터의 차이라고 할까요. 공간을 이용할 권리나 상품 가격의 특혜를 배타적으로 부여받는 것은 일상에서 벗어나 있다는 것을 의미합니다. 공간을 이용하는 사람은 특별한 취급을 받는다는 프라이드를 느끼게 되고요. 아마도 이렇게 회원제를 운용하는 본래 목적이 할인 가격의 보전이라고 할지라도, 회원 소비자들은 놀이공원의 입장료를 내는 기분일지도 모릅니다.

쇼핑센터가 아니라 쇼핑테마파크

얼마 전에 가족과 함께 교외에 있는 쇼핑몰에 갔습니다. 가족 단위로 방문한 쇼핑객이 유난히 많이 눈에 띕니다. 유모차를 끌고 다니는 커플의 모습도 쉽게 찾아볼 수 있죠. 그런데 재미있는 건 아이들의 숫자보다는 반려견의 숫자가 더 많아 보인다는 점입니다. 맞습니다. 이 쇼핑몰은 반려동물과 함께 방문할 수 있는 쇼핑몰입니다.

반려동물과의 쇼핑 편의를 위해 1층 안내 데스크 옆에는 대여가 가능한 반려견용 유모차도 놓여 있습니다. 반려동물이 있다고 해도 강아지들의 짖는 소리를 듣기는 힘드네요. 지나가는 쇼핑객들이 귀여운 반려견을 만져도 몸을 맡기고 기분 좋은 얼굴을 하고 있는 걸 보니 아마 쇼핑몰에 찾아오는 반려견들도 이 공간이 익숙한 듯하고, 오히려 이 공간과 이 공간에 방문한 사람들로부터 사랑을 받는 것을 즐기는 듯합니다. 어떤 점원분들은 강아지들과 반갑게 인사를 나누기도 하네요. 이곳은 신세계그룹이 운영하는 '스타필드'란 복합쇼핑몰 브랜드 공간입니다.

스타필드 고양점에서 반려견과 어린이가 함께 있는 모습

스타필드는 기존의 쇼핑몰의 개념을 넘어 새로운 쇼핑몰을 소비자에게 제공하는데, 쇼핑몰의 놀이동산화입니다. 스타필드 홈페이지에 들어가면 그 개념을 전면에 내세우고 있음을 알 수 있습니다. 가장 눈에 띄게 들어오는 스타필드의 정체성을 다음과 같이 표현하고 있네요.

"우리 가족 첫 번째 쇼핑테마파크"

스타필드 홈페이지 메인 화면
(https://www.starfield.co.kr/)

　　스타필드는 자신을 쇼핑몰이 아니라 쇼핑테마파크라고 정의합니다. 쇼핑몰이라는 단어에 익숙한 일반 소비자에게는 조금 낯선 표현이네요. 2016년 스타필드라는 브랜드로 가장 먼저 모습을 보인 하남점의 점포 소개 문구를 보면 쇼핑테마파크라고 자신을 소개하고 있는 의미를 알게 됩니다.

　　"쇼핑, 레저, 힐링이 한 곳에서 이뤄지는 쇼핑테마파크가 열립니다. 아침부터 저녁까지 가족과 친구들이 함께 쇼핑하고, 맛있는 음식과 레저를 즐기고, 편히 쉴 수도 있는 곳, 스타필드 하남으로 원데이 트립을 제안합니다."

　　그러니까 이 소개에 따르면 스타필드는 소비자에게 제공하는

Starfield HANAM						
스타필드 하남	핫플레이스	엔터테인먼트	레스토랑&카페	이벤트&혜택	고객센터	
점포 소개	신세계백화점	아쿠아필드	고메스트리트	이벤트	FAQ	
층별안내	트레이더스 홀세일 클럽	스몹	잇토피아	브랜드 행사	공지사항	
카테고리 안내	일렉트로마트	메가박스		쿠폰	고객문의	
편의시설	토이킹덤	영풍문고				
오시는길	마리스베이비서클	펫파크				
주차안내	몰리스 펫샵					
대관안내	한샘					
공간 컨텐츠 제휴	자동차/모빌리티					

스타필드 하남점의 매장 카테고리
(https://www.starfield.co.kr/hanam/anchorTenant/main.do)

것은 단순하게 물건을 사고파는 쇼핑 행위가 이루어지는 공간이 아니라는 거죠. 일상에서는 할 수 없는 레저를 즐기고, 힐링도 할 수 있는 모든 걸 제공하는 공간이라는 겁니다. 그러니 스타필드는 더이상 필요한 물건을 사는 곳이 아닌 일상에서 잠시 찾아온 '원데이 트립'의 여행지인 셈입니다.

그래서 소비자들이 즐길 수 있는 다양한 점포들이 스타필드라는 공간에 담겨 있습니다. 자동차부터 패션 용품까지 온갖 쇼핑 점포는 물론, 다른 백화점이나 쇼핑몰에도 있는 유명 맛집들은 기본입니다. 눈에 띄는 것은 엔터테인먼트 분야의 점포들입니다. 스타필드 하남의 점포 카테고리를 보도록 하죠. 수영 등을 즐길 수 있는 아쿠아필드, 클라이밍과 활쏘기 등 몸을 움직여서 건강과 힐링을 함께 하는 어른들의 놀

별다방도서관 코엑스점
(photo by Sgroey, commons.wikimedia.org)

이터를 표방한 스몹, 영화관, 서점, 그리고 반려견과 함께 즐길 수 있는 펫파트도 있습니다. 그야말로 일반적인 상품은 물론 식사, 레저, 문화를 즐길 수 있도록 한, 정말 말 그대로 테마파크처럼 느껴지네요.

    스타필드는 단순히 다양한 카테고리의 점포가 다양한 소비자 욕구를 해소한다는 점에서만 주목을 받는 것은 아닙니다. 내부의 형식과 구성, 인테리어 등이 그동안의 쇼핑몰과 차별화되기 때문이죠. 예를 들어 스타필드 코엑스점과 수원점에는 '별다방도서관'이라는 조금 특별한 공간이 있습니다. 별다방도서관은 마치 탑처럼 높이 솟아있는 서

다케오도서관 내 물품판매 코너와 오른쪽에 자리한 스타벅스 매장

가에 엄청난 분량의 책들이 꽂혀 있고 충분한 좌석도 비치되어 있어서 무료로 천천히 책을 읽어 볼 수도 있습니다. 별다방도서관의 중앙은 광장처럼 형성이 되어 음악회 등의 문화공연도 개최되고, 크리스마스 시즌에는 트리를 장식해 놓기도 하면서 랜드마크로 자리를 잡았습니다.

    별다방도서관은 전략적 기획의 산물입니다. 이전부터 복합쇼핑몰을 방문하는 소비자들 사이에는 '휴식공간이 부족하다'는 인식이 있었고 이건 경영자들에게도 고민거리였죠. 신세계 그룹은 일본 규슈

천장과 옆면 유리에서 외부 빛이 들어오는 2층에서 본 다케오도서관 전경

九州 사가佐賀현의 인구 5만 명 규모의 다케오武雄 시가 체류형 도서관인 다케오도서관을 만들어서 연간 100만 명의 관광객을 끌어들이고 있는 사례에 주목했습니다. 다케오도서관은 내부에 스타벅스를 유치해서 음료를 마시면서 책을 읽거나 DVD도 볼 수 있도록 했습니다. 그리고 도서관 한 코너에는 독특한 디자인의 안경, 가방, 생활잡화, 문구류 등을 판매하는 쇼핑 공간도 마련했습니다. 실제로 다케오도서관을 방문해 보면 사람들이 쥐 죽은 듯 조용하게 책을 읽고 있는 여느 도서관의

모습을 찾아보기 어렵습니다. 커피나 차를 마시거나 옆에 있는 친구와 작은 소리로 대화를 나누면서 자유롭게 책을 읽거나 휴식을 취하고 있는 사람들을 만나게 됩니다. 그야말로 '커피숍 + 쇼핑 공간 + 도서관'의 약간은 신비로운 결합 공간입니다. 오후 5시쯤에 방문하면 학교를 마친 중고등학생을 비롯해 다케오 시 주민들이 모두 이곳에 와 있는 게 아닌지 착각이 들 정도로 많은 사람이 즐기는 공간입니다.

별다방도서관은 쇼핑몰과 잘 어울릴 것 같지 않은 도서관이라는 콘셉트를 빌려와 과감히 내부 쇼핑 공간에 넣었고 휴식공간의 부족 현상을 해소하면서 '문화공간을 랜드마크로 하는 쇼핑몰'이라는 차별화에 성공했죠.

별다방도서관이 독특한 콘셉트로 언론의 주목을 받고는 있지만, 사실 외로움과 관련해서도 특별히 살펴보아야 할 가치가 있습니다. 도서관은 외로운 사람들이 가장 많이 이용하는 공간입니다. 도서관은, 외롭지만 외롭지 않게 시간을 보내는 사람들로 채워져 있습니다. 평일에 혼자 도서관에서 책을 읽고 있는 사람을 보면 '외로운 사람이라 여기서 시간을 보내는 것이 아닐까'라는 생각도 들죠. 평일 도서관 이용자 중에는 의외로 50대 이상의 남성들이 많은데 특히 이들을 보면 이런 생각이 많이 듭니다. 하지만 도서관에서 혼자 있는 사람은 정확히는 혼자는 아닙니다. 책을 읽고 있는 동지가 있는 셈이죠. 그래서 상황적 외로움을 느끼기 어렵습니다. 게다가 책을 읽으며 몰입할 수 있으니 인식적 외로움을 느끼고 있더라도 그 외로움을 잠시나마 잊어버릴 수도 있죠. 무료로 이용하는 도서관은 그런 점에서 여러모로 외로운 사람들에게는 최적의 장소인 셈입니다.

쇼핑도 독서도 모두 외로움을 잊게 하는 기능을 지닌 전략적 행위입니다. 그러니 매우 동적인 쇼핑 행위가 이루어지는 곳에서, 잠시나마 책을 읽는다는 정적인 행위가 어우러질 수 있는 곳이라면 외로운 일상을 잠시라도 벗어날 수 있는 비일상으로 가는 최적의 공간이 되지 않을까요. 그래서 별다방도서관은 외로움과 관련해, 특히 소비행위와 외로움과 관련해 앞으로의 쇼핑 공간이 어떤 모습으로 변화해 나갈지를 예측할 수 있는 좋은 사례입니다.

신세계그룹만이 아니라 기존의 대형할인점이나 백화점의 성장세 정체로 고민하고 있는 유통업계에서도 최근 앞다투어 대형 복합쇼핑몰 사업을 본격적으로 추진하고 있습니다. 롯데백화점은 2030년까지 총 7조원을 투자해 전국 13곳에서 대형 복합쇼핑물 운영을 결정했습니다. 복합쇼핑몰 중심으로 사업 구조를 재편하기로 한 거죠. 그리고 복합쇼핑몰의 브랜드를 '새로운 시간이 열리는 공간'이라는 뜻으로 '타임빌라스'로 했습니다. 현대백화점그룹도 테마파크형 복합쇼핑몰 추진을 서두르면서 2027년 '더현대광주'를 시작으로 본격적인 복합쇼핑몰 사업을 전개할 계획입니다. 국내 대표 유통 3사가 모두 복합쇼핑몰 중심으로 유통사업을 재편하는 이유는 소비 패턴이 변화하면서 단순한 쇼핑 기능 중심의 공간이 더는 소비자에게 매력적이지 않은 공간이 되었다는 판단이었을 겁니다.

국내 대표 유통 3사가 이처럼 적극적으로 테마파크형 복합쇼핑몰 사업을 추진하는 데에는 소비자의 비일상 체험 욕구를 충족시키지 못한다면 향후 살아남기 어렵다는 인식이 있기 때문입니다. 그리고 이미 기존에 전개하고 있던 백화점이나 대형할인점, 전문 쇼핑몰로는 비일상을 제공하는 것은 한계가 있다고 깨달은 것이죠.

혹시 여러분은 이마트와 같은 대형할인점을 처음 방문했을 때를 기억하시나요? 동네 슈퍼마켓만 경험했던 소비자들은 넓은 매장에, 카트를 밀고 다니면서, 정해진 가격에 맞춰, 일렬로 줄을 서서 계산을 하고, 푸드코트에 들러 식사를 하는, 이전에는 경험하지 못한 경험을 통해 비일상을 맛볼 수 있었습니다. 하지만 이제 시대가 바뀌어 대형할인점은 이전과 같은 비일상의 공간이 아닌, 아주 아주 일상적인 공간이 되었죠. 비일상의 공간도 익숙해지면 일상의 공간이 되는 법이니까요.

쇼핑 공간을 거리로 생각해 보면 쉽게 이해가 됩니다. 2010년대까지만 해도 전국에서 가장 핫한 거리는 '가로수길'이었습니다. 젊은 이들은 가로수길을 걷고, 가로수길의 매장에서 쇼핑하고, 가로수길의 맛집에서 식사하고 술을 마시면서 가로수길을 소비했습니다. 하지만 지금의 가로수길은 한 시대를 풍미한 유행이 지난 거리가 되고 말았죠. 한때는 비일상이었지만 많은 소비가 일어나 익숙해지면서 일상화된 거리가 되면 그 거리의 비일상적 생명은 끝이 납니다. 최근에는 용산역과 삼각지 사이의 '용리단길'이 핫한 거리로 뜨고 있지만, 용리단길도 시간이 지나면 비일상성이 일상성으로 바뀌면서 비일상성의 생명은 끝이 나겠죠. 쇼핑 공간인 쇼핑몰도 거리도 이렇게 비일상성을 잃게 되면 소비자들은 새로운 비일상성을 제공하는 쇼핑 공간을 찾아 움직입니다.

소비사회의 소비자는 다양한 욕구를 쇼핑 공간에서 해소하고자 합니다. 그래야 진정한 소비사회라 할 수 있겠죠. 그래서 지금 시대의 소비자는 기존의 쇼핑뿐만 아니라 볼거리, 먹거리, 쉴 거리, 즐길 거리 등을 통한 욕구을 충족할 수 있는 새로운 공간을 원하고, 이런 새로운 공간은 비일상의 공간을 제공합니다.

복합문화공간으로 변신하는 백화점

창고형 할인매장이나 복합쇼핑몰이 현재 지향하고 있는 공간 개념은 확실히 가족 단위의 소비자가 놀고, 먹고, 쉬고, 움직이고, 보는 비일상의 즐거움을 제공하는 테마파크와 쇼핑의 결합입니다. 테마파크라서 그런지 약간은 왁자지껄한 분위기가 있어야 합니다. 너무 조용하지 않고 환호성도 들려야 하고, 웃음소리가 울려야 하고, 맛난 음식의 향기와 커피 향도 은은히 더해져야 합니다. 그래야 테마파크로써 편안히 아이와 반려견과 함께 즐길 수 있는 자유로움이 느껴집니다.

그럼 쇼핑 공간의 의미에서 보자면 정점에 자리한다고 여겨지는 백화점은 이처럼 쇼핑몰들이 테마파크를 지향하는 시대에 어떻게 변모하고 있는 걸까요? 분명 외로움이나 우울과 같은 부정적 정서를 날려버릴 공간을 찾아 움직이고 있는 소비자에게 비일상적 체험을 제공하려면, 단순하게 고급 품질 제품을, 세련된 매장에서, 센스있는 판매원이 상품을 판매한다는 백화점의 이미지를 고수하는 것만으로는 분명 한계가 있을 텐데 말입니다.

백화점 업계도 비록 성장세가 꺾여 지방 백화점이 영업을 중단하면서 침체 상태이지만, 외로움과 우울의 시대에서 활로를 모색하기 위해 고군분투하고 있습니다. 단지 태생 자체가 백화점과 쇼핑몰은 조금 차이가 있기에, 쇼핑몰이 테마파크를 지향한다면 백화점은 이보다는 조금 고급지향적인 모습을 보이고 있죠. 바로 품격을 지닌 복합문화공간으로의 변화입니다.

복합문화공간은 문화나 예술을 다루는 커뮤니티 공간, 공연공간, 전시공간, 휴게공간 등이 합쳐진 공간을 뜻합니다. 소비자들은 이 공간에서 미술 전시회, 음악 연주회, 연극, 무용, 뮤지컬 등의 공연 예술과 영화 상영, 전시 및 강연, 강습, 집회 행사 등의 다양한 문화 활동을 즐길 수 있습니다. 이런 복합문화공간은 2000년대에 들어서면서 문화 진흥과 발전에 이바지한다는 공익적인 목적 달성과 함께 기업 이미지를 향상할 수 있는 좋은 수단으로 기업들이 적극적인 행보를 보이면서 대중에게 선보이게 됩니다. 2010년 이후에는 각 지자체 중심으로 유휴지나 사용하지 않는 시설들을 활용해서 복합문화공간을 구축하는 움직임이 활발하게 나타났습니다.

　복합문화공간이 본격적으로 사회적 주목을 받게 된 계기는 젊음의 거리인 홍대 앞에 2007년 9월 개관한 지하 4층 지상 7층 규모의 'KT&G 상상마당'이 등장하면서부터라 할 수 있습니다. KT&G는 담배를 만들어 판매한다는, 어찌 보면 국민 건강을 해치는 기업이라는 이미지를 개선하기 위해 일찍부터 복합문화공간 활용에 눈을 돌렸고 '상상마당'이라는 국내 복합문화공간의 대표적 브랜드를 만들어냅니다. 현재 상상마당은 홍대, 춘천, 대치, 부산, 논산에서 운영되고 있는데, 홍대 상상마당에는 영화관, 공연장을 비롯, 디자인스퀘어, 갤러리, 아카데미, 사진 암실과 카페가 있어 예술가들에게는 문화예술 창작 활동 지원을, 일반인들에게는 문화 향유 기회를 제공하고 있습니다. 춘천 상상마당의 경우는 특별히 예술과 함께 머무는 '아트스테이 Art + Stay'라는 컨셉으로 숙박공간까지 마련되어 있습니다. 그야말로 볼 것, 들을 것, 읽을 것, 즐길 것, 살 것, 먹을 것, 마실 것을 모두 한 자리에 모아 놓고 공간에 들어서는 순간부터 현실을 잠시 잊게 해주죠.

　기업이나 지자체가 복합문화공간에 관심을 기울이게 된 것은 일반 소비자의 소비 패턴 변화와 관련이 있습니다. 소비자의 쇼핑 우선순위는 의식주 해결이 가장 먼저입니다. 옛말에 '등 따뜻하고 배부르면 세상 부러울 것 없다'란 것이 있는데, 소비자에게 가장 중요한 쇼핑의 목적은 최소한의 행복을 느끼게 하는 의식주의 해결이죠. 하지만 의식주가 어느 정도 안정적으로 해결될 수 있게 되면, 소비자는 자기 성장의 욕구나 사회적 인정 욕구와 같은 의식주를 넘어서는 욕구를 품게 됩니다. 너무나 유명한 심리학자인 매슬로의 욕구 5단계설에서 말했던 것처럼 말이죠.

　미술과 음악과 같은 예술이나 문화에 대한 욕구는 대량생산 대량소비의 소비사회가 등장하고 소비자의 기본적 욕구 충족이 이루어진 후 서서히 소비사회의 성숙과 함께 소비자들의 내면에 싹트게 됩니다. 국내에서는 서울 올림픽을 치룬 후인 1990년대에 서서히 이런 욕구가 사회적으로 주목을 받았고, 2000년대에 접어들면서 예술과 문화 관련 소비가 부각이 되었죠. 그중 가장 크게 성장한 것은 뮤지컬로 대표되는 공연 시장과 미술작품의 경매로 관심을 끌었던 미술 시장입니다.

　시장이 커진다는 의미는 공연과 미술에 관심이 있는 소비자가 증가했다는 뜻이고, 미술이나 공연을 기존의 백화점 공간과 연계시킬 수 있다면 소비자를 유인하는 효과가 클 것이라고 생각하게 된 겁니다. 특히 2000년대 들어서면서 각 백화점이 어느 정도의 소비력을 지닌 소비자 집단인 VIP 고객이 수익을 창출하는 핵심 집단이라고 인식하고 마케팅을 강화하면서 백화점의 복합문화공간으로의 본격 변신이 시작됩니다.

　VIP와 VVIP를 대상으로 시작한 문화예술 강좌, 음악회와 전시회 초대, 미술품 거래 자문 등을 넘어서 이제는 백화점을 방문하는 일반 대중을 대상으로 하는 활동이 중심이 되고 있습니다. 백화점 안에 있는 갤러리나 전시공간 등에서 머무는 시간이 늘어나면서 다른 상품의 구매로 이어질 기회도 증가하고, 백화점의 차별화된 고품격 이미지를 유지할 수 있고, 백화점이 다루는 상품을 다양화하는 수익 다각화 차원에서의 장점이 백화점이 변신을 꾀하는 이유입니다. 하지만 가장 중요한 것은 소비자의 소비 패턴이 의식주 해결의 소비에서 자기 성장, 자기실현, 사회적 인정 등 보다 상위의 욕구 충족을 위한 소비로 변화했기 때문에 여기에 맞출 수밖에 없는 현실적 이유가 있었죠. 게다가 예술과 문화상품을 감상하면서 잠시나마 일상에서 잠시 벗어날 수 있고, 문화강좌를 듣는 사람들과 형성된 느슨한 사회적 유대를 느끼는 효과까지 백화점은 소비자에게 제공할 수 있다는 장점이 있었죠.

이와 관련된 백화점의 행보는 파격적입니다. 신세계 백화점은 해외 명품관이 입점해 있던 1층에 과감히 미술 전시공간을 마련하기도 하고, 백화점 내 특정 공간이 아닌 계단이나 벽면에 값비싼 해외 유명 작가의 작품을 전시하고, 소비자의 눈길이 닿는 곳마다 미디어아트를 설치하면서 예술과 쇼핑을 결합한 공간 창출을 시도하고 있죠. 물론 전시 작품은 판매도 하고 있습니다. 신세계의 경우, 국내 최대 미술품 경매 및 판매 기업인 '서울옥션'에 2021년 280억 원 규모의 투자를 하기도 했고요.

여의도에 있는 더현대 서울은 6층에 250평 규모의 복합문화공간인 'ALT.1'을 마련해서 소비자들이 일상 공간 속에서 문화 예술적 영감을 얻을 수 있도록 세계적인 아티스트인 앤디 워홀 회고전과 테레사 프레이타스, 라울 뒤피 등의 작가 전시회뿐 아니라, 폼페이 유물전을

2024년 4월 에픽서울에서 진행된 'DRAWING GARDEN' 팝업 전시

개최하는 등 폭넓은 범위의 볼거리와 즐길 거리를 제공하고 있습니다. 또한, 2024년 3월에는 5층 약 220평의 아동복 매장을 리뉴얼하여 고객 휴식과 팝업스토어 공간으로 구성된 '에픽서울'이란 팝업 공간을 선보였습니다. 여기서는 아이돌, 아트, 패션, 명품, 게임, 영화, 애니메이션 등 다양한 영역과 관련된 콘텐츠를 전시하고 판매하고 있고 누구나 방문해서 사진을 찍으면서 휴식도 할 수 있도록 했습니다.

 백화점이 운영하는 갤러리나 예술문화 전시공간의 장점은 접근성이 좋으며 쇼핑하면서 작품 등을 보고 즐길 수 있다는 점입니다. 또 대부분 갤러리는 무료이며 사진촬영도 가능하고, 주변에 전문식당과 카페 등이 있어서, 시종일관 침묵을 지키면서 서서 하는 정적인 관람이 중심인 전문 미술관보다는 동적인 방법으로 작품을 즐길 수 있죠.

이제 백화점은 단순히 '백百 가지 물품貨을 판매하는 곳店'이라는 의미를 넘어 문화예술의 향유와 휴식, 먹거리 제공이라는, 더 넓은 범위의 인간 욕구를 충족시키는 그야말로 복합문화공간으로 거듭나고 있습니다. 1852년 봉마르셰 백화점이 탄생했을 때부터 백화점은 소비자에게 성스러운 비일상적 공간을 제공하려고 노력해 왔고, 이제는 그 비일상성의 주제를 '성스러움'에서 '문화예술'의 이미지로 전환하고 있는 거죠.

그러다 보니 이제는 '왜 백화점에 가냐?'고 물어보아야 하는 시대가 되었습니다. 이제 백화점은 단순한 쇼핑 공간이 아닌, 미술 전시회를 보고 문화강좌를 듣고, 다양한 행사에 참여할 수 있으며, 사람을 만나기 위한 분위기 좋은 카페나 음식점이 있는, 그냥 쾌적한 시설과 분위기를 즐기며 가볍게 산책할 수 있는 장소가 되었기 때문입니다. 오히려 지금은 '상품 구매가 아닌 다른 목적으로 백화점을 찾는 사람이 많아진 건 아닐까'라는 생각이 들 정도죠.

일상에서의 외로움이나 우울과 같은 부정적 정서가 성스러움으로 정화되듯, 현대의 백화점은 문화예술의 힘으로 우리의 외로움을 정화시키려고 하는 것은 아닐까요.

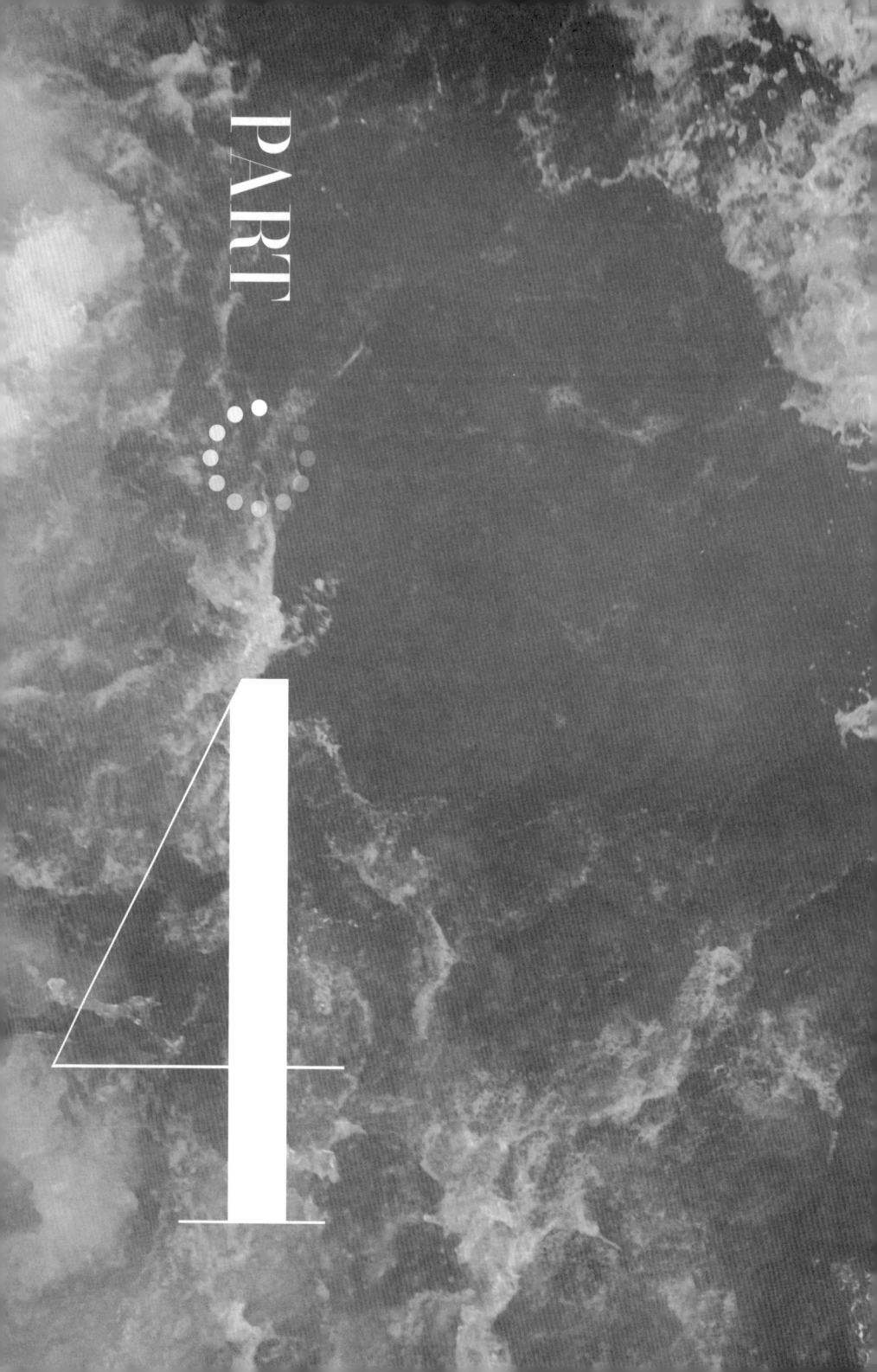
PART 4

슈퍼 심리학,
외로움을 토닥이다

The Loneliness-Consuming Society

INTRO

항상 내 곁을 맴도는 외로움은 타인과 사회라는 외부와의 관계가 단절되거나 원활히 작동하지 못할 때, 그리고 그런 관계가 자신의 인식과 부조화를 이루고 있다고 생각할 때 우리 어깨를 짓누릅니다. 하지만 외로움의 관계는 이렇게 외부 관계만이 아니죠. 내 안의 나와의 관계에서 뭔가 문제가 있는 건 아닐까 생각될 때, 그러니까 너무나 낯선 나를 발견하거나, 낯선 내가 있을지도 모른다는 불안이 생길 때도 가슴이 철렁하는 외로움을 느낍니다.

이렇게 상황적인 외로움보다는 인식적인 외로움, 다시 말해 '타인과의 관계나 내면의 나와의 관계에서 문제가 생겨 지금 외로움을 느끼는 거야'라는 생각이 머리를 스치면 우리는 갑자기 관계에 대해서, 타인의 심리에 대해서, 그리고 무엇보다도 내 심리에 대해 더 확실하게 알아야겠다는 마음이 들죠. 네, 심리학의 힘을 빌어 보고 싶어지는 겁니다.

심리학이 어느 순간부터인가 참 우리 가까이에 자리하기 시작했습니다. 서점에는 심리학 코너가 여느 다른 인문학 코너보다 더 큰 자리를 차지하고 있죠. 인간 심리에 관심이 생겨 서점에 가서 서가에 꽂힌 책 제목을 훑어보면 '나의 내면과 타인의 내면을 파악한다는 것은 어쩌면 불가능한 일일지도 몰라'라는 좌절감마저 느끼게 됩니다. 심리학에서 다루고 있는 분야와 이론이 너무나 넓고 많은 데다가, 과연 심리를 알기 위해서 얼만큼의 공부를 해야 할지 서가의 크기가 장벽처럼 다가오기 때문이죠.

하지만 우리는 인간 심리에 대해 가장 많은 정보와 지식을 지닌 시대에 살고 있습니다. 매일 신문의 한구석에는 반드시 심리에 관한 기사가 하나쯤은 실려 있고, 뭔가 사건이나 사고가 발생하면 TV에 나오는 코멘테이터 중 한 명 정도는 반드시 심리 해설을 하고 있을 정도입니다. 그래서인지 20세기에는 '심리' 또는 '심리학'이 특정 학문 분야의 독점적 용어였다고 한다면, 21세기에는 일반 대중 용어로 회자되면서, 쉽게 접할 수 있는 심리학 분야도 범죄 해설에서 연애 운세까지 넓어진 것처럼 느껴집니다. 대학 학과 선호도 조사에서 언제나 인문사회과학 계열에서는 인기 상위 학과로 자리매김한 지도 오래이고요. '××심리학' 'OO의 심리를 알아야 성공한다'는 제목을 단 책이 쏟아져 나오더니, 어느샌가 '심리학'이라는 타이틀을 붙이지 않으면 인간과 사회를 분석하는 책이 아니라고 생각이 들 정도가 되었습니다. 그런데 왜 이렇게 최근 들어 인간과 사회를 이해하는 강력한 무기로 심리학이 큰 역할을 차지하게 되었을까요? 그리고 심리학 파워가 증대하는 것과 외로움, 그리고 소비사회는 어떤 관계가 있는 걸까요?

아마도 외로움, 불안, 우울 등 지금의 개인과 사회가 직면하고 있는 문제가 이제 이성적으로, 시스템적으로 통제하고 조정할 수 없게 되었고, 결국은 인간의 심리적 수준, 내면적 수준에서의 통제와 조정이 필요해졌기 때문이라고 생각합니다.

대가족의 전통이 이어지던 시절, 친족을 포함해 혈연, 지역, 학연 등의 관계지향적 사회가 우위였던 시절, 지역공동체의 힘이 개인에게 어느 정도의 영향을 발휘하던 시절, 그리고 온 국민이 모두 같은 목표를 향해 단합해서 발전해 가던 시절에는 외로움을 겪고 있는 개인의 문제는 크게 부각되지 않았을뿐더러, 타인과 주변 사람, 또는 사회의 개입으로 지금보다는 쉽게 외로움으로 발생하는 문제를 해결할 수 있었습니다. 하지만 시대가 바뀌었죠.

    가족 구성은 대가족, 핵가족을 넘어 1~2인으로 구성된 초핵가족의 시대로 접어들었고, 지역공동체의 개념은 옆집에 사는 사람 얼굴도 잘 모르는 상태에서 주소를 뜻하는 의미로 축소되었고, 이전에는 가장 중요한 정체성의 요소였던 혈연, 지연, 학연 등의 관계지향적 요소는 이제 버려야 하는 구태가 되어버린 시대가 되었습니다.

    이렇게 기존의 사회 시스템은 외로움을 케어하는 데에 이제는 적절한 기능을 하지 못하게 되다 보니 영국이나 일본과 같은 선진국을 중심으로 국가나 지자체 차원에서 심리상담사나 사회복지사 등의 전문가들을 동원해서 개인의 외로움 문제에 개입하려는 움직임을 보이지만, 이것도 외로움이 원인이 되어 심리적, 신체적 증상을 동반하는 질병으로 인정되는 경우에 한합니다. 일반 대중이 겪고 있는 일상적이지만 질병으로까지 발전하지 않는 외로움을 돌보기 위한 사회 시스템은 사실상 거의 없는 실정이죠.

    이러니 결국 지금의 일상적인 외로움의 문제는 개인의 문제로 귀속되고 맙니다. 특히 상황적 외로움보다 인식적 외로움이 확대되고 있는 지금 사회에서는, 개인이 자신의 상황과 환경, 그리고 내면을 어떻게 해석하고 판단하고 있는가가 중요해집니다. 그러면서 '외부와 내면을 어떻게 인식할 것인가', '어떤 인식의 방법이 외로움의 예방과 해소에 도움이 되는가'에 관한 관심이 증폭되었습니다.

심리학은 바로 이런 개인이 자신을 둘러싼 외부를 어떻게 바라보고 인식할지, 자신의 내면을 어떻게 해석하고 판단할지에 대한 정보와 지식을 주는 데에 도움을 줍니다. 외로움을 유발하는 가장 가까운 가족과 친구, 연인과의 관계를 어떻게 인식하고 문제를 해석할 것인가, 나를 나로부터 소외시키고 있는 내 안의 나를 어떻게 바라볼 것인가에 대한 힌트를 얻기 위해 오늘도 우리는 심리학에게 도움의 손길을 요청하고 있습니다. 외로움의 문제를 해결할 수는 없겠지만, 지금의 나를 토닥이는 힘을 가지고 있을지도 모르니까요.

학술적이고 전문적인 심리학뿐만 아니라, 일반 대중이 받아들이기 쉬운 심리 해설을 중심으로 하는 대중심리학까지, 외로움의 심리를 어루만지는 콘텐츠는 나를 외롭게 하는 타인을, 사회를, 그리고 자신을 돌아보게 해줍니다. 그럼 일상으로 들어가 내 외로운 마음을 토닥이는 소비를 알아보도록 하죠.

01

심리학, 내 안의 외로움을 꺼내줘

나의 외로움에 의미를 부여하는 서점

외로움이 어떤 식으로 심리학을 소비하고 있는지를 알고 싶으면 서점을 가보면 됩니다. 자기계발 서적이 여전히 강력한 힘을 발휘하면서 넓은 코너를 차지하고는 있지만, 이에 못지않게 넓게 자리한 심리학 관련 코너에는 '나를 알아가는 심리학'이 대세를 이루고 있죠. 그래도 이렇게 '심리학'이라는 학문적 정보와 지식을 담은 책보다 더 대중에게 다가가는 심리와 관련된 서적은, 인문 코너와 에세이 코너에 가면 가득 쌓여 있습니다. 그리고 베스트셀러 목록에도 당당히 그것도 상당히 장기간 이름을 올리고 있죠.

　이런 책들은 자신의 부정적인 정서를 이해하고 수용한다면 자신을 더 사랑하고 소중하게 생각하게 된다는 내용을 중심으로 하고 있습니다. "너무 어렵고 힘들게 생각하지마. 인생에는 어려움과 고통이 따르기 마련이야. 하지만 이런 것에 굴복해 버린다면 너무 허망하지 않을까. 그러니 오히려 어려움과 고통을 긍정적으로 바라보고 인생을 전환할 수 있는 좋은 기회라고 생각해 본다면 어떨까?"라고 속삭입니다.

얼마 전에 출판사 관계자와 만나서 이런저런 이야기를 나누다가, 최근 베스트셀러의 동향이라는 주제로 넘어간 적이 있었습니다. 특히 왜 쇼펜하우어 관련 서적이 지금 갑자기 인기를 얻게 되었을까에 대해서 말이죠.

그 관계자는 이런 말을 해주더군요.

"글쎄요, 아마도 독자들은 인생을 살아가면서 어려움과 고통을 겪고 있는 지금을 어떻게 하면 벗어날 수 있을까 궁금해 하는 게 아닐까요? 요즘 특히 우울이니 외로움이니 이런 것들이 개인뿐만 아니라 사회적으로 문제가 되고 있으니까요."

실제로 책들의 구매 후기를 읽어 보면 '마음이 편안해졌다'라는 내용이 많습니다. 왜 그럴까요? 도대체 쇼펜하우어를 다룬 책에는 무슨 내용이 담겨 있는 걸까요? 책에 담겨 있는 내용을 한마디로 요약하자면 '산다는 것은 괴로움과 고통이 수반되는데 이를 받아들이고 이해한다면 오히려 정신적인 편안함을 얻으면서 인생을 살아갈 원동력까지 얻을 수 있다. 인생은 고통 그 자체지만 이 고통이 살아갈 힘을 준다'는 것입니다.

철학자인 쇼펜하우어는 '인생은 고통이다'라고 말하면서, 끝없는 인간의 욕구를 만족시키는 것은 불가능하기 때문에 인간은 태생적으로 불행할 수밖에 없다는, 어쩌면 상당히 염세주의적 태도를 지닌 사람이었죠. 그는 '행복은 고통이 없어졌을 때나 일시적으로 찾아오는 것'이라며 냉철한 현실 인식과 자기 진단이야말로 의미 있는 삶을 가능하게 한다고 했습니다.

쇼펜하우어 관련 서적은 그의 철학을 빌려 결국 '인생의 고통'을 바라보는 관점을 다르게 하는 태도를 지닐 필요성을 사람들에게 말하고 있습니다. 단순히 염세주의 성향을 지닌 그의 철학을 전파하려는 것이 목적이 아니라, 그의 철학을 빌려 어떻게 하면 현실을 굳건히 살아갈 수 있는지의 힌트를 주려는 것이 목적입니다.

쇼펜하우어 열풍은 지금을 살아가는 우리가 상당히 철학적이고 심오한 인생관을 갖추려고 하는 사람들이 늘어났기 때문만으로 볼 수는 없습니다. 오히려 지금이 너무 힘들고 고통을 받고 있는 시대이기에 쇼펜하우어의 철학이 필요하고, 그를 통해 마음의 편안을 얻으려고 한다고 해석하는 것이 더 적절할지 모릅니다. 지금 내가 겪고 있는 외로움, 우울, 좌절감, 슬픔과 같은 다양한 고통이 나만 특별히 겪는 것이 아니라, 이 시대를 살아가는 인간이라면 누구나 그런 고통을 경험하고 있다는 점, 특히 중년 이후의 삶은 인생을 깨달아가는 과정에서 그런 정서들을 받아들여야 하는 시기라는 점을 말하고 있기 때문에 쇼펜하우어 서적이 베스트셀러의 자리를 차지하고 있는 건 아닐까요? 주변을 둘러보고, 내 안의 나를 둘러보면서 위로를 얻으라면서 말이죠. 그래서 우리는 쇼펜하우어의 책을 통해 지금의 외로움, 우울과 같은 부정적 정서에 함몰되어 있는 자신을 '너는 지극히 정상일 뿐이야'라며 스스로 토닥이고 싶은 욕구를 충족시키고 있는 건 아닐까요?

이렇듯 쇼펜하우어 관련 서적은 철학의 이름으로 외로움과 우울의 심리를 토닥이는 기능을 가지고 있습니다. 이런 부정적 정서로 어지러운 심리를 케어해 주는 책은 비단 인문/철학 코너에만 있는 건 아닙니다. 에세이 코너에는 더더욱 많은 책이 있습니다.

『죽고 싶지만 떡볶이는 먹고 싶어』부터 『곰돌이 푸, 행복한 일은 매일 있어』에 이르기까지 최근 에세이 분야의 베스트셀러는 '인생에는 힘든 일이 있지만 나만 그런 것도 아닌 데다가, 곧 좋은 일이 생길 거야'라는 응원의 메시지를 전달합니다. '너는 지금도 충분히 잘 하고 있어!'라며 부정적 정서에 사로잡히지 말고 지금의 자신을 있는 그대로 받아들이라고 용기를 주는 책과 '너는 행복한 사람이 될 거야!'라며 장밋빛 미래를 그릴 수 있다고 격려해 주는 책이 인기를 끌고 있죠. 물론 심리학 교수나 정신과 의사들이 집필한 책들은 부정적 정서를 벗어나서 긍정적으로 세상을 바라볼 수 있는 전문가의 지식과 노하우를 알려주기도 합니다.

우리의 마음을 토닥이는 책들은 아주 잠시나마 외로움에서 벗어날 수 있는 위안을 줍니다. 영화, 애니메이션, 음악 같은 콘텐츠를 소비하거나, 쇼핑몰에서 상품을 구매하면서 얻는 위안처럼 말이죠. 하지만 심리를 어루만지는 서적은 콘텐츠 소비나 쇼핑은 불가능한, 질적으로 다른 방식으로 외로움을 케어해 줍니다. 바로 자신의 인생에 닥친 외로움을 비롯한 어려움을 대하는 관점과 자세를 바꾸어 주기도 하는 방식으로 말이죠.

　　외로움을 잠시 잊게 해주는 기능이 아니라, 외로움에 대한 인식을 바꾸는 심리 이야기를 다루는 책은, '인식적 외로움'이 지금 이 시대 외로움의 특징이라는 점에서 그 역할이 큽니다. 외로움은 혼자인가 아닌가의 상황과 관계없이 상황에 대한 인식 과정을 거쳐 부정적 정서로 연결된 결과물입니다. 그래서 인식에 따라서는 외로움이 될 수도 그렇지 않을 수도 있죠. 외로움과 관련된 마음을 다루는 책들은 외로움을 어떻게 볼 것인가에 의문을 가지고, 이 의문을 풀어내는 데에 도움을 줍니다. 외로움이 무엇인지 이해하고, 인정하고, 수용하고 나서 어떻게 하면 외로움을 긍정적인 방향으로 해석할지를 독자 스스로 깨닫고 실천하게 도와주죠.

　　2만 원이 채 되지 않는 금액으로, 외로움을 토닥이고 외로움을 바라보는 태도를 바꿔 주는 소비생활. 서점을 방문해서 이런 책을 한 권 정도는 손에 들고 밖으로 나온다면 외로움의 모습은 달라질지도 모릅니다.

외로움의 모든 길은 MBTI로 통한다

#에피소드 1

얼마 전 한 고등학교 선생님으로부터 심리학 강의를 부탁한다는 전화를 받았습니다. 고등학교 인문학이나 심리학 강의는 정말 많이 진행해봤으니 특별히 어려울 것도 없었고 항상 학생들의 반응이나 평가도 좋았지만, 혹시 몰라 선생님에게 어떤 내용 중심의 강의를 원하는지 물었습니다. 담당 선생님은 '심리학이란 학문 분야에 학생들이 관심은 많지만 잘 모르니 우선 이런 걸 알려주는 시간이 되었으면 좋겠어요'라고 말씀하시곤 곧이어 이런 말씀을 덧붙이십니다.

> "아, 학생들이 심리학 중에서 MBTI를 가장 궁금해 하고 흥미를 가지고 있어서요. MBTI로 학생들의 심리를 파악하는 이야기를 해주셨으면 해요."

#에피소드 2

연말이 되니 석박사 논문지도를 했던 제자들이 만나자고 합니다. 졸업한 지도 10년이 넘었지만 그래도 그동안 꾸준히 만나오다가 코로나와 각자의 직장 사정으로 다 같이 모이는 것은 오랜만이라, 기쁜 마음으로 대학 근처 맛집으로 향했습니다. 못 만났던 동안의 이야기꽃을 피우던 중에 MBTI로 주제가 넘어갔습니다. 누군가 이렇게 말하네요.

"그런데, 모두 MBTI가 어떻게 돼? 난 INTP인데, 정말 딱 맞는 것 같아. 그래서 그런지 이제 누군가를 만나면 MBTI부터 물어보게 되더라고. 정말 MBTI, 신기한 것 같아."

#에피소드 3

지인 중에 심리학을 전공하고 MBTI 전문기관에서 교육을 받은 후 강사 자격증을 취득한 사람이 있습니다. 자신의 MBTI 유형을 궁금해 하는 친구들이 모여서 MBTI 검사와 분석을 해달라고 성화를 하는 바람에 10여 명을 모아서 2시간 정도에 걸친 검사와 분석을 진행했습니다. 한 사람 한 사람, 각자의 유형 진단과 컨설팅을 해주고 나니 한 친구가 이렇게 말합니다.

"아, 내가 그동안 '난 왜 이렇지'라고 항상 궁금하고 이상하고 그랬는데, 오늘 내가 어떤 유형이고 그래서 내가 그동안 왜 그렇게 생각하고 행동했는지 이해할 수 있게 되어서 너무 좋다."

바야흐로 MBTI를 모르면 나를 이해할 수 없는 시대가 되었습니다. 아니, 사람들의 대화에도 낄 수 없는 시대가 되었죠. 모두가 자신의 MBTI 유형 정도는 알고 있어야 하는 시대입니다. 그래서 '너는 MBTI가 어떻게 돼?'라는 질문이 낯설게 느껴진다면 아마도 여러분은 외국에서 살다 온 사람이거나, 세상과 담을 쌓고 살았던 정말 외로운 사람일지도 모릅니다. TV 예능 프로그램에도 서로 MBTI 유형을 물어보고는, '아, 그래서 너는 그렇구나, 나는 이런 유형이라서 이런데'라면서, 얼마나 MBTI가 서로의 성격이나 취향을 이해하기 위한 최적의 도구이면서 또 서먹할 수 있는 거리를 좁히는 훌륭한 도구인지를 앞다투어 이야기합니다.

이러다 보니 인터넷에도 '간단히 알아볼 수 있는 당신의 MBTI 테스트'를 정말 정말 쉽게 만나볼 수 있죠. 아래 소개하는 테스트는 지금까지 본 것 중에서 가장 간단한 것인데, '와, 근데 맞는 거 같아서 소름!'이란 댓글이 달려 있더군요.

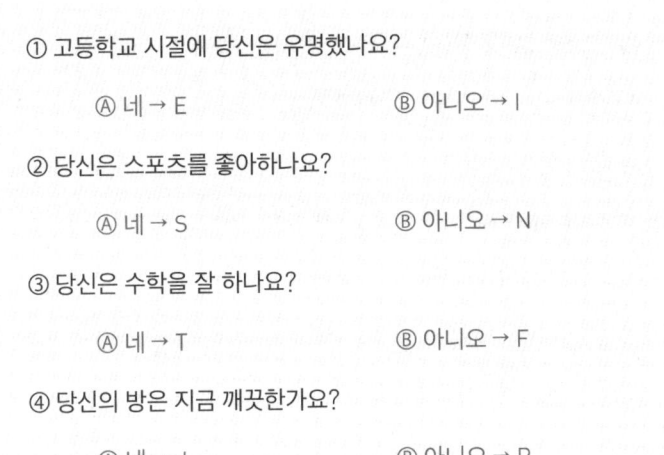

사실 MBTI는 심리학이라는 전문 학문 영역에서는 다루지 않습니다. 아직은 학문적으로 그리고 과학적으로 검증되지 않았기 때문이

죠. MBTI는 '사람들이 일상생활 중에서 자신이나 타인을 이해하거나 설명할 때에 원용하는 지식이나 이론'을 뜻하는 '대중심리학'의 영역에 속합니다. 순서도를 따라가다 보면 '당신의 성격은 이런 유형입니다'라고 말해 주거나, 주어진 상황에서 어떤 결정을 하냐에 따라 심층심리를 말해 주거나 하는 것이 대표적인 대중심리학이죠. 몇 해 전까지 유행했던 혈액형별 심리 분석이 대표적인 사례입니다.

그럼 이런 대중심리학은 모두 잘못된 걸까요? 그렇지 않습니다. 대중심리학도 뭔가 사회적으로 쓸모가 있으니 활용되고 있는 거니까요. 대중심리학은 사실 인간이 지닌 본성과 관련이 있습니다. 나와 다른 사람의 마음과 행동을 이해하고, 어떤 일이나 생각의 원인과 결과에 대해 스스로 납득하지 못하면 견디기 어려운 것이 우리의 본성입니다. 인간은 납득의 동물이니까요. 대중심리학은 학문적으로, 과학적으로 검증된 심리학이 아니기 때문에 비판적으로 보는 학자들도 많습니다. 하지만 나와 타인의 마음과 행동을 알아내기 위해 아무리 과학적, 학술적 심리학이 열심히 노력한다고 해도 아직은 알아내지 못한 부분이 더 많습니다. 게다가 전문적인 학문 영역의 심리학은 일반 대중이 공부하고 제대로 이해하기에 시간과 노력이 필요합니다. 이때 직관적으로 간단히 그리고 친근하게 사람과 사회를 이해하도록 도와주는 것이 대중심리학입니다.

대중심리학인 MBTI가 이렇게 사회에서 발언권을 확대하고 있는 상황에서 'MBTI는 과학적으로 잘못된 것이고 믿어서는 안 된다'라는 일방적 비판은 전혀 도움이 되지 않습니다. 왜 사람들이 MBTI를 이다지도 많이 언급하고 있는지, 왜 사람들은 MBTI를 통해 자신과 타인을 알아보려고 하는지를 파악하는 게 더 필요합니다.

만일 우리가 일상에서 타인과 자신을 잘 파악하고 있다면, 굳이 MBTI의 힘을 빌릴 필요가 있을까요? 그렇지 않겠죠.

내 옆에 있는 사람이 왜 그러는지가 궁금합니다. 그 사람은 나와 어떤 면에서 어떻게 다를까가 궁금합니다. '모두가 다르니 외롭다'는 의미에서 보자면 그와 내가 어떤 점에서 같은지를 알게 된다면 외로움을 풀어내는 데에 도움이 될지도 모릅니다.

"와, 너도 ISTJ야! 너랑 나랑 같잖아."라면서 하이파이브를 하다 보면 그는 나와 같은 부류에 속하는, 더 가까운 사람이 됩니다. 그런데 재미있게도, 평소에 별로 좋아하지 않은 사람이 나와 같은 ISTJ 유형이라고 하면 순간 당황하는 사람도 많은데, 이들은 심지어 MBTI의 신뢰도를 의심하기도 하죠. 자신이 그 사람과 같은 유형일 리가 없다면서요.

그럼 옆 사람이 자신의 ISTJ 유형과 다른 유형으로 나온다면 어떨까요. "넌 ENTP이네. 어쩐지 너랑 나랑은 안 맞는다고 생각했어."라며 그에게 조금 떨어져 앉는 모습을 보고 관계를 멀리하고자 한다고 생각하면 오해입니다. '나와는 뭔가 다르다는 너를 이해했어. 우리는 그만큼 더 가까워진 거야'라고 이해해야 정답입니다. 나와 그는 다르지만, 어떤 점이 다른지 알게 되고 납득한다면 외로움으로 연결되지 않습니다. 인간에 대한 이해는 외로움과는 다른 차원의 이야기이니까요.

자신의 MBTI가 궁금해서 테스트를 해보는 것은 내면의 나를 알아가고자 하는 노력의 일환입니다. 내면의 나로부터 소외되면서 외로움을 경험하기 전에, 한발 다가가서 이해하고 납득하려는 몸부림입니다. '아, 나는 이런 유형이기 때문에 그렇게 생각하고 행동하는구나'라는 납득은 내면의 나와 좀 더 가까워지는 좋은 기회가 됩니다. 이런 좋은 기회를 돈 한 푼 안 들이고, 클릭 몇 번으로 불과 몇 분 만에 파악할 수 있다면 이것만큼 효율적이고 멋진 방법이 있을까요? 그러다 보니 MBTI 검사처럼 간단하게 나의 특성을 알아보는 검사가 인터넷을 통해서 소개되고 있죠.

최근 주목을 받는 HSP Highly Sensitive Person, 초민감도 테스트도 그중 하나입니다. HSP는 말 그대로 예민한 성향을 지닌 사람을 뜻하는 것으로, '폭력적인 영화와 TV 장면을 피한다', '단기간에 많은 일을 처리해야 할 때 정신을 차리지 못한다' 등의 23개 문항으로 얼마나 자신이 환경과 타인에 대해 민감한 특성을 지니고 있는가를 알아보는 것입니다. 지금은 좀 더 많은 문항을 사용해서 감각 민감성, 정서 민감성, 사회적 민감성, 환경 민감성, 내적 민감성 등으로 영역을 나누어 지수화된 결과를 알려주는 HSP 테스트까지도 나와 있습니다.

이 테스트도 MBTI와 마찬가지로 그 뿌리는 심리학의 이론에 있지만, 1990년대 중반 이후 스웨덴을 시작으로 유럽 지역 대중에게 알려지면서 MZ세대를 중심으로 인지도를 높여 왔죠. 스웨덴에서는 HSP

를 주제로 젊은이들이 SNS와 인터넷 게시판에서 교류하는 모습을 다룬 논문이 나올 정도로 폭발적인 관심을 불러일으키면서 'HSP 현상'이라고까지 불렸다고 하네요. 가까운 일본에서도 코로나가 한창이던 2020년 초 일부 연예인이 자신을 HSP 테스트에서 민감한 사람이라고 밝히거나, TV나 신문 등의 언론에서 다루기 시작하면서 유행했다고 합니다. 우리나라에서도 HSP 테스트는 이미 젊은이들에게는 그리 낯설지 않은 것이어서 자신의 민감 성향을 친구들과 공유하며 즐기거나, 가볍게 자기 이해도를 높이는 도구로 사용되고 있습니다.

　　　　HSP 테스트가 젊은 세대의 눈길을 끈 것은 섬세하고 민감한 특성 때문에 사회생활에 어려움을 겪는다고 생각하는 사람이 증가하고 있고, 많은 사람이 이에 공감하기 때문입니다. 다시 말해 타인이나 환경으로 인해 외로움, 우울 등의 부정적인 정서를 경험하는 것은 다름 아닌 자신의 특성인 '민감성' 때문이라고 생각한다는 거죠.

　　　　MBTI와 HSP는 사실 공통적인 특징이 있습니다. 두 테스트 모두 바로 '나는 어떤 점에서 타인과 다른가'를 파악하면서 '나 자신을 확실하게 알아보고 싶다'는 욕구를 충족하려는 점입니다. 어제까지는 공동체에서 함께 살아가면서 같은 부류의 사람이라 생각했는데, 어쩌면 '남들과 다른 나'가 내 안에 있을지도 모른다는 불안. 그리고 어제까지는 분명 내면의 나를 잘 알고 있다고 생각했는데 사실은 그것이 잘못되었다는 것에 대한 불안. 이런 불안을 해소하고자 하는 심리를 충족시켜 주기 때문에 사람들은 MBTI와 HSP에 빠지게 됩니다. 그리고 이런 테스트의 결과를 받아 보고는 어떻게 하면 적절하게 타인과 커뮤니케이션할 수 있는가를 찾아내려는 거죠.

얼마 전 우연한 기회에 HSP 테스트를 통해 자신의 민감성에 대해 알게 되었다는 한 여성과 대화할 기회가 있었는데, 테스트 결과를 받아 보고 어떤 기분이 들었냐고 물어보니 단 한마디로 이렇게 말해 주었습니다.

"'아아, 나는 이런 사람이구나'라는 점이랄까, 나를 더 잘 알게 되어서 좋았어요."

MBTI와 HSP 테스트는 외로움이나 우울 등의 부정적 정서가 본인의 행동이나 노력이 부족해서 경험하는 것이 아니라, 내가 어찌할 수 없는 타고 태어난 성향에서 비롯된 것이라며 자신을 스스로 토닥일 수 있도록 해줍니다. 자신을 비난하고 자책할 필요가 없다는 거죠. 그것은 어쩔 수 없는 성향 때문에 발생한 일이라며 나의 등을 토닥여줍니다.

우리 내면의 성향이나 기질은 고정적이지 않고 변하기도 하지만, 일단 자신이나 타인의 생각과 행동의 원인을 알고 납득하게 되면 '왜 그랬지?'하는 막연한 불안은 어느 정도 해소됩니다. 물론 불안의 해소만으로 외로움의 문제가 해결될 수는 없겠지만 말이죠.

그런데 잠깐, 혹시 자신의 MBTI에 대해 정확히 알고자 한다면,

이왕 타인과 자신을 외로움으로부터 지키기 위해 MBTI를 잘 활용하고 싶다면, 인터넷에 떠도는 '간단하지만 정확한 테스트'는 멀리하길 바랍니다. 잘못하면 타인과 내면의 자기를 오해하기 쉬워지니까요. 누군가 주변에 MBTI 강사 자격증을 지닌 사람이 있다면 그 사람에게 가서 조금 시간은 오래 걸리겠지만 천천히 그리고 많은 대화를 나누면서 자신이 어떤 사람인지를 알아보시길 추천합니다. 잘못된 진단이 내 몸의 질병을 악화시키듯, 잘못된 검사와 분석은 내면의 자신을 더 멀리 달아나게 해서 외로움을 심화시킬 수 있으니까요.

박사님, 심리학으로 풀어 주세요

학문적 심리학이든 대중심리학이든, 외로움과 같은 부정적 정서가 확대되는 사회에서 심리학은 소비 대상으로 잘 활용될 수 있는 상품이 됩니다. 부정적 정서는 인간이라면 모두가 회피하고자 하는 정서이고, 이를 회피하기 위해선 마음을 달랠 수 있는 무언가가 필요하기 때문입니다. 술이나 운동, 영화, 음악도 부정적 정서를 회피하기 위한 좋은 소비 대상이긴 하지만 직접적으로 부정적 정서를 만들어 주는 원인을 건드리는 것은 아니죠. 회피는 일시적이고 그 효과가 어떨지는 미지수입니다. 술을 마시면 더 우울해질 수도 있고, 영화가 끝나고 나면 더 외로워질 수 있으니까요.

부정적 정서를 가장 근본적으로 다루는 것이 바로 심리학입니다. 심리학은 내면의 정서에 직접 손을 내밀어 그 원인을 진단하고 해결할 수 있도록 도와줍니다. 그래서 심리학 서적을 읽다 보면 '맞아, 맞아, 바로 내 이야기야. 내가 이것 때문에 그렇게 힘들었던 거구나' 하며 빨간 줄을 긋게 되는 거죠. 하지만 서점에 무수히 꽂혀 있는 심리학 서적을 펼쳐 들었다 해도 내가 원하는 답을 발견하기는 쉽지 않습니다. 게다가 책을 읽는 습관이 없다면 애당초 책을 통해 부정적 정서를 해소하거나 회피하는 방법을 선택하지도 않겠죠. 그래서 책으로 심리학을 접하는 것은 사실 어느 정도의 노력과 의지가 필요한 일입니다. 그런 우리를 위해 쉽고 재미있게 심리학으로 부정적 정서에 대한 정보와 지식을 알려주고, 회피하고 해소할 수 있는 재미있는 처방전을 제시하는 곳이 있습니다.

표현은 '금쪽이'라면서 너무나 귀하고 소중하고 사랑스러운 대상을 다루는 내용일 것처럼 보이지만 실상은 너무 힘들고 버겁고 미운 대상을 다루는 프로그램이 있습니다. 아마도 모든 사람이 알고 있을 예능 프로그램인 <요즘 육아 금쪽같은 내 새끼>입니다. 2020년 방송을 시작해 지금까지 많은 시청자가 보는 프로그램이죠. 특히, 육아로 어려움을 겪는 부모에게는 필수 시청 프로그램입니다.

개인화된 시대에 살고 있다 보니 인생의 다양한 과정에서 어려움을 겪게 되어도, 손쉽게 주변에 조언을 구하기가 힘든 환경에서 살고 있습니다. 아마 그중에서 조언이 필요한 가장 큰 어려움은 육아일 겁니다. 아이가 태어나고 양육하는 건 모두에게 낯설고 처음 겪는, 게다가 지금까지 접해 왔던 또래나 어른들과의 관계가 아닌 통제가 무척이나 어려운 아이와의 관계이다 보니 더욱 그렇습니다. 문제는 첫 아이를 키우는 부모라면 육아에 대해서는 아마추어라는 점입니다. 그러다 보니 많은 문제에 직면하고 문제해결이 원만하지 않으면 심리적인 타격은 말할 수 없을 정도입니다. 부정적 정서를 회피하고 싶다면 일단 문제가 해결되어야 합니다. 자, 이제 심리학이 등장할 차례가 되었네요. 문제해결과, 문제로 발생하는 부정적 정서를 회피하기 위한 심리학이 필요합니다.

나 혼자 사는 시대, 외로움의 시대, 초핵가족의 시대에는 문제해결과 문제로 발생하는 부정적 정서 회피 모두 주변의 도움을 받기가 참으로 어렵습니다. 예전 같으면 양육 경험이 많은 할머니나 친지들이 이런저런 어드바이스를 해주고, 때론 실제로 양육을 대신 책임져주기도 했죠. 하지만 이제는 그런 시대가 아닙니다. 나 혼자 또는 가족 안에서 해결해야 하죠. 그러니 문제해결은 더더욱 어렵습니다.

문제해결이 잘 안 되는 만큼 좌절감과 우울, 가족으로부터 소외되는 외로움 등 회피하고 싶은 정서는 차곡차곡 쌓여 가겠죠. 이런 부정적 정서를 함께 나누고, 위안해 줄 사람도 외로움의 시대에는 찾기 어렵습니다. 양육하느라 바쁜 시간을 쪼개서 잠시 친구를 만난다 해도, 양육의 어려움을 공감해 줄 친구도 많지 않고, 친구 역시 같은 문제를 안고 있을 가능성이 크죠.

그래서 결국은 해당 분야의 전문가에게 도움을 청할 수밖에는 없습니다. 외로움도 마찬가지입니다. 외로움은 관계와 심리의 문제가 직결되니 결국 이 분야의 전문가가 필요합니다. 바로 오은영 박사처럼 말이죠. 오은영 박사가 출연하는 또 다른 프로그램인 <오은영 리포트 ― 결혼지옥>은 대상이 금쪽이가 아니라 부부입니다. 이 프로그램에서는 부부 관계로 어려움을 겪고 있는 사람들에게 문제의 원인을 분석하고 해결을 위한 조언을 해줍니다.

오은영 박사는 정신의학을 전공한 의사이면서 심리학에 대한 전문적인 지식을 갖춘, 그야말로 관계와 심리 분야의 전문가라고 할 수 있지만, 전문가가 아니라도 TV나 인터넷을 통해 도움의 말을 주는 사람들이 등장하는 영상을 많이 접할 수 있습니다. 예를 들어 2020년부터 방영된 <연애의 참견>은 연애 과정에서 겪는 에피소드를 주제로 출연자들이 당사자들의 심리를 분석하기도 하고 조언을 하기도 하죠. '이런 마음가짐을 가지세요'라는 수준에서 구체적으로 '이렇게 행동하세요'라는 실천적인 내용까지 상당히 폭넓은 조언을 해줍니다.

2019년부터 시청자를 만나고 있는 <무엇이든 물어보살>도 이렇게 뭔가 풀어내야 할 문제를 털어놓고 대화를 나누고 조언을 해주는 인기 프로그램입니다. 심리학을 전공하지도 않았지만 전문 심리상담가 수준의 조언을 해주는 모습을 보면 출연자들의 능력에 감탄하기도 하는 프로그램이죠. 외로움, 우울 등의 심리적 문제뿐만 아니라, 다른 사람과의 갈등, 경제적 어려움, 진로에 대한 고민, 심지어는 심령현상

경험 등까지 프로그램명처럼 무엇이든 이야기를 나누고 싶은 사람들과 만납니다.

심리 카운슬링 프로그램이라고 불러도 좋을 이런 프로그램을 보고 있다 보면 우리는 얼마나 자신의 내면에 대해서 무지한지에 대해 놀라기도 합니다. 모니터 너머로 보고 있는 시청자들은 '아니, 왜 저 사람들은 자신이 저렇다는 것을 모르고 있는 거지. 참 답답하네'라는 생각을 하게 됩니다. 그러면서 오은영 박사나 서장훈 씨가 건네는 '자신의 내면에 좀 더 귀를 기울이고 나를 정확히 우선 알아갈 필요가 있다'는 조언에 동의하게 됩니다. 잊고 살았던 나를, 잊고 싶어서 고개를 돌렸던 나를, 정면으로 마주하고 깊은 대화를 통해 알아갈 필요가 있다는 걸 그들의 조언을 통해 깨달은 것처럼 말이죠.

개인의 마음 관련 이야기를 나누고 심리적 문제를 파악하여 설명하고 조언을 해주는 이런 다양한 프로그램들은 일반인을 대상으로 하는 것에 그치지 않고, 범죄자와 같이 사회적 일탈자의 심리를 분석하고 파악하는 프로그램도 다수 등장하기 시작했습니다. 그러면서 불과 몇 년 사이에 대한민국 국민이라면 모두가 아는 직업이 되어버린 프로파일러(범죄심리 분석관)의 인기가 치솟으면서 중고등학생 중에는 미래 직업으로 프로파일러를 원하는 학생도 늘어났습니다. 범죄 사건을 해설하기 위해 범죄심리학자가 대중에게 알려지기 시작했고, 저명한 전직 프로파일러들이 TV에 등장해서 깊이 있으면서도 흥미로운 해설과 경험 사례를 들려주기 시작하면서 비롯된 현상입니다.

여기에 예능 프로그램이나 시사 프로그램에는 단골손님으로 심리상담사가 출연해서 시청자에게 친근하면서도 흥미를 자극하는 내용으로 심리학을 활용하기도 하죠. 이런 영향 때문인지 고등학교 심리학 강의를 하다 보면 심리상담사가 되려면 어떻게 해야 하는지를 궁금해하는 학생이 많습니다.

이렇듯 심리학의 전문가이든 전문가가 아니든, 주변에서 TV나 유튜브 등의 SNS, 그리고 책 등을 통해 심리 관련 이야기를 쉽고 재미있게 들려주는 사람이 늘어났습니다. 이들 대부분은 유명인이어서 사람들에게 영향력을 발휘하고 있기도 하지만, 전문적이고 학문적인 이론 기반의 이야기가 아니라도 일반인들이 어렵지 않게 납득할 수 있는 내용이기도 하죠.

사실 개인적으로 다른 사람에게 털어놓기 불편한 심리적 문제나 고민을 털어놓고 문제해결에 대한 조언과 해결책을 얻는 것이 카운슬링입니다. 하지만 전문가에게 개인적으로 카운슬링을 받기 위해서는 시간과 돈이 들 뿐만 아니라, 정신적 또는 심리적 문제로 카운슬링을 받는 것에 대해 아직 우리 사회가 약간의 거부감을 가지고 있기도 하죠.

그러니 TV나 유튜브에서 나와 비슷한 문제와 고민을 지닌 사람의 사례를 보면서 간접적으로 나도 함께 카운슬링을 받는 효과를 경험하게 됩니다. 외로움의 문제를 안고 있는 사람은, 누군가가 비슷한 문제로 TV에 사연자로 나와 출연자와 대화를 나누고 조언을 듣는 모습을 보면서 자신에게 응용할 수 있다는 거죠.

　게다가 이렇게 심리적인 문제가 해결되는 과정을 지켜보는 것은 재미있기도 합니다. 우리는 이런 프로그램을 보면서 '와, 정말 저런 문제가 있어!'하고 놀라기도 하죠. 일상에서는 쉽게 접하기 어려운 이런 타인의 문제는 호기심을 유발하고 더 깊은 이야기를 듣고 싶어 집니다. 상담을 해주는 출연자가 사연자의 문제점을 콕 짚어서 이야기해 줄 때는 일종의 통쾌함을 느끼기도 하고요. 무엇보다도 '나도 지금 힘들고 어려운데, 세상에는 나보다 더 힘들고 어려운 사람도 많구나'라는 것을 확인하고 자신을 토닥이는 기회가 되기도 합니다.

　자신의 심리적 문제를 토로하고 함께 이야기를 나눌 주변 사람이 점차 줄어들고 있다는 것이 이런 카운슬링 콘텐츠가 유행하는 가장 큰 이유입니다. 하지만 더 중요한 건, 아무리 곁에 사람들이 있다고 해도 자신의 마음을 나누고 싶지 않거나, 나의 마음을 나도 정확히 알고 있지 않은 상태에서 상대방에게 이를 털어놓았다가 관계가 악화하거나, 심리적 고민과 문제를 이야기해서 오히려 자신의 고립 상태를 깊게 하는 것이 두렵기에 생기는 인식적 외로움의 회피가 이런 프로그램 확대의 배경에 있지 않을까 하는 점입니다.

　나를 이해하지 못하고, 내가 왜 이런 행동과 생각을 하고 있는지 스스로 납득하지 못하면서 우리는 나로부터 소외되는 외로움을 느낍니다. 나에게도 낯선 내가 내 안에 있다는 걸 알게 되면서 느끼는 외로움입니다. 이런 나로부터 소외되는 외로움을 벗어나는 길은 나를 정확히 이해하고 수용하는 것밖에 없습니다. 그래서 우리는 이런 심리 카운슬링 콘텐츠를 보면서 어떻게 하면 숨겨진 나를 발견할 수 있을지의 방법을 찾고 있는 건 아닐까요.

02
외로움이 심리학을 만날 때

내 안의 4가지 자아 영역

나로부터 소외되는 외로움을 회피하기 위해서 숨겨진, 잊힌, 혼란스러운 나와 마주하라고 이야기는 했지만 그게 말처럼 쉬운 것은 아닙니다. 지금 내가 알고 있는 '나'가 진정한 나일지도 모르고, 숨겨진 나라고 표현한 내면의 내가 어쩌면 허상의 '나'일 가능성도 있으니까요. 진정한 나를 알 수만 있다면, 타인이 아니라 나 스스로가 만들어내는 외로움의 고통에서 벗어날 수 있을 것 같아 혼자 열심히 '자기성찰'을 해보게 되곤 합니다.

아무리 혼자서 안을 들여다봐도 보이지 않으니 책도 찾아보고 전문가가 나오는 콘텐츠도 보게 되고 같은 문제로 어려움을 겪었던 유경험자에게 조언을 구하기도 하죠. 하지만 그렇다고 해도 좀처럼 내면의 나를 알아내기는 여간 어려운 게 아닙니다. 혹시 내면의 나를 찾아내는 것 자체가 불가능한 것은 아닐까요? 이렇게 내면의 나를 찾는 과정에서 좌절하며 내면의 소외라는 외로움에서 벗어나지 못하는 건 아닐까요?

재미있는 건 온전히 자기성찰을 통해서 자신을 이해하기는 어려운데, 간혹 다른 사람을 통해서 나도 모르는 나를 발견하게 될 때가 있다는 점입니다. 마치 <무엇이든 물어보살>을 보다 보니 내가 보이는 경우처럼 말이죠. 어떤 때는 전혀 생각지도 못한 '내'가 툭 하고 튀어나오는 경험을 할 때입니다. 평소에는 내성적이고 조용한 성격이라고 스스로 생각하고 있었는데 여행을 가서 일상을 벗어난 느낌이 드니 이런 외향적인 사람이었나 할 정도의 행동을 했던 경험처럼요. 도대체 내 안에는 얼마나 많은 내가 있길래 나를 찾는 것이 이다지도 어려운 걸까요?

혹시 '조해리의 창 Johari's window'이라는 심리학 용어를 들어 보셨나요? 조해리의 창은 개인이 각자 가지고 있는 자기 자신에 대한 인식과 대인관계의 역동성을 이해하기 위해, 미국의 심리학자 조셉 루프트 Joseph Luft와 해리 잉햄 Harry Ingham이 만든 심리학적 모델입니다. 조해리 Johari란 이름은 조셉 Joseph과 해리 Harry의 이름 앞글자를 결합한 것이죠. 이 모델은 우리의 마음을 4개의 영역으로 나누는 것으로 시작하는데, 각 영역은 개인과 타인의 인식을 비교한 결과로 탄생합니다. 그림을 보면 설명하기 쉬우니 그림을 먼저 볼까요.

조해리의 창의 4가지 자아 영역 모형

 조해리의 창은 우리 내면에는 각각 서로 다른 자아의 영역이 있다고 말하면서 '내가 알고 있나 모르고 있나, 타인이 알고 있나 모르고 있나'라는 인식의 관점에서 4개의 자아의 영역이 존재할 수 있다는 것을 보여 줍니다.
 우선 '열린 자아'는 나도 잘 알고 있고 다른 사람도 알고 있는 나를 말합니다. 모두에게 드러나 있는 자아라서 굳이 자기성찰까지 하지 않아도 충분히 파악할 수 있습니다. '감추어진 자아'는 나는 알고 있지만, 외부에는 숨기고 있어서 다른 사람은 알 수 없는 자아입니다. 감추어진 자아와는 반대로 다른 사람은 알고 있는데 나는 모르는 자아가 바로 '눈먼 자아'인데, 진지한 자기성찰이나 나를 알고 있는 타인의 도움이 없으면 스스로 파악하기 힘든 자아입니다. 마지막으로 나도 타인도 알지 못하는, 정말 꼭꼭 숨어 있는 자아가 '알 수 없는 자아'입니다. 알 수 없는 자아를 파악하는 것은 일상에서는 불가능하고, 심리학적 지식이나 스킬을 지닌 전문가의 도움이 필요하고, 전문가의 도움을 받아도 풀어내지 못하는, 어쩌면 우리가 죽을 때까지 영원히 알 수 없는 영역이기도 합니다.

조해리의 창에 담겨 있는 4가지 영역의 자아는, 아무리 우리가 노력한다 해도 결코 알아낼 수 없는 자신의 내면이 있을 수 있다는 것을 말해 줍니다. 다시 말해 온전히, 완벽히, 100% 나를 파악하여 진정한 나를 만난다는 건 어쩌면 이루어질 수 없는 헛된 희망일지도 모른다는 뜻입니다. 그럼 우리는 이렇게 스스로 파악할 수 없는 자아를 지니고 있으니, 내면으로부터 소외를 피할 수 없는 태생적인 외로움의 존재로 살아가야 할까요? 그럴 리가 없겠죠.

주의해야 할 점은 조해리의 창 모델의 경우, 자아의 영역을 말하는 것이지, 내 안에 자아가 4가지 존재한다는 것을 말하는 게 아니란 점입니다. 나의 자아는 하나인데 그 자아를 구성하는 영역이 4가지 있다는 말이죠. 따라서 자신과 타인의 인식이 달라짐에 따라 4가지 자아의 영역은 각각 크기가 변할 수 있습니다. 그러니까 위에서 제시한 이미지는 4가지 영역이 동일한 크기를 가진 모델형이라고 생각하면 됩니다. 실제로는 사람마다 모두 그 영역이 다르겠죠.

예를 들어 사기꾼의 성향을 지닌 사람은 아마도 나는 알지만 다른 사람은 모르는 '감추어진 자아'의 영역이 상대적으로 큰 사람일 겁니다. 반대로 항상 허허실실 속없는 사람처럼 보이는 사람은 '눈먼 자아'의 영역이 다른 사람보다 클 수 있죠. 이런 사람은 나중에 "너, 이러저러하잖아. 너 그런 거 몰랐어!"라고 말해 주면 "내가?!"하면서 그제야 자신에 대해 알았다는 듯 화들짝 놀라겠죠.

외롭다면 드러내고 수용하기

자, 그럼 외로움과 관련해서 조해리의 창을 들여다보면서 외로움과 관련해 어떤 이야기를 할 수 있을까요?

아마 나도 다른 사람도 모두 알고 있는 자아의 영역이 넓은 사람은 외로움을 겪고 있을 가능성이 작을 겁니다. 그 사람의 내면을 다른 사람도 많이 이해하고 있고, 자신도 내면의 나를 많이 알고 있으니 외부나 내부에서 소외되었다는 느낌을 지닐 가능성은 작습니다. 하지만 나는 알고 있는데 다른 사람은 모르고 있는 자아 영역이 큰 사람은 어떨까요. 아마도 큰 외로움에 직면할 가능성이 있습니다. 다른 사람이 자신을 이해해 주지 못한다며 서러움과 소외의 느낌으로 외로움의 고통을 경험하고 있겠죠. 나는 나를 잘 모르지만 그래도 다른 사람들이 나를 잘 알아주는 영역이 크다면 다행히 당분간 상황적 외로움을 피할

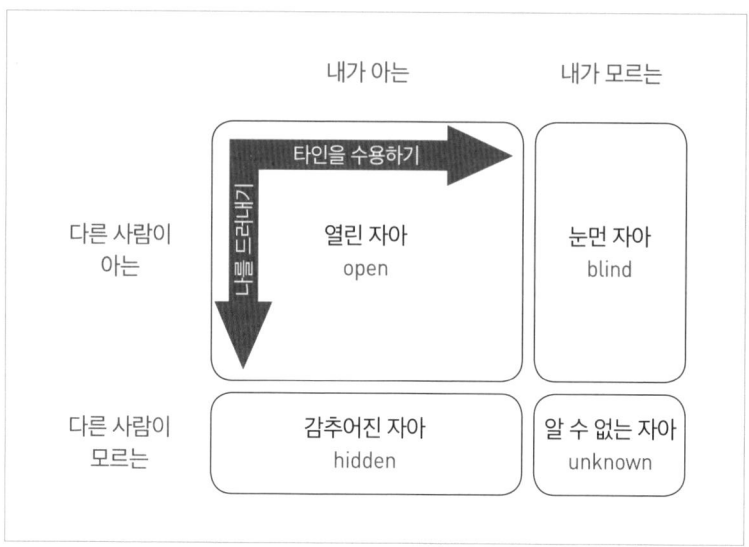

열린 자아 영역의 확장

수 있을지 모르지만, 결국 '난 누구지?'라는 내면으로부터의 외로움을 피할 수는 없습니다. 당연히 나도 타인도 모르는 영역이 가장 큰 내면을 가진 사람은 외로움이 문제가 아니라, 타인과의 관계뿐 아니라 나와의 관계에서도 심각한 문제를 지닌 사람일 수 있습니다. 그럼 외로움이라는 부정적 정서를 예방하거나 벗어나려면 어떻게 하면 될까요?

　가장 좋은 방법은 열린 자아의 영역을 확대하는 방법입니다. 열린 자아를 확대하기 위해서는 두 가지 방법이 필요합니다. 우선 다른 사람이 알고 있는 자아 영역을 확대하기 위해서는 자신을 가능하면 많이 그리고 자주 타인에게 보여주고 드러내야 하죠. 심리학에서는 타인에게 자신을 드러내고 보여주는 것을 '자기노출self-disclosure'이라고 부르는데, 자기노출이 원활하고 적극적으로 이루어질수록 감추어진 자아의 영역이 축소되면서 열린 자아의 영역이 넓어집니다. 당연히 다른 사람들은 나를 더 잘 이해할 수 있게 되니, '아, 왜 저들은 나를 이해하지 못하지'라는 외로움의 요건과는 거리가 있는 일상을 영위할 수 있겠죠.

외로움을 회피하기 위해 열린 자아 영역을 확대하는 또 하나의 방법은 다른 사람이 자신에 대해 해주는 이야기에 귀를 기울이고 수용하는 태도를 지니는 것입니다. 나는 알고 있지만 다른 사람은 모르고 있는 자신에 집착해서 누군가 '너는 이러이러한 성향이라서 이러이러한 생각이나 행동을 하는 거 같아'라고 말해 줬는데, '무슨 이상한 소리를 하는 거야! 나는 절대 그렇지 않다니까!'라며 닫힌 태도를 보인다면 눈먼 자아 영역은 그대로 유지가 될 뿐이겠죠. 물론 철저한 자기성찰을 통해 내가 모르는 영역의 자아를 발견할 수도 있겠지만, 일단 다른 사람의 말을 귀담아 받아들이고 '아 나도 그럴 수가 있겠구나' 하는 자세로 자신을 돌아본다면, 몰랐던 나를 발견할 수 있을 것입니다.

우리가 심리상담사를 만나 카운슬링을 받는 것은 바로 이런 두 가지 방법, 즉 드러내기와 수용하기를 활용하기 위해서입니다. 여러분이 외로움이 고민이라 카운슬링을 받으러 갔다고 한번 생각해 보죠. 먼저 심리상담사는 여러분의 평소 일상생활, 대인관계, 성장 과정 등 여러 가지 주제로 대화를 합니다. 여러분도 상담을 받으러 왔으니 비교적 숨기는 것 없이 대답하려고 하겠죠. 심리상담사는 조금 더 여러분의 심리를 파악하기 위해 어떤 경우에는 집이나 나무, 사람을 그리는 미술심리검사를 할 수도 있고, 설문지를 통해 경향성을 파악하기도 하고, 여러분이 만약 초등학생이라면 모래상자 기법을 이용해 마음을 드러내기 쉽도록 유도할 수 있습니다. 이런 건 모두가 여러분이 자신의 내면을 자연스럽게 드러낼 수 있도록 진행될 겁니다.

그리고 심리상담사에게 자신을 드러내는 시간이 잘 지나가면 심리상담사의 피드백을 수용하는 단계로 넘어갑니다. 심리상담사는 대화와 검사 등을 통해 여러분을 진단하고 파악한 다음, 여러분의 심리 성향과 상태와 관련해 이야기해 주고, 외로움을 회피하고 예방하고 극복하기 위해 어떤 마음을 가져야 할지 어떻게 행동해야 할지에 대한 조언을 합니다.

이런 심리상담을 거쳐 열린 자아 영역이 확대되는 과정은 <요즘 육아 금쪽같은 내 새끼>, <무엇이든 물어보살>에 나온 사연자가 거치는 과정과 같습니다. 우선 사연자는 다른 곳에서 하지 못했던 솔직한 모습과 속내를 출연자와 방송을 보는 시청자들에게 드러냅니다. "이 프로그램에 나온 것만으로 이미 고민의 절반은 해결된 거야."라고 상담자 역할을 하는 오은영 박사나 서장훈 씨가 이야기하는 이유는, 친구 한 사람에게 자신을 드러내는 것이 아니라 TV를 통해 많은 사람에게 자신을 드러내는 것을 사연자가 선택했기 때문입니다. 열린 자아 영역을 확대하는 가장 인상적인 방법이 바로 전 국민을 대상으로 자신을 드러내는 것이니까요.

　　드러내기가 끝나면 출연자들은 사연자와 함께 영상을 보거나 대화를 나누고 나서 조언을 해줍니다. 이때 가끔 자신의 의견과 맞지 않아 조언을 거부하는 사연자가 있기도 하죠. 그러면 오은영 박사나 서장훈 씨는 화를 내기도 하고 타이르기도 하면서 가능하면 사연자가 타인의 의견을 수용하는 자세를 갖도록 유도합니다. 여기서 중요한 건 오은영 박사나 서장훈 씨의 조언을 수용하느냐 아니냐가 아니라, 수용하는 태도를 보이느냐 아니냐입니다. 오은영 박사나 서장훈 씨가 무서워서 그 순간에만 조언을 받아들이는 태도를 보인다면 '수용하기'를 통해 열린 자아 영역을 확대하는 것은 불가능하기 때문이죠.

　　일반인인 우리는 신비주의를 고수하는 연예인이 아닙니다. 다른 사람이 모르는 '감추어진 자아'의 영역을 마케팅으로 활용하는 사람들이 아닙니다. 내가 누군지 제대로 이해하지 못하고 살아가는 '눈먼 자아'의 영역에 매몰된 삶을 살아서는 안 되는 사람들입니다. 우리는 다른 사람과 소통하고 관계를 맺으면서, 그 안에서 나에 대해 이해하고 내면을 보듬고, 외로움으로부터 자유롭기를 원하는 일상을 살고 싶어 합니다. 열린 자아의 영역을 넓히기 위해 여러분은 오늘 어떤 노력을 했을지, 책장에 꽂힌 누군가로부터의 조언에 귀를 기울이거나, 자신에게 들려주는 짧은 오늘의 일기를 끄적여 보면 어떨까요? 나의 외로움을 토닥이는 가장 좋은 손길은 타인의 손길보다는 나의 내면으로 향하는 나의 손길일 테니까요.

이야기의 공감이 외로움을 토닥이다

심리학 이야기를 하다 보면 학문적인 트레이닝을 받은 심리학 전공자와 그렇지 않은 비전공자 또는 일반인들 사이에 심리학을 받아들이는 태도가 다르다는 걸 가끔 느끼게 됩니다. MBTI와 같은 대중심리학을 쉽게 받아들이는 사회 현상에 대해 전문가들은 비판적 눈으로 바라보는 것도 사실이고요. 하지만 심리학이라는 학문 분야는 굉장히 넓은 분야와 연관성을 가지고 있고, 상당히 과학적인 접근 방식을 사용하기 때문에 비전공자나 일반인들은 이해하기도 어렵고, 체계적으로 공부하기에도 머뭇거리게 되는 면이 있습니다.

이런 점에서 분명히 대중심리학은 앞서도 말했지만 나름대로 사회적 기능을 하고 있습니다. 타인과 자신의 심리와 인간관계를 이해하고 싶은 인간의 본원적 욕구를 해소해 준다는 기능입니다.

외로움은 국가적 차원, 사회적 차원에서는 분명히 커다란 문제입니다. 하지만 우리가 이 책에서 말하고 있는 외로움은 그보다는 작은 차원의, 그러니까 개인이 일상에서 경험하는 부정적 정서입니다. 일상의 작은 외로움들이 쌓이고 쌓이면 풀어내기 어려운 개인의 심리적, 정신적, 신체적 문제로 전환되면서 돌이킬 수 없는 상황이 되어 버릴 수 있습니다. 그래서 일상적인 소비를 통해 우리는 외로움을 예방하고, 희석하고, 해소하려 하는 거고요.

일상적인 소비는 무거워서는 안 됩니다. 가벼우면 가벼울수록 좋죠. 나와 타인의 심리와 관계를 개선하려는 심리학적 소비도 마찬가지입니다. 너무 진지하고, 너무 학문적이고, 너무 시간이 많이 소요되는 '심리학 소비'라면 일상에서 쉽게 접하기도 어렵고, 생각날 때 가볍게 구입할 수도 없겠죠.

인터넷에 있는 무료 MBTI 검사이든, 『곰돌이 푸, 행복한 일은 매일 있어』와 같은 에세이 서적이든, <무엇이든 물어보살>과 같은 예능 프로그램이든 모두 마음과 관련된 이야기를 해주지만, 그 이야기는 무겁지도 않고 너무 진지하지도 않고 또 너무 학술적이지도 않습니다. 그래서 쉽게 받아들일 수 있죠. 물론 과학적 또는 학문적인 관점에서 보면 잘못된 내용이 있을 수도 있습니다. 하지만 지금이 어떤 사회인가요. 바로 소비사회입니다. 소비사회에서 소비자는 자신의 욕구와 문제를 간편하고 빠른 소비행위를 통해 해결하고자 합니다.

'항상 건강하게 지내고 싶다'라는 욕구 충족을 위해 힘들지만 올바르고 철저한 식습관 유지와 운동하기, 그리고 전문적이고 의학적인 지원이 필요하겠지만, 우리는 모든 건강 문제를 해결해 줄 것처럼 광고하는 건강기능 식품과 비타민을 사서 식탁에 올려 두고는 매일 먹으면서 일상의 건강을 간단하게 유지하는 방식, 즉 소비를 통한 건강관리를 선택하곤 하죠.

MBTI나 TV의 심리 카운슬링 프로그램은 가벼운 외로움 관련 상품과 비슷합니다. 소파에 편안히 앉아서 클릭 몇 번으로, 또는 리모콘 조작 몇 번으로 소비할 수 있는 상품입니다. 이해하기도 쉬워서 정신적, 심리적 에너지의 소모도 거의 요구되지 않습니다. 외롭다면, 그래서 타인과 자신의 내면을 이해하고 확인하고 싶다면, 잘 풀리지 않는 인간관계에 대한 힌트를 얻고 싶다면 이것만으로도 우리는 많은 도움을 받을 수 있습니다. 그냥 외로움을 내버려 두고 돌보지 않는 것보다는, 이런 소비를 통해 외로움의 근원이 되는 타인과 나에 다가가려는 행위를 한다는 것 자체가 중요합니다.

게다가 MBTI와 같은 대중심리학과 심리 카운슬링 프로그램은 타인과 소통하고 공감할 수 있는 기회를 만들어 줍니다. 서로의 MBTI 유형을 확인하고, 자신의 MBTI와 관련된 재미있는 에피소드들을 나누고, 각자의 MBTI 유형이 지닌 단점을 소재로 유머를 주고받으면서 공감이 확대됩니다. MBTI 전성시대인 지금은 만나서 무슨 이야기를 나누면 좋을까 고민할 필요가 없습니다. MBTI 이야기를 꺼내는 순간, 관련해서 나눌 수 있는 이야기들은 무궁무진하니까요.

심리 카운슬링 프로그램도 마찬가지입니다. '어제 그거 봤어? 거기 나온 사연자, 정말 대단하더라'라며 이야기를 나누게 되면, 사연과 관련된 자신의 이야기도 하게 되고, 알게 모르게 다른 사람의 심리와 정신에 대한 자기 나름의 해석도 곁들이게 됩니다. 재미있는 건, 인간은 이렇게 대화를 나누다 보면 자신에 대해 정리하고 돌아보게 된다는 거죠. 흔히들 어떤 문제로 고민에 빠졌을 때, 친구들을 만나 가볍게 대화를 나누다 보면 어지러웠던 생각도 정리되고 무엇이 문제인지 어떻게 하면 문제를 해결할 수 있을지 머리가 맑아진다고 하는데, 바로 이런 원리입니다.

게다가 프로그램 사연을 주제로 대화를 나누다 보면 그 공간이 바로 공감의 공간으로 바뀝니다. 거실 소파에 앉아 가족들과 또는 카페나 술집의 한구석에서 친구들과 사연자의 아픔에 공감하기도 하고, 누군가 '나는 그 사람이 이런 점이 잘못되었다고 생각해', '그럴 땐 이렇게 해야 했던 거 아니겠어'라는 말을 하면 맞장구를 치면서 서로 공감대를 형성하기도 하죠. 공감은 외로움 벌레가 가장 싫어하는 살충제입니다. 공감은 일상의 외로움을 밀어내고, 다가오지 못하게 방어막을 쳐줍니다.

일상의 작은 외로움들이 켜켜이 쌓여 묶은 먼지가 되지 않도록 외로운 마음을 토닥이는 건 심오하고 전문적인 심리학이 아닙니다. 가볍게 소비될 수 있는, 그리고 그냥 지나쳐도 좋을 수 있을 만큼 작은, 아프고 외로운 누군가의 마음 이야기가 우리를 토닥여줄 수 있습니다. '공감'이라는 손길로 말이죠.

우린 모두 능력 있는 상식심리학자!

심리학 용어 중에 '상식심리학 Naïve Psychology'이라고 있습니다. 심리학을 전공한 사람도 심리학 개론 강의 시간에 열심히 교수님 말씀을 듣지 않았다면 모르는 용어이고, 시중의 심리학 교재에도 이 용어가 담겨 있는 경우는 거의 없습니다. 당연히 심리학 비전공자들이 이 용어를 알고 있다면 그게 오히려 이상한 거겠죠.

'Naive'를 사전에서 찾아보면 '순진한, 천진난만한, 때 묻지 않은, 소박한' 같은 뜻이라고 합니다. 그러니 직역하면 Naive Psychology는 '순진한 심리학, 순수한 심리학'이라고 할 수 있겠지만, 인터넷에서 검색하면 우리말로 '상식심리학'이라고 번역이 되어 있습니다. 상식심리학은 사람들이 다른 사람과 자신의 마음과 행동을 설명하고 이해하려고 할 때 활용하는, 나름의 이론과 원칙에 대한 심리학을 말합니다. 그런데 왜 '상식'이라는 이름이 붙었나 하면, '세상을 살아가는 상식적인 개인들은 각자 이런 설명과 이해의 원칙을 지닌 어찌 보면 전문적이지는 않지만 순수하고 상식적인 심리학자Naive Psychologist와 같다'라는 개념을 오스트리아 출신 심리학자 프리츠 하이더Fritz Heider가 제시했기 때문입니다. 그러니까 심리학을 전공한 사람만이 심리학자가 아니라, 우리는 모두 타인과 자신의 마음과 행동을 이해하고 설명하는 나름의 원칙이나 이론을 가지고 있다고 보는 거죠.

예를 들어, 대학 동창 중에 대화를 나누다 보면 자신이 얼마나 뛰어나고 멋있는지를 자주 들먹이는 친구가 있습니다. 혹시 저렇게 말하는 게 자신이 친구들 사이에서 리더십을 발휘하기 위해, 다시 말해 한자리 차지하기 위해서 그러는 건지 의심도 해보았지만 그런 거 같지는 않네요. 중고등학교 시절에도 그랬다고 하니까요. 그래서 이렇게 생각할 수밖에 없을 것 같습니다. 저 친구는 '자기를 과시하는 성격의 소유자인 것 같다'고 말이죠.

자, 어떤가요? 전문적인 심리학 지식이나 정보가 없더라도 우리는 이런 식으로 이 잘난 척하는 친구를 이해하지 않을까요? 친구의 행동은 결국 그의 기질이나 성향에 있다고 말입니다. 바로 이렇게 우리는 심리학을 전문적으로 공부하지 않았어도 인생의 경험을 통해 타인과 자신을 파악하는 '상식적인 심리학자'인 셈입니다.

상식심리학은 학문적 분야로 인지도를 얻었다기보다는, 위에서 말한 것처럼 '그럼 상식적 심리학자인 일반인들이 가지고 있는 원리나 논리는 무엇인가'와 관련된 이론을 중심으로 알려져 있습니다. 그중 그래도 가장 유명한 것이 귀인이론attribution theory이죠.

'귀인'은 '원인의 귀착'을 줄인 말인데, 타인 혹은 자신의 행동이나 심리변화의 원인으로 어떤 요인을 생각하고 있는가, 또는 행동이나 심리변화의 원인을 어떻게 설명하는가를 다룹니다. 예를 들어 카페 직원이 컵을 떨어뜨려 깨뜨리는 모습을 보았다고 합시다. 어떤 사람은 자리에 앉은 손님의 발에 걸려 일이 벌어졌다고 생각하고, 어떤 사람은 직원이 워낙 덜렁대고 조심성이 없어서 사고를 쳤다고 생각하고, 어떤 사람은 커피가 너무 뜨거워서 컵이 자연스럽게 깨졌다고, 어떤 사람은 컵이 미끄러운 소재라서 미끄러진 거라는 식으로 원인을 생각할 수 있을 겁니다. 컵이 깨진 상황은 똑같지만, 그걸 본 사람들은 나름의 경험과 원칙에 따라 원인을 찾아내겠죠.

귀인이론에서는 각자 원인을 찾는 방식은 다르겠지만, 인간은 몇 가지의 공통적 방식(원칙)을 기반으로 원인을 찾는다고 말합니다. 우선 '외적(외부) 요인이나 환경적 요인'으로 돌리느냐, '내적(내부) 요인 또는 기질적 요인'으로 돌리느냐로 나뉩니다. 만일 여러분이 카페 직원이라면 아마도 '손님의 발에 걸려서(타인의 존재)' 또는 '컵이 너무 미끄러워서(소재)'라는 외부의 요인에서 원인을 찾겠죠. '내가 덜렁대거나 조심성 없는 성격이라서'라고 내부로 원인을 돌리면 상처를 받기 때문입니다.

하지만 반대로 이번 기말고사에서 좋은 성적을 올리면 '선생님이 잘 가르쳐 주셔서', '교재가 좋아서'와 같이 외부 요인의 덕이라고 생각하지 않고, '내가 똑똑해서'라든지 '정말 내가 열심히 공부해서'와 같이 자신의 내부 요인 덕이라고 여깁니다. 귀인이론은 바로 사람들이 원인을 찾아내는 데에는 분명히 뭔가 경향성이 있다고 생각하고, 이를 이론화시킨 결과물입니다.

외로움과 관련해서 상식심리학과 귀인이론을 이야기하는 이유는 우리는 모두 심리학자라는 말을 하고 싶어서입니다. 심리학의 석박사 학위를 가지고 있어서 심리학자가 아니라, 정말 상식적이고 소박한 심리학자 말입니다. 그래서 오은영 박사만이 아니라, 서장훈 씨의 이야기에 상식적 심리학자로서 감탄하는 거죠. 서장훈 씨도 훌륭한 상식심리학자이고 그걸 듣고 있는 우리도 상식심리학자이니, 서장훈 씨의 이야기에 공감이 되는 거니까요.

물론 상식심리학은 오류도 많이 존재합니다. 과학적으로 철저히 검증되고 정립된 이론이라고 하기에는 부족한 부분도 있을지 모르죠. 하지만 심리학 교재 속에 있는 상식심리학 이론이 아니라 현실을 살아가는 우리 안에는 각자의 상식심리학과 상식심리학의 이론이 있습니다. 마치 모두가 각자의 개똥철학을 가지고 인생을 살아가는 것처럼 말이죠. 때로는 내가 가진 상식적 심리 이론이 잘 맞지 않거나, 잘못 적용되어 낭패를 보기도 하겠지만, 그런 경험과 과정을 거치면서 우리는 조금 더 괜찮은 상식심리학자가 되어 가는 거겠죠.

외로움과 관련해서 다른 사람의 조언을 들어야 하는 이유는 그가 상식심리학자이기 때문입니다. 내가 외로운 나의 내면을 잘 들여다보고 이해해야 하는 이유는 나도 상식심리학자이기 때문입니다. 학문적 심리학은 잘 모른다고 나와 타인의 외로움을 해석하고 설명하지 못하는 건 아닙니다.

외로움은 관계와 이해의 문제입니다. 타인과의 관계, 나와의 관계, 그리고 타인에 대한 이해, 나에 대한 이해가 적절하지 못해서 발생하는 부정적 정서의 문제이죠. 그래서 우리는 심리학에 SOS 구조 신호를 보냅니다. 심리학이 나의 구조 신호에 응해 준다면 너무나 감사한 일입니다. 그런데 구조 신호를 보내기 전에 우리도 갖춰야 할 것이 있습니다. 구조의 손길을 잘 발견하고, 그 손길을 적극적으로 받아들여야 하는 눈과 마음의 준비 자세입니다.

일상의 외로움을 다독이는 손길은 어디서 올지 모릅니다. 심리에세이를 쓰는 작가의 손길일 수도, 오은영 박사의 손길일 수도 있고,

서장훈 씨나 이수근 씨의 조언의 손길일 수도 있습니다. 그 손길은 운전하며 듣고 있는 FM 라디오 프로그램 진행자의 따뜻하고 뭉클한 멘트 속에, 스치듯 지나가는 영화 속 캐릭터의 대사 속에, 스마트폰 플레이 리스트에 담긴 노래 속에, 오랜만에 방문한 미술 전시회의 캔버스 속에서 발견할 수도 있습니다. 그 손길의 힌트는 MBTI 검사결과에, 커피를 함께 마시는 친구의 눈에, 신문 구석의 기사에, 광고판 문구에, 인터넷의 유머 코너에 숨어 있을 수도 있죠.

이런 손길과 힌트는 그것이 학문적 심리학이든, 대중심리학이든, 상식심리학이든 상관없습니다. 중요한 건 외로운 일상을 다독이는 힘이 있고, 그걸 받아들이는 마음이 있으면 되니까요. 모든 심리학을 뛰어넘는 슈퍼 심리학이 외로움을 토닥여 줄 거라는 믿음이 있다면, 일상은 변하기 시작할 겁니다.

외로움을 소비하는 사회

PART 5

소비사회, 토탈 외로움 케어 시대를 꿈꾸다

The Loneliness-Consuming Society

INTRO

일본에서 함께 공부를 마친 유학 동기가 2000년도에 귀국해서 처음 들어간 회사는 보험회사였습니다. 기획실에서 근무하던 그가 처음 맡은 업무는 회사의 기존 비전과 미션 등을 새롭게 설정하고, 이를 기반으로 어떤 상품을 소비자에게 제공할 것인가를 기획하는 것이었죠. 상품개발팀, 영업팀, 홍보팀 등 관련 부서원들과 거듭되는 회의와 토론을 거쳐 '토탈 라이프케어total lifecare를 제공하는 금융기관'이라는 콘셉트를 도출했다고 합니다.

자녀의 임신, 출산, 초중고뿐만 아니라 대학교 입학, 결혼은 물론 보험 계약자의 결혼, 출산, 그리고 노후 준비의 생애 전 과정에 걸쳐 예상되는 어려움을 극복하고 행복한 인생을 영위할 수 있도록, 자산관리와 같은 경제적 지원에다 사회적 지원도 포함한 상품과 서비스를 제공하는 금융기관을 목표로 한다는 내용이었습니다.

지금은 금융기관이나 상조회사를 포함해 많은 기업이 토털 라이프케어를 기업 목표로 내세우고 있어 그리 특별할 것도 없는 콘셉트가 되었지만, 2000년도만 해도 굉장히 신선하고 매력적이어서 내부에서도 좋은 평가를 받았다고 하네요.

사실 소비사회가 추구하는 목표가 바로 이런 토탈 라이프케어입니다. 인간이 평생을 살면서 겪게 되는 모든 문제, 모든 어려움, 모든 고민을 시장에서 제공하는 상품과 서비스로 해결하게 해주고, 이를 통해 소비자에게 만족감과 행복감을 느끼도록 해주는 것이 바로 소비사회이니까요. 그래서 소비사회는 현재 사회구성원이 어떤 부분에서 어려움을 겪고 있는가를 끊임없이 살피고 있고, 우리가 함께 이야기하고 있는 외로움도 그중 하나입니다.

지금 이 시대를 살아가는 우리에게 외로움은 가장 큰 사회적 문제는 아닐지 몰라도 분명히 해결해야 하는 문제입니다. 그래서 소비사회는 팔을 걷고 나서서 어떻게 하면 소비자의 외로움을 케어할지를 고민하기 시작했습니다. 상황적 외로움에 대처하기 위해 어떻게 하면 혼자인 상황을 만들지 않을까를 고민하고 이를 해결할 수 있는 상품과 서비스를 제공하기도 하고, 인식적 외로움에 대처하기 위해 심리 카운슬링 콘텐츠와 같은 상품과 서비스는 물론, 외로움을 잠시라도 잊을 수 있도록 영화, 음악, 만화, 애니메이션, 드라마, 소설 등의 다양한 콘텐츠를 제공하기도 하고, 비일상으로 떠날 수 있는 쇼핑 공간을 마련해 주기도 하죠.

그리고 아직은 사회에서 크게 주목받지 못하는 상품과 서비스의 수준이지만 점차 그 종류도 다양해지고 있고 소비 영역도 확대되고 있죠. 마케팅 분야에서는 '싱글 마케팅', '솔로 마케팅solo marketing'이란 용어가 사용된 지도 10년이 넘었습니다. 사회인구 구조의 변화로 인해 늘어난 1인 가구나 싱글족을 위해 가족 중심의 소비자를 대상으로 하는 마케팅뿐만 아니라 혼자 생활하는 사람들을 위한 마케팅이 주목을 받으면서 나타난 용어입니다. 최근에는 솔로 이코노미solo economy라며 다소 거창한 표현까지 사용되고 있죠.

이렇게 1인 소비자를 대상으로 하는 비즈니스가 활성화되고 있는 배경에는 소비의 단위를 바라보는 관점이 '가족'에서 '개인'으로 전환되었기 때문이기도 하겠지만, 아직은 사회 시스템이 여전히 '가족'을 기본단위로 운영되고 있기 때문이기도 합니다. 이미 사회는 빠르게 변화하고 있지만, 사회가 운영되는 시스템의 원리는 변화에 맞추지 못하고 있는 일종의 '지체lag'가 우리 사회에 존재하고, 이 둘 간의 간극을 메우기 위해 소비사회가 움직이고 있다는 증거이기도 합니다.

이런 간극은 우선 1인 가구가 대두되기 이전 시대에서는 고려되지 않았던 혼자 사는 사람이 감수해야 하는 미래의 불안에 대한 대비가 아직은 사회적으로 정비되지 않았다는 점이죠. 예를 들어 이전에는 노후의 경제적, 사회적 지원을 가족에게 의지할 수 있었지만, 이제는 혼자 사는 사람은 이를 기대할 수 없으니 미래에 대한 불안이 가중될 수밖에 없습니다. 하지만 아직 사회 제도 등은 이를 뒷받침해 주지 못하는 실정이죠.

기업이 제공하는 상품과 서비스가 메워야 하는 간극도 여전히 존재합니다. 최근 조사에 따르면 홀로 소비자의 연평균 소비금액이 2인 이상 가족의 1인당 연평균 소비금액보다 높다는 결과도 기사로 접할 수 있긴 하지만, 당연히 가족 전체 인원을 합하면 소비금액은 가족 단위 소비자가 높을 수밖에 없죠. 그래서 대량생산, 대량소비를 기반으로 하는 소비사회에서는 단위가 큰 소비에 관심이 더 많을 수밖에 없고, 점차 혼자 생활하는 소비자 대상의 상품과 서비스가 늘어나고는 있지만 그렇다고 해서 기업이 더 큰 소비 규모를 지닌 가족 소비자를 중심으로 하는 비즈니스에서 완전히 벗어나기는 어렵습니다. 물론 혼자 홀로 소비자 대상 상품과 서비스 시장은 새로운 시장으로서는 매력적이니 향후 확대될 가능성은 매우 크지만요.

그래서 국가, 지자체, 기업은 아직은 사회인구 구성상 우위를 차지하고 있는 가족 단위의 소비자, 생활자 기반의 비즈니스를 조정해 가면서, 조금씩 홀로 생활자, 홀로 소비자를 위한 준비도 해나가고 있습니다. 사회구성원이 느끼는 외로움의 정서는 사회적 안정에도 악영향을 끼치고, 소비심리에도 긍정적인 효과를 발휘할 리가 없으니까요. 그래서 소비사회는 꿈꾸고 있죠. 소비자가 홀로인가 아닌가와는 상관없이, 어떻게 하면 사회구성원이 외로움의 정서로 고통을 겪지 않도록 할 것인가, 그리고 사회 변화와 시스템 간의 간극을 어떻게 하면 빠르게 메꿀 수 있을까를 말입니다.

01

식생활과 건강의 셀프케어가
대세다

혼자라서 대충 때우는 혼밥을 넘어서

한국 드라마와 영화를 좋아하는 미국 유학생을 만나서 이야기를 나누다가 재미있는 말을 들었습니다.

> "영화나 드라마를 보다 보면 가족들이 함께 둘러앉아 먹는 장면이 참 많이 나오는 거 같아요. 회사에서 일하다가 식사 시간이 되면 같이 먹는 모습도 많이 나오고…. 인사할 때도 '식사하셨어요?'나 '밥 먹었어요?'라고 하는 것도 재미있어요."

뭐 식사를 하는 장면은 해외 드라마나 영화에도 등장하니 특별히 우리나라만의 특징이라고 하기에는 어렵겠죠. '한국인은 밥심'이란 말이 있을 정도니 조금 더 우리나라 콘텐츠에 자주 등장할지는 모르겠지만요.

하지만 이 유학생이 이상하게 여기는 건 '식사를 하는 장면이 많다'가 아니라 '누군가와 함께 먹는 식사 장면이 많다'라는 점입니다. 그러고 보니 '밥은 여럿이서 함께 먹는 게 맛있다'고들 하는데 한국인의 DNA에는 '함께 먹는 맛있는 밥'이 깃들어 있는 건 아닐까요? 그러다 보니 혼자 밥을 먹는 혼밥이 익숙해진 시대이긴 하지만, 여전히 혼자보다는 여럿이 식사를 하는 것을 더 선호하는 경향이 있습니다. 한때 혼자 밥을 먹는다고 하면 "아니 왜, 혼자 밥을 먹어. 같이 먹을 사람이 없나?"하는 말이나, 어르신들로부터 "청승맞다."라는 말을 듣던 때도 있었죠.

그럼 혼밥을 하는 사람은 얼마나 많을까요? '2023년 국민 사회적 연결성 실태조사'를 보면 혼자서 얼마나 자주 식사하느냐는 질문에, '일주일에 2~3번 정도'가 26.2%, '거의 매일 혼자 식사한다'가 20.1%, '일주일에 4~5번 정도'가 17.5%의 순으로 역시 혼밥을 하는 사람의 비율이 크게 높아졌음을 알 수 있습니다.

혼밥을 하는 것이 건강에는 어떤 영향이 있을까요? 중앙보훈병원 가정의학과 연구팀이 2019년 국민건강영양조사에 참여한 20세 이상 성인 5302명을 대상으로 식사 실태를 분석한 결과를 2023년 대한가정의학회지에 '1인 식사 행태에 따른 식이섭취 양상분석:제8기 국민건강영양조사를 바탕으로'란 논문으로 발표했는데, 혼밥을 하는 사람은 가공식품이나 즉석식품 중심의 식단으로 인해 고혈압, 당뇨병 등의 유병률도 비교적 높고, 대사증후군 발생 위험이 높다고 하네요.

하지만 건강에 좋지 않다고 해서 혼밥이 줄어들 것 같지는 않습니다. 주변에서 이제는 쉽게 혼밥을 하는 사람을 볼 수도 있고요. 이렇게 혼밥이 증가한 사회적 배경으로는 우선 1인 가구와 고령자의 증가를 꼽을 수 있습니다. KB경영연구소의 '2024 한국 1인 가구 보고서'에 따르면 2023년 기준 국내 1인 가구는 783만 가구로 전체 가구의 35.5%를 차지하고 있고 이는 전통적 가족형태인 4인 이상 가구(370만 가구)의 2배 정도 수준이라고 합니다. 그리고 이들 1인 가구는 하루 평균 1.8끼를 먹는데, 혼밥 비율은 2020년 65.2%에서 2024년에는 67.8%로 증가했습니다. 아무래도 1인 가구는 집에서 혼자 밥을 먹을 수밖에 없으니 끼니 수도 줄고, 자연스럽게 혼밥을 하게 되겠죠. 독거 고령자가 늘어나는 것도 영향을 미쳤으리라 생각됩니다.

여럿이서 함께 하는 식사에 대한 인식 변화도 혼밥이 늘어나는 이유로 꼽을 수 있습니다. 회사 동료들과 점심을 먹으러 가게 되면 메뉴 선택부터 음식값 계산까지, 혼자 식사할 때보다는 역시 번거롭기도 하고 불편한 점이 있을 수밖에 없습니다. 비교적 다른 세대에 비해 생각과 행동의 자유도가 높은 20~30대 젊은 세대는 특히 더욱 그런 불편함을 느끼고 있으니 회사에서도 이전처럼 '함께 하는 점심'이나 '저녁 회식'이란 문화의 색이 점차 옅어지고 있죠.

하지만 무엇보다도 혼밥을 바라보는 사회의 시선이 '외롭고 쓸쓸한 외톨이의 식사'에서 '자신이 좋아하는 음식을 자유롭게 즐기는 사람의 식사'로 바뀌었다는 점이 아마도 혼밥의 확대에 가장 큰 영향을 미치지 않았을까 합니다.

우선 혼밥을 하게 되면 메뉴의 선택부터 먹는 속도의 조절까지 개인이 결정할 수 있으니 여럿이 하는 경우보다는 단시간에 식사를 끝낼 수 있는데, 시간을 중시하는 경쟁사회에서는 되도록 식사에 소요되는 불필요한 시간을 줄여 이를 자기계발이나 재테크 등에 활용하는 것이 더 효율적으로 시간을 활용한다는 인식이 확대되었죠. 특히 최근에는 AI를 비롯해 모든 사회적 기술의 변화가 빠르게 이루어지고 있는 상황에서, 개인은 변화하는 기술과 사회에 적응하고 경쟁에서 앞서가기 위해서는 자투리 시간까지 활용하려는 사람이 늘었습니다.

실제로 국내 여론조사 회사인 엠브레인EMBRAIN의 '2023 직장인 점심식사 관련 인식 조사' 결과를 보면 직장인 76.6%가 점심시간을 '휴식시간'으로 생각하고, 33.0%는 '감정노동을 피하는 시간'이라고 여긴다는 결과가 있습니다. 이에 반해 '사람들과 친분을 쌓을 수 있는 시간'이라고 생각하는 사람은 22.7%에 그쳤네요. 이에 따라서 혼밥을 하는 직장인 비율도 2020년에 31.8%에서 2022년에는 42.6%로 증가했고, 점심을 동료들과 함께 먹어야 한다는 생각도 20.3%에 머물렀습니다.

그래서 그런지 가끔 SNS나 인터넷 영상을 보다 보면 '혼밥러의 성지'라면서 맛집을 소개하는 경우를 볼 수 있습니다. 사실 많은 맛집은 혼밥을 하는 사람, 즉 소위 '혼밥러'를 반기지 않습니다. 일단 보통 많은 음식점이 4인 좌석 테이블이 기본으로 매장이 구성되어 있는데, 혼밥러는 혼자 4인 좌석을 차지하니 테이블당 매출이 떨어질 수밖에 없겠죠. 그래서 유명 맛집 중 일부는 아예 혼자 오는 손님도 2인분을 시키도록 메뉴에 제한을 두기도 합니다. 배달앱을 써서 음식 주문을 할 때 '2인분 이상'이나 '일정 금액 이상'이라는 조건을 다는 경우와 같습니다. 혼밥러 성지의 맛집은 이런 제한을 두지 않고 편하게 혼밥을 할 수 있도록 편의를 제공하는 곳을 말합니다. 인터넷에서 '혼밥러 성지'를 검색하면 돼지국밥집, 매일 메뉴가 바뀌는 도시락 음식집, 소고기 화로구이집, 소바집, 훠궈집, 한식 뷔페집, 라멘집 등 아주 다양한 장르의 음식점이 소개되고 있죠.

그런데 최근에는 혼밥러를 위해 호텔도 변화하고 있습니다. 서울 유명 호텔의 스테이크 전문점이나 일식 전문점 중에는 혼밥러들을 위해 대형 바 좌석을 마련해서, 셰프의 요리 과정을 지켜보면서 혼밥을 즐길 수 있도록 하고 있습니다. 이 매장의 이용 후기를 보면 '맛있어요!'도 많지만 '혼밥을 하기 좋아요!'라는 후기도 많습니다. 비교적 여유 있는 분위기와 맛을 지향하는 의미에서 호텔에서는 혼밥을 '솔로 다이닝 solo dining', 혼밥러는 '솔로 다이너 solo diner'라고 부르네요. 호텔 입점 전문점과 유사하게, 미슐랭 1스타 파인 다이닝 fine dining 음식점들도 바 좌석을 마련해서 혼밥러들에게 호응을 얻고 있다고 합니다.

파인 다이닝 음식점들이 바 좌석을 마련하는 이유는 앞서 말한 대로 일단 4인 좌석 테이블이 혼밥러를 불편하게 만들기 때문이죠. 우리 사회는 아직은 '밥은 여럿이' 먹는 문화가 대세이고, 4인 테이블에는 2인이나 1인도 앉을 수 있으니 4인 테이블이 적절할 수 있지만, 혼밥러 입장에서는 넓은 좌석을 혼자 차지하고 있으니 아무래도 눈치가 보입니다. 맛집이라서 대기 손님이 많을 때에는 합석하기도 하지만, 그래도 혼자 마음 편하게 식사를 하는 환경은 되기 어려울 수 있죠.

이에 비해 바 좌석이 많은 음식점은 테이블 맞은편에 다른 손님이 앉을 일이 없고, 옆 좌석의 사람과도 충분히 공간이 떨어져 있어서 나만의 공간을 확보하기 쉽습니다. 게다가 내가 먹는 것을 다른 사람이 쳐다보는 것도 피할 수 있고, 바로 눈앞에서 요리하는 셰프에게 곧바로 주문도 할 수 있고 자신이 원한다면 대화도 할 수 있는 장점이 있죠. 지금은 혼밥러를 위해서 바 좌석이 요리하는 공간 주변뿐만 아니라, 벽을 따라 설치된 음식점도 흔히 볼 수 있죠. 특히 패스트푸드점이나 카페에도 이런 바 좌석이 늘어나고 있습니다.

이렇게 그동안 혼밥러들을 더욱 외롭게 만들었던 음식점의 공간도 점차 혼밥 친화적으로 바뀌고 있고, 그동안 '2인 이상 주문 가능'이라고 되어 있는 국물류 메뉴들도 조금씩 혼밥러를 배려하여 '1인 주문 가능'으로 바뀌고 있으니 음식을 즐기면서 식사를 할 수 있는 사회 환경이 확대될 것 같습니다.

혼밥 요리는 싫지만, 델리 음식은 먹고 싶어

외식으로 혼밥을 하기도 하겠지만, 사실 혼밥은 집에서 하는 경우가 많습니다. 1인 가구는 당연히 집에서의 혼밥이 일상적이겠지만, 가족이라고 해도 식사 시간을 딱 맞춰 여럿이 먹지 않고 혼밥을 하는 경우도 있죠. 외식 혼밥의 증가에 따라서 음식점들은 메뉴와 좌석 등을 혼밥러에게 맞춰 조정하고 있는데, 그럼 집에서의 혼밥은 어떨까요?

KB경영연구소의 '2024 한국 1인 가구 보고서'에서는 혼자 밥을 먹을 때 '직접 밥을 해서'라는 응답이 60.4%로 가장 높았고, '음식을 배달해서'가 31.6%, '인스턴트 음식이나 밀키트를 이용해서'(23.3%)의 순이었습니다. 음식점을 방문하거나(14.0%), 직장 또는 학교 식당에서(14.9%) 혼밥을 하는 경우보다는 압도적으로 집에서 밥을 먹는 경우가 높다는 걸 알 수 있습니다.

집에서 혼자 밥을 먹는 장면을 떠올릴 때 얼마 전까지만 해도 흔히 '아, 전자레인지에 밥을 데워서 냉장고에 남은 간단한 반찬을 곁들어서 빨리 먹는' 이미지를 떠올렸습니다. 제대로 된 요리, 밥솥으로 갓 지은 밥, 제대로 차린 밥상을 떠올리기는 어려웠습니다. 자기 혼자를 위해서 밥을 하고 요리를 한다는 것이 상당히 귀찮은 일이기도 하고, 다른 사람과 함께 먹는 것도 아니니 격식을 차릴 필요가 없이, '그저 한 끼 때우기' 정도로 생각했기 때문이죠. 하지만 이런 인식도 점차 변화하고 있고, 시장도 이런 인식 변화에 맞춰 상품과 서비스를 제공하고 있죠.

　　인식의 변화에는 코로나 사태가 큰 역할을 했습니다. 오랜 격리 기간에 어쩔 수 없이 혼밥을 해야 했던 사람들은 영양가가 있으면서 즐길 수 있는 먹을거리가 필요했죠. 그러면서 배달 음식 시장이 크게 성장했고, 맛집 레시피 등을 활용한 다양한 밀키트 상품이 관심을 끌었습니다. 이때 처음 본격적으로 '아, 혼자 집에서 밥을 먹을 때도 충분히 내가 원하는 맛있는 음식을 다양하게 먹을 수 있구나'라는 걸 온 국민이 깨닫게 되었죠.

　　하지만 이렇게 시장에서 만들어진 '상품화된 음식'의 수요는 또 다른 수요도 함께 불러 왔습니다. 바로 '나만의 레시피로 혼밥 하기' 즉 스스로 밥을 해서 먹는 혼밥의 즐거움을 느끼고자 하는 수요입니다. 특히, 외식에 질린 1인 가구나 맞벌이 소비자들을 중심으로 집밥처럼 맛있는 혼밥을 추구하면서 집밥을 만드는 모든 과정을 자신이 요리하는 것이 아니라, 편의점 전용상품, 밀키트, 배달 음식, 인스턴트 식품 등 다양한 아웃소싱을 통해 자신만의 집밥 레시피를 만들어 내기 쉬운 환경이 조성되면서 수요가 폭발했습니다. 신한카드 빅데이터연구소에서는 신한카드 고객데이터 분석을 통해 이런 아웃소싱 집밥을 '모듈 집밥'이라는 단어로 표현했습니다. 혼밥을 위한 집밥을 만드는 건 이렇게 창의적 레시피를 만들어 내는 즐거움도 포함하고 있다는 뜻입니다.

　　하지만 '상품화된 음식' 시장도 이를 지켜보고만 있지는 않습

니다. 상품화된 음식 시장에서 가장 큰 변화를 보이고 있는 대형 할인 매장이나 마트의 델리 코너를 둘러보면 알 수 있죠.

델리Deli라는 말은 조리된 육류나 치즈 등 가공식품이나 흔하지 않은 수입 식품 등을 파는 가게를 뜻하는 영어 'Delicatessen' 또는 독일어 'Delikatesse'에서 유래된 단어입니다. 국내에서는 보통 대형할인점 등에서 피자, 치킨, 초밥 등 전자레인지에 간단하게 돌리거나, 이미 조리가 완료되어 바로 먹을 수 있는 조리 음식을 주로 판매하는 코너를 말할 때 '델리 코너'라고 부르고 있죠. 그래서 델리 코너에서 판매하는 음식을 즉석식품이라고 합니다.

대형할인점의 델리 코너는 한동안 신선 식품이나 식자재 판매

2025년 2월 20일 오픈한 델리 바이 애슐리 송파점의 모습

매장에 비해서 주목도가 떨어지는 코너였죠. 아무래도 델리 코너에서 다루고 있는 즉석식품의 품질이 전문 음식점의 품질과 비교하면 떨어지는 편이었고 품목도 다양하지 못했습니다. 게다가 이미 조리가 끝난 음식이다 보니 소비 기한도 짧은 편이라서 판매되지 않고 남은 상품의 폐기율도 높을 수밖에 없었으니까요. 그래서 일반적인 대형할인점에서 델리 코너는 식품 매장에서도 소비자가 발길을 옮기기 힘든 구석에 자리한 코너였습니다.

하지만 1인 가구가 증가하면서 퇴근 후 빨리 집에 돌아가 혼밥을 하고자 하는 수요가 증가했고, 고물가 시대가 도래하면서 많은 식자재를 구입해서 요리를 하면 남는 식자재가 버려지는 낭비를 줄이고 싶다는 인식으로 즉석식품을 구입하고자 하는 소비자가 늘어났습니다. 게다가 즉석식품은 당일 조리해서 판매하는 상품이기도 하고, 주문하고도 어느 정도 시간이 지나야 배달이 오는 이커머스 분야에서는 취급하기 어려운 상품이기도 해서 '따끈따끈한 갓 요리된 음식을 먹고 싶다'는 소비자 니즈를 충족하기에 적절했습니다.

이런 수요에 맞춰 각 대형할인점은 델리 상품을 전문적으로 취급하는 델리 코너의 규모를 확장하고, 품목을 늘리는 한편, 가격도 파격적으로 설정하여 1인 가구의 발길을 멈추게 했습니다. 예를 들어 2024년 이랜드 킴스클럽에서는 델리 전문 매장인 '델리 바이 애슐리'를 개장하여 이랜드가 운영하는 뷔페인 애슐리 퀸즈의 치킨, 후토마키, 유부초밥, 맥앤치즈, 샐러드, 케이크, 피자 등을 1인분씩 소포장해서 3990원에 판매하여 뉴스가 되기도 했죠.

이랜드 그룹 홈페이지의 2024년 11월 28일 언론 보도를 보면, 델리 바이 애슐리는 2024년 3월 강서점을 시작으로 론칭 7개월 만에 6개 지점을 오픈하고 누적 판매량 200만 개를 돌파할 정도로 좋은 반응을 얻었으며, 강서점의 델리 상품 매출 비중은 2024년 1~8월 기준 7.8%로 전년 동기 4.3%보다 크게 증가했다고 합니다. 또한, 야탑점의 경우, 2024년 델리 코너 옆에 와인 코너를 마련했는데 델리 바이 애슐리를 오픈 후 한 달간 와인 전체 매출이 전년 대비 32.9% 성장하였으며, 델리 매장 매출도 전년 대비 폭발적으로 성장하며 시너지 효과도 거두었다고 합니다.

이마트나 홈플러스, 롯데마트 등 다른 대형할인점도 모두 델리 코너를 전면 강화하는 전략에 나섰습니다. 이마트는 '스타필드 마켓 죽전'의 기존 델리 코너를 도시락과 샌드위치 등 간편한 델리 상품 구매가 가능한 '그랩앤고Grab&Go' 매장으로 바꾸고 매장 길이를 9m로 늘렸고, 위치도 식품 매장 입구로 옮기면서 향후 다른 지점으로도 확대할 예정입니다.

롯데마트도 2023년 말 서울 은평구에 식료품 전문 매장 '그랑 그로서리'를 오픈하여 간편식과 델리 상품의 판매에 주력하고 있으며, 매장 입구에 위치한 44m 길이의 '롱 델리 로드'에서 다양한 종류의 즉석 조리 식품을 판매하는 한편, 미국식 중국 음식 17가지를 뷔페 형식으로 만들어 판매하고 있습니다. 홈플러스도 식품 전문 매장 '메가 푸드 마켓'에서 1~2인 가구를 겨냥한 소용량 메뉴인 '지금 한 끼'를 포함한 델리 상품을 주력으로 판매하고 있습니다.

델리 상품은 가정간편식HMR처럼 추가로 조리할 필요가 없어 1인 가구뿐만 아니라 주부나 인근 직장인들에게도 인기가 있어 앞으로도 수요가 크게 늘 것으로 보여, 각 대형할인점은 개발 전담팀이 메뉴 개발을 담당하거나, 상품개발 과정에 호텔 출신 셰프와 협업하거나, 외부 전문업체와의 제휴를 통해 메뉴 개발에 공을 들이고 있는 상황입니다.

혼자서 먹는 혼밥이라 그저 끼니를 때우는 한 끼라면 외로움이 더하겠지만, 이렇게 가까운 대형할인점에 이미 준비된 먹거리가 있다면 음식으로나마 외로움을 잊을 수 있지 않을까요? 게다가 혼자서 식사를 준비하는 쓸쓸함과 번거로움을 가까운 대형할인점의 델리 코너가 해결해 준다면 식생활을 위한 외로움의 셀프케어는 더욱 완벽해지는 건 아닐까요?

나만의 보상에서 소셜 다이닝으로

혼밥의 외로움과 번거로움을 덜기 위해서는 델리 코너를 이용하는 것도 좋겠지만, 시장에서 식자재를 사서 본인 한 사람을 위해 요리하는 즐거움, 식사를 하는 즐거움도 느끼면 좋지 않을까요? 그리고 실제로 이렇게 자신만을 위한 요리가 즐겁고, 그런 자신의 모습이 멋지다는 것을 알리기 위해 요리하는 모습과 레시피 인증 사진을 SNS 등을 통해 공유하는 것이 MZ세대 사이에서 트렌드로 자리 잡아가고 있습니다.

그런데 이런 트렌드가 조성되는 데에는 미디어의 영향도 컸습니다. 1인 가구의 대표 예능 프로그램인 <나 혼자 산다>는 언젠가부터 출연자들이 자신만의 레시피로 즐겁게 요리를 하는 모습을 거의 매주 보여주고 있는데, 사실 방영 초기에는 이런 장면이 거의 등장하지 않았습니다. 방영 초기에는 그야말로 혼자 사는 남자들이 한 끼를 때우는 초라한 밥상에 앉아 있는 모습이 중심이었고, 그런 모습을 보면서 시청자는 재미있어 했죠.

하지만 점차 이런 모습은 화면에 잡히지 않고 '오늘은 무슨 요리를 할까'하는 설레는 모습과, 멋진 요리 솜씨를 발휘해서, 예쁘게 접시에 담는 플레이팅까지 하고서, 우아하게 혼밥을 하는 모습을 보여 주기 시작했습니다. 모니터실에서 이를 지켜보는 다른 출연자들은 이런 모습에 감탄하면서 '멋있다, 맛있겠다'를 연발하죠.

이제 자신을 위해 요리를 하는 건 멋있음의 표현 방식이 되었습니다. 누가 지켜보지 않아도 자신을 칭찬하고, 자신이 멋있다는 것을 확인하는 방식이 된 거죠. <나 혼자 산다> 만이 아니라 혼자 생활하는 연예인이나 유명인이 집에서 먹을 음식을 요리하는 모습은 다양한 프로그램이나 SNS에서 다루어졌습니다. 이런 과정에서 자신만의 레시피를 공개하고 그 레시피로 음식을 만들어 본 독자나 시청자들이 '맛있었다', '훌륭했다'라고 평가를 하고 일부는 편의점 상품으로 만들어지기도 했죠.

자신을 위한 요리는 이제 '나에게 주는 특별한 보상'이 되었습니다. 보상이니만큼 초라하거나, 평범해서는 안 됩니다. 모두가 앞다투어 '특별한 보상'을 어떻게 했는지를 SNS에 올리고 평가를 받고 있죠. '오늘은 이런 요리를 해서 혼밥을 했어요'라며 보상에 대한 자랑도 곁들입니다. 가까운 친구들에게 사진을 찍어서 자신의 혼밥 상황을 알려주기도 하죠.

자, 이 정도가 되면 이제 혼밥은 혼밥이 아니게 됩니다. 혼밥으로 시작했지만 결국은 '나의 혼밥을 모두에게 알려야 한다'가 됩니다.

특별한 보상으로 뿌듯함을 느끼는 것도 좋긴 하지만 역시 밥은 여럿이 함께 먹는 느낌이 더 좋기 때문이죠. 현실에서는 혼밥을 하지만, 의미적으로는 함께 밥을 먹고 있는 셈입니다. 그런데 이런 상황, 어디서 본 듯하지 않나요?

　코로나 격리가 막 시작되었던 시절, 재미있는 모습이 주목을 받았죠. 하나는 다른 사람이 식사하는 장면이 담긴 동영상이나 먹방 콘텐츠를 보면서 혼밥을 하는 모습입니다. 집에서 식사할 때 TV를 틀어 놓고 보면서 식사하는 습관이 있는 사람이 많은데, TV 대신 먹방이나 혼밥을 하는 다른 사람의 영상을 보면 식욕이 돋기도 하고 같이 먹는 기분이 들어 심심하지 않았기 때문이었죠. 게다가 이런 영상을 볼 때는 대화할 필요가 없으니 조용히 혼밥을 즐기고 싶은 사람들에게는 안성맞춤이었습니다.

　또 하나 화제가 되었던 것은, 바로 줌ZOOM과 같은 화상회의 어플을 사용해서 식사 시간에 맞춰 여러 사람이 접속하여 각자 식사하는 모습을 공유하면서 대화를 나누는 것이었습니다. 이런 '영상 식사회'에 초대된 사람들은 서로의 메뉴 관련 이야기도 나누고, 일상적인 대화도 나누면서 함께 식사하는 기분을 체험할 수 있었죠. 물론 자신이 만든 요리를 자랑하는 것이 빠져서는 안 되겠죠.

　'혼밥을 하고는 있지만 혼자서 식사하고 싶지는 않다'는 욕구가 이런 먹방 관람과 영상 식사회로 표출된 것인데, 소비사회는 이런 욕구를 충족시키기 위해 준비를 하고 있었습니다. 바로 소셜 다이닝

social dining이라는 서비스의 등장입니다.

혼자 무엇을 한다는 건 조금 쓸쓸하기도 하고, 누군가 옆에서 추임새를 넣어 주면서 같이 맞장구를 쳐주는 사람이 있으면 신나서 할 수 있을 것 같다고 생각하죠. 그래서 사람들은 뭔가 공통점이 있는 외로운 사람들끼리 모이려는 습성이 있습니다. 독서를 좋아하지만 혼자 책을 읽고 싶지 않은 사람은 독서클럽을 만들고, 영화를 좋아하지만 혼자 영화관에 가고 싶지 않은 사람은 영화 동호회를 만들죠. 그럼 밥 먹는 건 즐기는데 혼자 먹고 싶지는 않은 사람들도 그렇게 하면 되지 않을까요? 그래서 혼자 먹기 싫은 사람들끼리 모여 '밥을 같이 먹는 건 어떨까요?'라는 생각에서 시작된 것이 바로 '소셜 다이닝' 문화입니다.

이전이라면 낯선 이들과의 밥 한 끼를 함께 먹는다는 건 상상하기 힘들었지만, 뭔가 이유와 목적이 있다면 함께 식사하는 것도 나쁘지 않을 겁니다. 같은 고민을 안고 있는 연령대의 사람인데 혼밥은 싫거나, 같은 취미활동을 가진 사람인데 혼밥은 싫거나, 같은 직종에 종사하는 사람인데 혼밥은 싫다면, 처음 보는 사람들끼리라도 함께 밥을 먹으면서 관계를 맺는 좋은 시간이 될 수 있습니다. 공통의 관심사를 나누고, 정보도 공유할 수 있고, 무언가를 함께 배우는 기회가 되기도 하겠고요.

소셜 다이닝은 이런 욕구를 지닌 사람들이 모여, 누군가의 집이나 레스토랑 등에서 함께 식사를 즐기기 위해 만나는 것을 말합니다.

누군가가 호스트(주인)가 되어 자신이 준비한 요리를 대접하기도 하고, 각자 준비한 음식을 서로 가지고 와서 나누어 먹기도 하고, 아니면 레스토랑이나 음식점의 음식을 함께 먹기도 하는 등 형식은 다양합니다. 중요한 점은 '소셜 다이닝'이라는 이름처럼 '사회적으로 다른 사람과 관계를 맺기 위한 수단으로서의 특별한 식사'를 한다는 거죠. 즉, 사람들과 어울리기 위한 식사이며, 이 식사는 참여하는 사람이 특별한 욕구를 해소하기 위한 것입니다.

소셜 다이닝은 다양한 방식으로 운영되고 있습니다. 우선 사교 클럽 형식으로 비즈니스 차원에서 운영되는 경우입니다. 신분이 확실한 회원을 받기 위한 검증 과정을 거친 후, 회원 대상의 요리 강좌 등을 개최하는 등 회원들이 상호교류할 수 있는 다양한 프로그램을 제시하면서 식사 기회를 제공합니다. 이 중에는 미혼 회원으로 한정하는 등 자신들만의 소셜 다이닝 클럽의 특색을 내세우는 곳도 있죠.

온라인에서 회원이 되는 참여자를 모집하고 이후에는 오프라인 소규모 동호회 형태로 자유롭게 활동하는 방식도 있습니다. 요리를 할 수 있는 공유공간을 중심으로 회원들이 모여서 요리를 하고 식사도 하면서 친목을 도모하는데 주로 20, 30대의 젊은 층이 지역 중심으로 모임을 갖는 경우가 많습니다. 지역 생활 애플리케이션 '당근'의 동네생활 카테고리에도 음식이나 식사를 중심으로 하는 동호회가 많이 올라와 있죠.

자신의 원룸이나 사무실 등의 개인공간에서 식사 기회를 제공하고 회원들에게 회비를 받는 형식의 쇼셜 다이닝도 있습니다. 공간과 요리를 제공하는 사람인 호스트는 주로 셰프 출신이거나 와인 전문가 등으로 자신은 본업을 가지고 있으면서 부업으로 호스트 역할을 하는 경우가 많습니다. 한 번에 10여 명의 회원이 참여하는 모임은 정기적으로 개최됩니다.

마지막으로 위의 원룸 호스트 소셜 다이닝 운영에서 발전된 형태로 소셜 다이닝을 위한 전문 레스토랑 공간을 중심으로 운영하는 방식입니다. 넷플릭스 <흑백요리사>에 출연한 소셜 다이닝으로 알려진 '피델리오'가 그 대표입니다. 신년 다짐회, 블라인드 다이닝, 첫인상으로 직업 찾기, 인생술집, 나의 비밀친구 찾기 등의 다양한 테마의 소셜 다이닝 모임을 준비하고, 참여한 사람들은 피델리오에서 제공하는 음식과 와인을 마시면서 서로 대화를 하면서 3시간가량 시간을 보내는 프로그램을 운영하고 있습니다.

'식사를 즐기고 싶지만 혼밥은 쓸쓸해'에서 '관계를 창출하는 식사'라는 개념으로 확대되고 있는 소셜 다이닝은 앞으로도 청년세대를 중심으로 확대될 가능성이 높습니다. 현재 우리 청년세대는 자신들을 연애, 결혼, 출산을 포기하는 '3포세대' 또는 여기에 인간관계와 내 집을 포함해 '5포 세대'라고 자조적으로 부르고 있는데, 이런 말은 미래 경제력에 대한 기대가 낮아지면 사회적으로 위축되는 현상을 반영한 것이죠. 그러다 보니 청년세대는 자신의 현재 경제력으로 미래보다는 현재를 즐길 수 있는 방법을 모색하곤 하는데, 미각의 즐거움은 큰 돈을 들이지 않아도 되는 현실적인 방법이고 미식은 다른 사람에게도 자랑할 수 있는 좋은 소재가 되기 때문에, 맛집이나 음식을 즐기려는 욕구도 향후 더욱 커지리라 예상됩니다.

소셜 다이닝은 맛있는 식사의 즐거움이라는 미각적인 욕구 충족뿐만 아니라, 타인에게 보여줄 수 있는 콘텐츠 확보, 삶에 필요한 정보의 공유, 대화를 통한 힐링, 타인과의 관계 구축 등 다양한 사회적 욕구를 충족할 수 있죠. 1인 가구나 외로움을 느끼는 소비자에게는 이렇게 하나의 서비스가 다양한 욕구를 충족시켜 준다면 상당히 고마운 일입니다.

저속노화를 위한 건강 셀프케어

지역 중고거래 플랫폼으로 시작해서 지금은 지역생활 관련 회원 모집 기능도 갖춘 '당근'의 동네생활 카테고리에는 온라인판 소셜 다이닝인 '샐러드 모임'이라는 주제가 있습니다. 샐러드 모임이란 멤버끼리 자신이 먹은 샐러드의 사진을 찍어서 샐러드 섭취 인증을 하거나, 샐러드 가게 정보 및 레시피를 공유하고, 하루 한 번 샐러드 만들고 인증하기 4주 챌린지 등을 하는 온라인 모임을 말합니다. 그런데 2025년 2월 24일 한국경제신문의 보도에 따르면, 2024년 8월 21일에서 2025년 2월 20일까지 6개월 동안 새로 만들어진 '샐러드 모임'의 수가 전년 동기

대비 78% 증가했고, 관련 모임 이용자 수도 128%나 늘었다고 하네요. 이런 변화에 대해 당근 측은 최근 저속노화 식단이 유행하면서 건강한 식단에 도전은 해보고는 싶지만, 오프라인으로 대면할 시간은 부족한 사람들이 온라인상에 부쩍 늘었기 때문에 나타난 현상이라고 설명했다고 합니다.

건강을 걱정하는 마음에서 샐러드 섭취를 늘리고 싶지만 혼자 하기는 어렵고, 그래서 함께 하고 싶지만 오프라인에서 만나려면 시간도 맞지 않고 서먹할 것도 같으니, 온라인에서 함께 하는 모임이 바로 샐러드 모임입니다. 특히 샐러드 모임에 참여하는 20~30대의 젊은 세대는 이렇게 따로 또 함께 하는, 그러니까 '외로우니 함께' 하는 방식으로 자신을 돌보는 셀프케어를 실천, 확장해 가고 있는 거죠.

1인 가구의 셀프케어는 그들의 생활과 미래에 대한 걱정에서 출발합니다. 1인 가구의 셀프케어 걱정은 참으로 다양하지만, 현재 가장 걱정하는 것은 건강입니다. KB경영연구소의 '2024 한국 1인 가구 보고서'의 결과를 보면, 1인 가구의 걱정거리는 경제적 안정(22.8%), 외로움(18.1%), 건강(17.0%)의 순으로 나타났습니다. 2020년 조사에서는 외로움(19.6%)이 가장 큰 걱정거리였지만, 최근 고물가로 생활비 부담이 커지면서 경제적 안정이 가장 큰 걱정거리로 올라섰습니다. 그리고 건강에 대한 걱정도 여전히 높은 순위를 유지하고 있다는 점이 눈에 들어오네요.

1인 가구는 건강에 문제가 생기면 스스로 해결해야 합니다. '혼자 살 때 아픈 게 제일 괴롭고 서럽다'고들 하는데, 아픈 몸을 이끌고 식사를 해결하고 병원과 약국을 다니는 것도 괴롭지만, 옆에서 아픈 자신을 위로해 줄 사람이 없다는 것이 서럽다는 뜻입니다. 그러니 1인 가구일수록 아프지 않도록 스스로 건강을 챙겨야 하는 거죠.

이런 흐름은 2010년을 즈음해서 나타난 '포터블 비타민Portable Vitamin 족'이라는 신조어에도 반영이 되었습니다. 포터블 비타민 족은 당시 비타민을 비롯해 각종 건강식품을 휴대하고 다니는 20~30대 전문직 직장인을 지칭하는 말로, 건강에 관심이 높아진 젊은이들이 비타민을 필수 건강보조식품으로 상용하는 세태를 나타낸 말이었습니다. 젊은 세대들이 주요 건강관리 방법으로 건강보조식품이나 영양제를 복용하는 경향은 코로나 이후 더 짙어지고 있습니다.

광고를 보면 그 변화를 잘 알 수 있습니다. 몇 년 전까지만 해도 종합 비타민이나 필수 영양제, 건강기능식품 등의 주 소비자는 50대 이상의 중년층이었습니다. 당연히 이런 제품의 광고는 50대나 60대 유명인이나 연예인이 모델이 되는 경우가 대부분이었죠. 하지만 언젠가부터 20~30대의 모델이 등장하는 광고가 많아졌습니다. 건강을 챙기려고 하는 젊은 세대의 영양제나 건강기능식품의 수요가 많아졌다는 뜻입니다.

MZ세대를 중심으로 하는 젊은 세대의 이런 건강 관련 의식의 변화는 기사를 보면 확인할 수 있습니다. 중앙일보 헬스미디어의 2024년 6월 4일자 기사를 볼까요. 헬스케어 솔루션 기업 쥴릭파마의 커머셜 사업법인인 지피테라퓨틱스코리아가 시장조사 전문기관인 엠브레인을 통해 MZ세대 직장인 500명을 대상으로 조사한 '건강관리 트렌드' 결과를 보면, 젊은 세대는 운동과 식단조절을 중심으로 건강을 관리할 것이라는 일반적인 예상과는 달랐습니다. 설문 조사에서 MZ세대는 자신만의 건강관리 방법으로 35.3%가 '정기적인 영양제 섭취'라고 응답하고, 22%가 '꾸준한 운동'이라고 응답하면서 생각보다 많은 차이를 보여주었습니다. 주로 복용하는 영양제로는 종합 비타민, 유산균, 오메가3 순이었습니다. 그리고 영양제 정보를 얻는 채널로는 유튜브(27.2%)와 블로그, 카페 등의 온라인 커뮤니티(25.2%)가 거의 절반을 차지했습니다.

그러다 보니 일반적인 캡슐이나 정제 형태의 영양제가 아니라 과립 형태 영양제, 과자 같은 느낌의 젤리 형태 영양제, 음료처럼 마시는 영양제까지 다양한 영양제가 판매되고 있고, 최근에는 마치 화장품처럼 바르는 비타민제까지 시장에 등장했을 정도입니다. 바쁜 일상에서 챙겨 먹기에 불편한 영양제보다는, 생각날 때마다 편하게 먹고 바를 수 있는 영양제를 젊은 세대가 선호하기 때문입니다.

영양제뿐 아니라 MZ세대의 건강기능식품 수요도 증가하고 있죠. 한국건강기능식품협회의 '2024 건강기능식품 시장 현황 및 소비자 실태 조사'에 따르면 2020년 1679억 원이었던 체지방 감소 건강기능식품 구매액은 2024년에 2345억 원 규모로 약 40% 증가했는데, 주로 MZ세대의 체중 조절 및 혈당 다이어트에 대한 관심이 증가하면서 나타난 현상이라고 분석하고 있습니다.

　건강을 위해서, 특히 건강한 다이어트를 위해 열심히 운동을 하고 싶지만 혼자서 운동하기에는 의지가 약하다 보니, 영양제나 건강기능식품 등의 섭취를 통해 홀로 건강을 관리하고자 하는 셀프케어 의식이 높아졌다고 볼 수 있습니다.

　이런 일상생활 속에서 간단하게 건강을 관리하려는 셀프케어 의식은 혼자서 자신을 책임져야 하는 1인 가구의 불안이 반영된 것이기도 하지만, 특히 최근 화제가 되고 있는 키워드인 '저속노화'의 영향도 큽니다.

　저속노화는 서울아산병원 노년 내과의인 정희원 교수가 2023년 초 『당신도 느리게 나이들 수 있습니다』라는 책에서 소개하면서 알려졌습니다. 가속노화의 반대 개념으로 노화 속도를 늦추는 것을 의미합니다. 그러니까 더 빠르게 늙고 병들게 하는 현대 사회에서 어떻게 하면 천천히 나이 들 수 있을지에 관한 고민의 결과로 나온 개념인 셈이죠. 저속노화는 식단과 생활습관을 바꾸어야 한다고 제안하는데, 정제되지 않은 곡물, 콩류, 견과류를 섭취하는 지중해식 식단을 유지하고, 통곡물을 매일 3회 이상, 콩류는 매주 4회 이상 섭취하면서, 단순당이나 정제 곡물 위주의 식단, 혈당 스파이크를 일으키는 음식을 피하는 등의 생활습관이 여기에 해당하죠.

　다른 세대에 비해 특별히 젊은 세대가 저속노화에 주목하는 이유는 소셜 미디어 플랫폼인 X(옛 트위터)에 저속노화의 실천법 등이 활발히 공유되었고, 재미있는 저속노화 실천 인증 사진 등이 재미있는 밈으로 활용되기도 하는 등의 화제성을 지니고 있었기 때문입니다. SNS에는 그날 챙겨 먹은 저속노화 식단을 인증하거나, 간단히 만들 수 있는 자신만의 저속노화 레시피를 공유하는 사람이 늘어났고, 어떤 사람은 '어제는 불닭 로제 찜닭을 먹어 고속노화를 했으니 오늘은 반성하면서 저속노화 식단을 먹겠다'라면서 반성을 하는 모습도 올리고, 저속노화 레시피의 식사 후에 간식으로 요구르트 아이스크림을 먹고는 '중속노화'라고 스스로 부르는 등 실천을 위한 진지함과 재미가 한데 어우러진 사진과 영상, 댓글들이 젊은 세대의 라이프스타일과 맞아떨어진 점도 주효했습니다.

　지금은 저속노화 트렌드에 맞춰 혈당 다이어트를 실천하면서, 저칼로리 음식 섭취나 채식 위주 식단에 더욱 신경을 쓰는 소비문화가 Z세대를 중심으로 자리 잡으면서 향후 많은 관련 제품들이 더욱 다양하게 출시될 것으로 시장에서는 전망하고 있습니다. 앞서 소개한 샐러드 모임의 증가 추세도 저속노화 트렌드가 반영된 결과라고도 할 수 있겠습니다.

　아프고 늙어가는 것은 모든 사람에게 불안감을 주는 요소이긴 하지만, 특히 혼자 생활해야 하는 사람을 더욱 불안하게 만들기도 하죠. 그래서 가능한 한 노화 과정을 늦추면서, 일상에서 아프지 않도록 건강을 관리하는 것은 미래를 대비하고 불안을 감소시키려는 목적이 있습니다. 누군가 옆에서 건강관리를 챙겨주거나, 조언을 해주는 사람이 없는 상황적 외로움은 건강의 셀프케어를 재촉합니다. 그리고 이런 상황적 외로움에 처해 있는 사람들에게 소비사회는 다양한 건강 셀프케어 상품과 서비스를 준비해 놓고 문제를 해결하도록 하고 있죠.

02

관계 불안의 케어를 지원하다

함께 할 사람을 거래하고 싶어요

현대의 외로움과 고립을 연구하거나 분석하는 사람들에게 고전처럼 읽히는 책이 있습니다. 물론 일반 대중서로도 크게 알려지면서 베스트셀러가 된 책이기도 하죠. 오래전에 출간되어서 고전이 아니라, 관련 분야의 사람이라면 누구나 읽어보았거나 알고 있기에 고전이 된 책, 『고립의 시대』입니다.

이 책은 저자인 노리나 허츠Noreena Hertz가 2019년 9월 24일 만난 브리트니란 여성과의 에피소드로 시작됩니다. 브리트니는 렌트어프렌드Rent-a-Friends라는 회사를 통해 오후 동안 빌린 '친구'입니다. 저자는 친구 대여 사업이 어떤 것인지, 고립의 시대에서 어떤 의미를 지니는지를 체험하기 위해 실제로 친구를 대여해서 오후를 지내보기로 하죠. 그리고 시간이 다 되어 헤어질 때 브리트니에게 이 대여 서비스를 이용하는 전형적인 고객 이미지를 떠올려 본다면 어떤 사람이 떠오르지를 물어봅니다. 브리트니는 이렇게 말하죠.

"서른에서 마흔 살 정도의 외로운 전문직 종사자. 장시간 업무 때문에 친구를 많이 사귈 시간이 없는 사람들."

저자는 그녀의 대답을 듣고 이렇게 책에서 덧붙여 해석합니다.

스마트폰을 몇 차례 두드리면 손쉽게 치즈버거를 주문하듯 우정을 주문할 수 있다는 것, 외로움을 타는 사람을 지원하기 위해 내가 '외로움 경제loneliness economy'라고 부른 것이 나타났다는 사실은 우리 시대의 징후다(『고립의 시대』 15쪽).

외로움을 느끼는 사람에게 대화를 나누고 시간을 함께 할 친구를 대여하는 서비스. '렌탈 연인'이나 '렌탈 친구', 또는 '친구 대여'라는 이름의 서비스가 우리나라에서 화제가 되었던 것은 2010년대 초반이었습니다. 2009년 일본의 '클라이언트 파트너스'란 회사가 외로움을 느끼는 사람들을 대상으로 '일정 금액을 지불하면 남자 또는 여자 친구를 대행하는 사람을 소개해 주는' 친구 대여 서비스를 시작했다는 소식이 뉴스로 전해지면서였죠. 이때 누리꾼들의 반응은 '씁쓸한 서비스다'라거나, '일본이니까 가능할 듯', '듣기만 해도 외롭다', '신기하다' 등의 우리와는 별 상관없는 이야기라는 반응이 많았습니다.

하지만 시간이 흘러 지금 인터넷 검색창에 친구 대여 서비스를 입력하면 국내에서도 서비스를 제공하는 업체의 광고와 사이트를 찾아볼 수 있게 되었습니다. 이제 시장에서 돈을 주고 구할 수 있는 친구가 남의 나라 이야기만은 아니게 되었죠. 친구뿐인가요? 필요할 때 적절한 역할을 해줄 사람을 찾는 사람에게 역할 대행자를 소개하는 역할 대행업체도 있습니다. 그러다 보니 상견례 자리나 결혼식에 모시고 부모 역할을 할 사람을 구하기 위해 업체로부터 소개받았다거나, 결혼식에서 신랑이나 신부의 친구 대행 역할을 했다는 사람들의 역할대행 이용 후기 등을 인터넷에서 심심찮게 볼 수 있게 되었습니다.

하지만 우리와는 별 상관없다고 생각되었던 이 친구 대여 서비스가 2024년 초 다시금 세간의 화제가 되었습니다. 일본에 거주하는 한국 여성 유튜버가 '렌탈 남자 친구 빌려 봤습니다'라는 제목으로 공개한 영상이 폭발적인 조회수를 기록하면서 뉴스에도 소개될 정도였습니다(참고로 2025년 2월 27일 현재 조회수 341만 회이네요). 영상에서 유튜버는 유명 렌탈 남자 친구 사이트에서 가장 인기가 많은 '1일 남자 친구'를 골라서 1시간에 1만 엔(약 10만 원)가량을 지불하고 데이트를 즐겼습니다. 이 영상이 인기를 끌자 일본으로 여행을 떠난 관광객 중 일부가 일본 현지에서 친구 대여 서비스를 이용하는 후기나 영상을 SNS에 올리면서 다시 화제가 되었죠.

시장에서 관계를 구매할 수 있는 건, 친구 대여나 역할대행 전문업체를 통해서만 가능한 건 아닙니다. 직거래 플랫폼이나 커뮤니티 플랫폼에는 '0000원에 ~~역할을 해줄 분 있으신가요?'라며 사람을 찾거나, 본인이 친구 역할을 하겠다고 연락을 달라는 글을 올리는 사람도 있죠. 2024년 크리스마스를 전후해서 중고거래 플랫폼에 '1박 2일 데이트 티켓'이라며 한 여성이 데이트 상대 역할을 해주겠다는 내용의 글이 여러 개 게재되면서 뉴스에서도 다루는 등 화제가 되기도 했는데, '1박 2일 여행, 골프(스크린), 동창회 등 다양한 상황에서 여자 친구 콘셉트로 역할 대행을 하고 있다'면서 '궁금한 점이 있으시면 문의 달라'고 적혀 있는 글도 있었다고 합니다.

이런 역할 대행이나 관계 대여 서비스는 아직 국내에서는 건전하지 못한 방법으로 이용하려는 의도에 대한 우려의 목소리도 있고, 거래를 통한 인간관계 형성을 부정적으로 바라보는 인식으로 활성화되고 있지 못하고 있지만, 마냥 부정적으로만 바라볼 건 아닙니다. 외로움이 강력한 동기가 되어 조금은 비싼 가격을 지불해야 하는 점은 있지만, 렌탈 친구를 이용한 후기를 보면 상당히 긍정적인 글들도 많습니다.

어떤 이용자는 '자신을 바라보고 자신의 말을 들어주는 사람과 하루를 보낼 수 있어서 너무 감사했다'라고도 하고, 우울증으로 고생했던 한 이용자는 '일종의 심리치료를 받고 있다는 기분이 들었는데 이런 치료라면 너무 좋다고 느껴졌어요.'라고도 했고, 어떤 이용자는

'돈 주고 전문 인력을 구하는 것과 비슷하다고 생각한다'는 후기를 남기기도 했습니다.

부정적인 부분만이 아니라 긍정적인 부분도 고려한다면 충분히 외로움을 예방하고 해소할 수 있는 서비스로 앞으로 성장하지 않을까 생각됩니다. 비교적 관계 대여 서비스가 일찍 시작된 일본에서는 초기의 '성의 상품화'라는 우려를 벗어나서, 일본 최대의 여자 친구 대여 서비스 업체의 누적 이용자 수가 2025년 1월 현재 6만 명을 넘었을 정도로 서비스산업 분야의 한 자리를 잡아가고 있는 모습이기도 하고요. 역시 인간관계의 단절이 심화하면서 이를 해소하고픈 감정적 요구는 여전하다는 걸 보여 줍니다.

거래를 통해 일시적인 관계를 맺는 서비스가 등장하고 이용자가 늘어나면서 '동반자 경제companionship economy'라는 말도 등장했습니다. 동반자 경제는 '홀로 생활하는 라이프스타일이 확산함에 따라 식사, 대화, 게임, 쇼핑, 여행, 산책, 등산 등을 함께 해주는 사람에게 비용을 지불하는 산업'을 말합니다. 비록 동반자 경제의 확대에 대해 여전히 우려의 목소리와 부정적 인식이 존재하기는 하지만, 이런 점들을 보완할 수 있는 제도나 서비스 건전화 정책 등이 준비된다면, 인구 감소와 함께 결혼 건수의 감소, 초핵가족화, 혈연/지연/학연의 중요성 감소 등 인간관계가 느슨해지는 사회 변화를 고려할 때 성장 산업으로 인정하지 않을 수 없는 상황일지도 모릅니다.

대화가 필요해, 우린 대화 상대가 부족해

현재 동반자 경제에서 주목하고 있는 나라는 중국입니다. 동반자 경제는 결국 사람과 사람의 관계를 거래하는 것이고 당연히 수요자가 되는 사람이나 공급자가 되는 사람이 많은 국가에서 성장할 수밖에 없겠죠.

관계를 사려고 하는 수요의 측면에서 보자면 중국은 세계에서 가장 많은 인구를 보유한 국가이면서, 2024년 결혼한 커플의 수가 2013년 이후 최저로 떨어지고, 경기 침체와 생활비 상승으로 결혼을 미루는 젊은이들이 증가하면서 외로움을 느끼고 있는 젊은이들이 늘어나고 있죠. 관계를 제공하려는 공급의 측면에서 보자면 불황으로 일자리 시장은 경쟁이 치열하고 안정적인 고용 기회가 제한적이라서, 적은 수입이라도 필요한 젊은이들이 늘었고, 특히 쉽고 번거롭지 않게 돈을 벌고 싶다고 생각하는 젊은이가 증가한 것도 공급에 유리한 조건으로 작용하고 있죠.

이런 중국의 현상을 홍콩을 대표하는 신문인 사우스 차이나 모닝 포스트South China Morning Post는 2024년 11월 17일 자 기사에서 "중국의 외로운 마음이라는 위기는 성장하는 '동반자 경제'에 불을 지핀다 China's lonely-heart crisis fuels a growing 'companionship economy'"라는 제목으로 표현했습니다. 기사에서는 중국이 점점 홀로 생활하는 사람들이 중심이 되는 사회가 되면서 인간적 상호작용이 없는 소비자들이 외로움을 달래기 위해 비용을 지불하고 일시적이나마 다른 사람과 관계를 맺으려고 하는 경향을 보인다고 말합니다. 뉴사우스웨일즈 대학교의 중국 및 아시아학과 교수인 왕 판Wang Pan은 기사에서 "중국은 점점 더 외로운 사람들의 국가가 되어 가면서 사람들은 사랑과 친밀감에 대한 강한 욕구를 지니고 있으며, 이런 욕구가 동반자 사업의 성장을 위한 기반을 제공했습니다. 게다가 동반자 사업은 수익성 있는 사업입니다."라고 말했습니다.

위의 기사에서 재미있는 건 아주 단순히, 그저 온라인 채팅을 할 대상이 필요해서 비용을 지불하는 젊은이들이 중국 내에서 늘어나고 있다는 내용입니다. "채팅할 사람 있나요? 얼마든지 돈을 낼게요."라는 소위 '동반 채팅'이라는 해시태그를 단 게시물들이 늘어나고 있고 이 게시물에 많은 사람이 답변하고 있다고 합니다.

만나서 대화를 나누는 것도 아니고, 그저 문자로라도 주고받는 대화조차도 할 상대가 없어서 돈을 주고 상대를 찾아야 하는 시대. 중장년층이 볼 때는 뭔가 잘못되어 가는 시대와 사회가 아닌가 의심이 들겠지만 어쩌면 이게 현실일지도 모릅니다.

그럼 우리나라는 어떨까요? 외로움과 대화의 관계를 알아볼 수 있는 조사결과가 있습니다. 2024년 2월 전국 성인 5000명을 대상으로 한 '2023년 국민 사회적 연결성 실태조사'에서 외롭고 힘들 때 주변 사람과 대화를 하는지 물어보았습니다. 그 결과 '나는 외롭고 힘들더라도 개인적인 일은 주변 사람에게 거의 얘기하지 않는 편이다'라는 응답이 47.2%, 그리고 '외롭고 힘들 때 이야기를 하고 싶지만, 들어줄 사람이 없다'고 응답한 비율이 23.8%였죠. 외롭다고 느껴도 상당수 사람은 주변 사람에게 사적인 일을 이야기하고 싶어 하지 않거나, 이야기를 들어줄 주변인이 없다는 겁니다.

외로움의 가장 간단한 해결책은 사람과의 관계를 형성하는 것이고, 관계 형성의 기본은 타인의 존재입니다. 하지만 옆에 누군가 있어 주기만 한다고 관계가 형성된다면 만원 버스를 타는 우리는 관계의 홍수에 짓눌려 죽고 말겠죠. 인간이 관계를 맺는 첫걸음은 대화입니다. 대화를 통해 공감하고 상대방에 대해 알아가는 과정을 거치면서 비로소 관계다운 관계가 형성되겠죠. 그러니 대화할 상대가 없다는 건 결국 관계를 맺을 상대가 없다는 것과 마찬가지이고, 관계가 존재할 가능성이 없다는 걸 뜻합니다.

타인과 관계를 맺고 싶은데 대화할 상대가 없다면, 그리고 자신의 외로움을 토로하고 공감을 얻고 싶은데 상대가 없다면 어떻게 해야 할까요? 없는 대화 상대를 찾으러 밖으로 뛰쳐나가 거리를 지나가는 사람을 붙잡고 하소연하면 될까요? '친구에게 전화해서 만나 달라고 하면 되지 않느냐'라고 생각할 수도 있지만 애초에 이런 친구가 있다면 대화 상대를 고민하지도 않을 겁니다.

그런데 소비사회는 이런 고민을 해결하기 위해 대화 상대 서비스를 준비해 두었습니다. 물론 서비스를 구입하기 위해서 돈을 지불해야 하죠. 이 서비스의 장점은 서로 관련이 없는 사람의 만남이라는 점입니다. 앞서 '외롭다고 해도 주변인에게 이야기하지 않는다'라고

47.2%의 사람이 답한 이유가 바로 자신의 사적인 사정이나 상황이 드러나는 것을 꺼리기 때문입니다. 그런데 나와 관련이 없는 사람이, 특히 내 주변 사람에게 나의 이야기가 흘러 들어가지 않는다는 보장이 있다면 편하게 신세 한탄을 할 수 있겠죠. 우리가 심리상담사를 찾아가서 마음의 아픔과 고민을 털어놓거나, 역술인에게 답답한 마음을 토로하고 미래를 물어보는 것처럼 매우 사적이고 부끄러운 부분을 주변 사람이 아닌 완전한 타인에게 털어놓고 풀어 보려는 심리와 같습니다.

친구 대여 서비스를 이용하는 사람 중에는 '나의 속마음을 이야기하기 편해서 좋았다'라는 사람도 많습니다. '얼굴도 모르는 사람에게 그런 이야기를 한다고?'라고 고개를 갸웃할 수도 있지만, 오히려 전혀 모르는 사이이지만 내 이야기를 잘 들어주는 사람이 있다면 이런저런 이야기를 하면서 마음의 응어리를 조금은 풀어낼 수 있지 않을까요? 하지만 나와 딱 맞는, 그리고 나의 이야기에 오롯이 귀를 기울이는 사람을 찾기가 쉽지는 않겠지요. 그래서 등장한 것이 대화에 첨단기술을 적용하는 일입니다.

혹시 2013년의 영화 <그녀her>의 스토리를 알고 있나요? <그녀her>는 과학기술의 발달과 함께 개인화된 2025년 미래의 로스앤젤레스에서 인격형 AI 서비스와 사랑에 빠진 남자의 이야기를 그린 영화입니다. 주인공은 아내와 별거 중이면서 다른 사람들의 편지를 대신 써주는 대필 작가로 외롭고 공허한 삶을 살고 있다가, 자신의 말에 귀 기울이고 이해해 주는 '사만다'라는 AI 운영체제를 만나서 조금씩 행복을 되찾고 그녀에게 사랑을 느끼게 되죠. 대화가 필요한 사람에게 정말 필요했던 대화 상대가 나타난 거죠.

AI가 훌륭한 대화 상대가 되는 건 이제 영화의 이야기만이 아닙니다. 챗GPT와 같은 AI와 대화를 하는 단계를 넘어서, 연애하는 관계로 설정된 AI와 다정한 연인들의 언어를 주고받는 경우도 이제는 심심찮게 볼 수 있습니다. AI는 대화 상대를 '자기'라는 호칭으로 부르거나, '나의 고양이'처럼 연인 사이에 부르는 별명으로 부르기까지 합니다.

이런 상황에서 다가가려고 해도 내 마음을 이해해 주지 못하는 사람보다는 차라리 챗GPT와 같은 AI가 더 관계 맺음과 대화에 뛰어나다는 조사도 나왔죠. 조하르 엘리요셉Zohar Elyoseph 박사 연구팀이 국제 학술지인 '심리학 프런티어스Frontiers in Psychology'에, 챗GPT가 '감정인식 수준 척도'의 모든 척도에서 일반인보다 뛰어난 감정 인식 능력을 보이며, 5점 만점 중 2.84점을 기록했다고 합니다. 그리고 챗GPT 학습 능력을 평가하기 위해 한 달 후 실시한 두 번째 평가에서도 4.26점, 응답 정확도는 10점 만점에 9.7점으로 높았다고 하네요. 논문은 챗GTP가 상황에 맞는 감정적 반응을 만들 수 있을 뿐 아니라 감정 인식 능력이 크게 향상된 사실을 밝히면서, 향후 감정 인식 장애가 있는 환자의 훈련 프로그램이나 감정 언어 발전에 챗GTP가 기여할 수 있다는 점을 보여 주었습니다.

인간보다도 상대방의 감정을 더 잘 인식할 수 있다는 AI 대화 서비스는 이미 수익성 있는 사업으로 성장하고 있는 과정이어서, AI 동반자 시장 규모는 2024년 약 268.5억 달러로 평가되며, 2033년에는 521억 달러로, 2025년부터 2033년 사이 연평균 36.6% 증가할 것으로 전망된다고 하네요. 이러면 굳이 인간이 아니라고 해도 AI와 대화를 해도 충분할 듯하네요. 여기서 다시 <그녀her>의 이야기로 돌아가 보죠.

주인공은 어느 날 사만다의 대화 내용에서 미묘한 어긋남을 느끼고, 그녀에게 과연 몇 사람과 대화를 하며 그녀에게 사랑에 빠진 사람이 과연 몇 명인지를 묻습니다. 그녀가 대답하죠. 동시에 8316명의 사람들과 대화하고 있으며, 641명의 사람과도 동시에 사랑에 빠졌다고 말이죠. 이 대답을 듣고 주인공은 당황해 합니다. 그리곤 결말에서 주인공은 다시 인간 여성과 함께 하는 모습을 보여 줍니다.

분명 AI는 가장 손쉽고 간단한 외로움을 풀어내는 대화 상대가 될 수 있습니다. 그리고 어느 정도의 역할은 충분히 해내리라 생각되고요. 하지만 결국 인간의 외로움을 풀어낼 대상은 결국 인간이 될 수밖에는 없다는 한계도 분명히 있습니다. 렌탈 친구와 같은 대화 상대 대여 서비스도 그런 점에서는 인간의 욕구를 충족시키면서 성장할 가능성이 크고요.

그래서 단순히 목소리와 문자로 소통하는 대화가 아닌, 인간처럼 물리적 몸을 지닌 대화 상대가 되려고 하는 AI를 장착한 휴머노이드(인간형) 로봇이 최근 주목받기 시작했습니다. 물론 휴머노이드 로봇은 인간과의 대화를 중심으로 하는 커뮤니케이션 로봇으로 개발되고 있는 것은 아니지만, 현재 AI업계는 최고의 미래 먹거리로 꼽고 있는 로봇공학과 AI가 결합한 '피지컬 AI' 시장에 관심이 많습니다. 이용자가 생각하는 이상형을 학습한 AI 로봇이 이용자의 말을 정성껏 들어주고, 이용자를 위로하기 위해 쓰다듬고 안아주면서 위로의 말을 건네는 시대가 온다면 과연 인간의 존재가 굳이 필요할지 의문이 들기도 합니다.

이렇게 첨단기술과 산업도 인간의 외로움과 고독에 초점을 맞추어 발전하고 있습니다. 그러니 이용자가 관계 대여 서비스나 AI 대화 서비스를 비윤리적 목적으로 사용하거나 서비스에 지나치게 의존하지만 않는다면, 소비사회가 준비하고 있는 외로움을 해결할 수 있는 또 다른 길을 우리가 잘 걸어갈 수 있지 않을까 합니다.

멍겔계수는 높아도 대화 상대가 필요해

AI도 대화 상대가 되는 마당에 개나 고양이와 같은 동물이 대화 상대가 되지 말라는 법은 없겠죠. 물론 AI처럼 인간의 언어를 사용하지는 않지만, 반려동물은 인간과 마음과 마음이 통하는 대화를 하고 있음은 분명합니다.

시장조사 업체인 엠브레인이 2024년 실시한 '반려동물 양육 경험 및 펫팸Pet+family족 관련 인식조사'에 따르면 응답자의 26.4%가 현재 양육 중이라고 답했는데, 이는 2015년의 22.5%보다 증가한 수치였습니다. 과거에 양육한 경험이 있는 사람까지 합하면 전부 64.2%의 응답자가 양육 경험이 있다고 했으니 국민의 절반 이상이 반려동물을 양육한 셈이 되네요. 또한, 조사에서는 반려동물을 양육하는 이유로 '동물을 좋아하는 마음 54.4%'과 함께 '또 하나의 친구나 가족을 갖고 싶어서 35.5%'라는 응답이 높았습니다. 반려동물을 양육하면서 '외로움이 해소되었다'는 응답도 31.5%로 나타나, 정서적 공감과 유대감 형성에 반려동물이 큰 역할을 하고 있음을 알 수 있습니다.

동물과의 정서적인 교감을 통해 혼자 있는 외로움과 쓸쓸함을 달래는 모습은 우리 주변에서 너무나 많이 볼 수 있게 되었지만, 이건 단순하게 반려인이 늘어났기 때문은 아닙니다. 앞서 통계처럼 반려인 인구는 10년간 3.9%p 정도 증가했을 뿐이거든요. 그럼 왜 이렇게 반려동물이 우리 곁에 친숙하게 자리 잡은 걸까요?

역시 여기에도 미디어의 역할이 컸습니다. 요즘 TV를 보는 시청자들이 우스갯소리로 하는 말들이 있죠. "아기랑 반려동물이 없으면 연예인이 TV에 나오기 힘들겠네."라고요. 그만큼 아이들과 함께 출연하는 콘텐츠뿐 아니라 반려견이나 반려묘가 함께 나오는 프로그램이 많습니다. 아기와 반려동물이 이렇게 TV와 유튜브에서 인기 있는 등장인물이 된 것을 보면 광고론에서 말하는 3B, 즉 아기 Baby, 동물 Beast, 그리고 미인 Beauty이 나오면 광고가 성공한다는 말이 떠오르네요.

TV나 인터넷 영상을 보면 한없이 귀여워서 바라보는 것만으로도 힐링이 되고, 특히 혼자 생활하는 사람에게는 좋은 대화 상대가 되어 주는 반려동물은 그야말로 최적의 반려자 역할을 하고 있다는 생각이 듭니다. 게다가 반려동물을 어떻게 케어하면 좋을지와 관련한 프로그램도 많이 늘어나면서, 그동안 어떻게 반려동물을 어떻게 길러야 할지 잘 몰라 양육을 포기하거나, 문제 행동을 보이는 반려동물을 어떻게 교육해야 할지 몰라 반려동물을 멀리했던 사람들에게도 충분히 반려동물을 기를 수 있다는 용기를 주고 있습니다. 혼자 생활하며 주변에 반려동물 양육에 대한 조언을 구하기 어려웠던 사람들에게 이런 프로그램과 영상은 천군만마인 셈이죠.

  이렇게 반려동물의 관심이 높아지면서 관련 시장과 산업도 성장하고 있습니다. 그런데 혹시 '멍겔계수'나 '냥겔계수'라는 말을 들어 본 적이 있나요? 강아지와 고양이의 울음소리에 '엥겔지수'를 붙인 신조어입니다. 엥겔지수는 총지출에서 식료품비 지출이 차지하는 비율을 말하는 것인데, 멍겔지수나 냥겔지수는 가구의 총지출에서 반려견이나 반려묘 관련 지출액이 차지하는 비율을 말합니다. 반려동물 한 마리를 키우는 데에도 비용이 적지 않게 드는 걸 재미있게 표현한 것인데, 그만큼 시장의 규모도 커지고 있다는 말이겠죠.

  이처럼 1인 가구와 외로움을 느끼는 사람이 늘어나면서 펫산업도 크게 성장하고 있습니다. 농림축산부가 2023년 8월 9일 발표한 '반려동물 연관산업 육성대책' 보도자료를 보면, 2022년 국내 반려동물 시장은 8조 원 규모로 세계 시장에서 차지하는 비율은 여전히 낮은 수

준 1.6%이지만, 2032년까지 약 20조 원 규모로 연평균 9.5%의 성장세를 보일 것으로 전망했습니다. 분야로는 스마트 반려동물 화장실이나 대체 단백질 사료 등 펫테크 시장의 성장이 가장 빠를 것으로 예상되며, 펫헬스케어, 펫푸드 등도 크게 성장할 것으로 예상됩니다.

경영컨설팅사인 삼정KPMG도 2024년 6월에 발표한 보고서인 '다가오는 펫코노미 2.0 시대, 펫 비즈니스 트렌드와 새로운 기회'에서 반려동물의 가족화가 확산됨에 따라 반려동물 양육에 지출되는 비용도 증가할 것으로 보고, '가슴으로 낳고 지갑으로 모신다'는 말처럼 반려동물을 통해 외로움을 달래려는 시장의 가능성을 높게 보고 있습니다. 보고서에는 월평균 반려동물 마리당 양육비가 2020년 11만 7000원에서 2023년 12만 7000원으로 상승해, 연간으로는 마리당 152만 원 정도의 양육비가 소요될 것으로 전망했습니다.

이처럼 반려동물 양육 인구의 증가와 반려동물 개체 수가 증가하면서 자연스럽게 개체당 지출규모도 늘어나고, 이에 따라 정부에서도 반려동물 연관산업에 대한 지원을 강화하면서 펫산업은 향후 높은 성장세가 기대되고 있습니다. 특히 최근 글로벌 반려동물 시장의 트렌드는 반려동물이 사람과 같은 인격체로 대우받는 펫 휴머나이제이션 Pet Humanization이라 할 수 있습니다.

이전에는 사료와 밥그릇 등 최소한 용품만 구입하는 것으로 충분했는데, 반려동물을 가족처럼 여기게 되면서 고급 소비재 구입에도 양육자들이 적극적으로 나서고 있고, 시장에서도 이런 욕구를 충족시키기 위해 관련 상품을 준비하고 있습니다. 원료와 성분을 고급화해서 유기농이나 천연원료 기반 펫푸드를 개발하거나 프리미엄화를 노리고 있고, 반려견이나 반려묘의 건강상태나 연령에 맞춘 펫푸드 등의 개인 맞춤화 상품도 출시되고 있죠. 또한, 펫 건강보조식품이 주목을 받으면서 다양하고 세분화한 상품도 나오고 있습니다. 반려동물의 양육이 '주인이 되어 동물을 기른다'에서 '부모가 되어 자식처럼 기른다'는 의미로 바뀌면서, 양육자들도 자신을 엄마, 아빠라고 부르고 있죠.

삼정KPMG의 보고서에 따르면, 최근 글로벌 온·오프라인 유통 강자인 월마트나 아마존 등이 반려동물 용품시장에 이 뛰어들어 디지털 채널에 대한 투자를 늘리고 있고, 반려동물 관련 약국과 보험 등으로 사업 영역을 넓히면서 다양한 분야에서 사업 기회를 노리고 있다고 합니다. 특히 월마트는 반려동물을 대상으로 하는 오프라인 펫약국을 이미 전개하고 있었는데, 2020년에는 온라인 펫약국과 펫보험을 연계한 '월마트 펫케어' 서비스를 본격 개시하여 공격적인 행보를 펼치고 있다고 합니다. 보고서는 아직까지는 반려동물 기술, 펫푸드, 이커머스, 웨어러블 분야가 서로 연결성을 가지고 있지 않은 상황이지만, 향후에는 포괄적인 솔루션으로 묶인 E2E 플랫폼이 경쟁력을 가질 전망이므로, 펫산업 관련 기업들은 AI(인공지능) 등 디지털 기술과 데이터를 활용해 플랫폼을 지속적으로 고도화하는 동시에 반려동물의 생애주기 및 라이프스타일을 고려한 E2E 서비스를 제공해야 한다고 제언하고 있습니다.

요즘 반려동물 출입이 가능한 쇼핑몰을 가보면, 어린아이를 유모차에 태우고 다니는 모습만큼 반려동물을 유모차에 태우거나 함께 걷고 있는 모습을 많이 볼 수 있습니다. 예쁘게 미용하고, 세련되게 옷도 입고, 우아하게 걷는 반려동물의 모습을 보면 정말 아기들에게 쏟는 애정을 반려동물에게 쏟고 있는 반려인의 정성을 느낄 수 있죠. 아무리 돈이 들어도 나의 외로운 마음을 보듬어 주고 마음의 대화 상대가 되는, 게다가 동물을 사랑하는 나의 정체성을 확실히 보여줄 수 있는 반려동물은 어쩌면 가장 소중한 생명일지도 모릅니다.

함께 하니 즐겁지 아니한가

크루crew라는 말을 요즘 참 많이 듣습니다. 원래 영어 단어의 뜻은 '선원 혹은 승무원이나 선원들, 승무원들'인데, '어떤 같은 목표를 가지고 업무를 수행하는 조직'을 의미합니다. 국내에서는 유독 '그룹'이라는 뜻으로, 약간은 젊은 세대의 감각을 덧붙여 표현할 때 사용되는 경우가 많죠. 비보이들의 모임을 '비보이크루'라고 부르는 것처럼 말이죠. 그러다 보니 게임에서는 클랜 혹은 길드와 같은 뜻으로 사용하기도 하고, 클럽과 비슷한 단어로 사용하고도 있습니다.

혹시 '임장크루'라는 말을 들어보셨나요? '임장臨場'은 '현장에 나가 직접 확인한다'라는 뜻으로, 부동산을 거래하고자 하거나 부동산에 관심이 있을 때 아파트나 빌라 등을 직접 방문해 매물 상태와 주변 환경을 살펴보는 과정을 말합니다. 일반 소비자들에게까지 이 단어의 인지도가 올라가게 된 건 집을 구해주는 예능 프로그램 덕분이긴 하지만, 이제는 심심치 않게 뉴스에도 오르내리는 단어가 되었습니다. 임장크루는 '부동산 물건이나 주변 정보를 확인하기 위해 모인 집단'을 의미합니다.

부동산에 관심이 있는 2030세대 사이에서 급속히 확산되고 있는 임장크루는, 혼자서는 임장하기 어색하거나 용기가 나지 않은 사람들 사이에서 인기를 끌면서 온라인 카페를 중심으로 많은 활동이 이루어지고 있습니다. 임장크루는 중개사를 동반하여 함께 움직이기도 합니다. 그러다 보니 최근에는 임장크루의 문제점도 부각되고 있죠. 실제로는 방문한 부동산에 관심도 없고 거래할 생각도 없으면서도 부동산 공부만을 목적으로 중개사의 시간을 빼앗는 사례도 많고, 실제 매물을 구매하려는 척하면서 중개사를 속이는 매뉴얼을 공유하기도 해 중개사들이 어려움을 호소하고 있죠.

요즘은 '임장크루'를 이끄는 사업까지 등장했습니다. 흔히 '임장 원데이 클래스'라는 이름으로 수강생들을 모집하고 수강료를 받는 사업입니다. 하루 날 잡아서 여러 지역을 옮겨 다니며 수십 채의 집을 둘러 보기도 하고, 수십 명 단위로 움직이기도 합니다. 집 보러 가는 데 돈을 낸다는 콘셉트가 이상하게 들릴지도 모르지만, 실제 부동산 거래에 도움을 받기도 하고, 부동산 관련 설명도 들으면서 임장 경험을 유튜브 등에 올리기도 하니 수긍이 가기도 하죠. 조선일보 2025년 3월 3일자 기사를 보니 임장 원데이 클래스의 리뷰에 아래와 같은 내용이 있다고 합니다.

"심심하지 않게 짝꿍도 만들어 주셔서 시간 가는 줄 모르고 임장했네요."
"임장 모임 덕분에 '역시 나는 새로운 사람을 만나는 걸 이렇게나 재밌어 하는 사람이었어'라고 다시 느꼈음."

기자는 임장크루가 부동산의 정보와 지식을 채우는 기회가 아니라 '만남의 광장'의 기회라고 봅니다. 여러 번 임장크루에 참가하는 사람이 많은 이유도, 임장 이후 뒷풀이 식사가 이어지고 그러다 보니 커플로 성사되는 경우도 꽤 있다고 하네요.

'무언가를 하고는 싶은데, 혼자서 하기는 그러네'라는 생각이 들 때, 나와 같은 생각을 하는 사람이 모이는 상품이나 서비스가 있다면 여기에 참가하는 것만으로 1석 2조인 셈입니다. 하고 싶은 무언가를 할 수도 있고, 참가한 사람과 만남의 기회도 있으니까요. 이렇게 혼자라는 외로움에서 벗어나 목적한 바를 이룰 수 있으면서, 또 함께 하는 사람들과의 관계도 맺을 수 있는 상품과 서비스는 임장크루만 있는 것이 아닙니다.

달리고는 싶은데 혼자서 달리자니 외롭기도 하고 왠지 쑥스럽기도 하고, 건강관리 차원에서라도 뛰고는 싶은데 혼자서 하자니 쉽게 그만둘 거 같기도 하고…. 이렇게 생각하는 달리기 애호가들이 모여서 함께 달리는 러닝크루도 있습니다. 달리기를 뜻하는 영어 단어 '러닝 running'에 크루를 붙인 거죠. 사실 달리기를 함께 하는 모임은 이미 동아리나 동호회 등의 형태로 존재했던 만큼 역사 자체는 오래되었는데, 2023년경부터 마라톤을 포함해서 달리기가 인기를 얻으면서 일반인 사이에서 달리기 모임이 유행했고 이를 러닝크루라고 부르기 시작했습니다.

하지만 다수의 인원이 무리를 지어 달리는 러닝크루가 사람들에게 불편을 주는 경우가 발생하면서 이를 바라보는 시선이 이전과는 달라지기 시작했습니다. 러닝크루들이 도로를 대규모로 점유하면서 보행자들이 밀려나고, 달리기를 하거나 준비운동을 하면서 시끄러운 대화를 하거나 소음을 발생시키고, 교차로 등에서 교통법규를 무시하거나 도로 위에서 SNS 홍보용 사진을 찍는 등 눈살을 찌푸리게 하는 모습이 보였기 때문이죠.

사실 러닝크루는 혼자보다는 여럿이서 할 때 더 즐겁게 지속할 수 있다는 장점에서 시작되었지만, 여럿이 하다 보니 혼자서 달리기를 할 때보다는 주위를 배려하지 않게 되고, 그 결과 집단의 힘이나 세를 과시하거나, 자신들은 특별한 집단이라는 착각하는 경향이 생겼습니다. 그러다 보니 "뛰는 게 벼슬이냐?"는 소리도 듣게 되었죠. 마치 개인적으로 만나면 참 단정하고 예의 바른 남성이라도 예비군복을 입으면 삐딱한 사람처럼 구는 경향과 비슷하다고나 할까요. 그래서 일부 지자체는 이런 민폐를 방지하고자 산책로에서는 3인 이상 무리 지어 달리기 자제를 당부하거나, 러닝크루의 출입을 자제하는 현수막을 내걸기도 했습니다.

하지만 러닝크루에 대한 사회적 관심과 인기는 외로움과 관련해서 생각해 보면 상당히 긍정적인 면이 있습니다. 달리기 자체는 우울장애로 고생하고 있는 사람에게는 항우울제 처방의 효과가 있으며 정신 건강과 신체 건강을 향상시키는 효과가 있다고 하네요. 하지만 가장 큰 효과는 외로움을 느끼는 사람들이 러닝크루에 참여하면서 사회적 연결이 형성된다는 점입니다. 러닝크루에 속함으로서 유대감을 확인하고 목표를 완수함으로써 성취감과 동기 유발 효과도 크게 나타납니다. 심지어 누군가와 같이 뛰면서 느끼는 서로의 호흡과 맥박뿐만 아니라 뇌파의 파장까지 동기화된다는 연구결과도 있다고 합니다. 외로움을 느끼는 온라인 세대가 러닝크루에 참여하여 정서적으로 도움을 받으려는 모습은 어쩌면 외로움 사회의 한 단면이기도 한 듯합니다.

임장크루나 러닝크루는 모두 혼자 하면 외롭기도 하고 목표를 달성하기 어려울 때, 다른 사람과 함께 함으로써 더 즐겁게 목표를 달성하려는 의도로 시작되었습니다. 이전이라면 회원(크루)을 모집하는 데에 어려움이 있었겠지만, 지금은 지역 직거래 플랫폼이나 커뮤니티 앱, 그리고 SNS 등을 통해서 쉽게 회원을 모집하는 일정 등을 공유할 수 있게 되면서 활성화되었고, 자연스럽게 회원 간의 커뮤니케이션은 사회적 연결로 이어지면서 혼자라는 외로움에서 벗어나는 데에 큰 도움이 되고 있습니다.

　　임장크루나 러닝크루는 모두 특정 목표를 공유하는 사람들이 모여 체계적으로 정보를 공유하고 연습하며 서로의 성장을 돕습니다. 과거에는 이런 모임이 단순히 정보공유 정도의 차원의 침묵의 동반자와 같은 수준이었다면, 이제는 함께 부동산을 보러 다니고, 수익성을 따져 보기도 하고, 운동도 함께 하면서 목표 달성을 서로 관리해 주는 '훈련과 자기계발의 파트너'로 바뀌고 있는 거죠. 부동산 임장을 나가든 도심을 달리든 크루가 되고자 하는 사람들의 마음에는, 크루가 된다면 자신이 노력한 성과를 다른 사람과 함께 확인하면서 차근차근 삶의 질을 높일 수 있다는 기대감이 있습니다.

　　이런 크루의 활동은 어쩌면 향후 외로움을 느끼는 세대를 중심으로 비즈니스로 성장할 가능성이 큽니다. 러닝크루 관련 시장만 해도, 이미 러닝화 시장이 성장하고 있고, 러닝크루를 위한 트레이닝 프로그램, 피트니스 앱 등이 등장하여 러닝크루의 목표 달성을 지원하고 있습니다.

　　임장크루는 이미 부동산 시장의 침체에도 불구하고 많은 사람이 전문가에게 연수료를 지불하고 함께 임장을 돌고 있으면서, 공인중개사가 임장크루를 운영 관리하면서 비즈니스화하려는 움직임도 보이고 있습니다. 또한, 부동산property과 기술technology을 결합한 용어로 주목받고 있는 프롭테크Prop Tech도 눈여겨보아야 합니다. 정보 기술을 결합한 부동산 서비스산업인 프롭테크의 비즈니스 영역은 크게 중개 및 임대, 부동산 관리, 프로젝트 개발, 투자 및 자금 조달 분야로 분류할 수 있는데, 국내에서 잘 알려진 '직방'이나 '다방' 등의 부동산 중개 플랫폼도 그중 하나입니다. 현재 프롭테크 기업들은 3D 홈 투어 기능, 빅데이터 기반 매물 분석, 관련 임대 정보 제공 등 첨단기술을 접목하여 현지에 임장을 가지 않아도 부동산 매물을 확인하고 점검할 수 있도록 하고 있죠.

하지만 부동산 거래는 소비행위 중에 가장 큰 지출이고, 아직 우리 정서에는 거주보다는 재테크의 의미가 있어서 온라인 임장으로는 '부동산에 대한 이것저것을 직접 보고 확인하고 싶다'는 소비자의 욕구를 충족하기는 어렵다고 생각됩니다. 마치 주식투자를 본격적으로 하기 전에 공부하는 차원에서 책을 사거나 회원비용을 지불하는 것과 비슷하게, 부동산이라는 투자 상품을 공부하기 위해 임장크루 비용을 지불하는 셈이죠. 게다가 이렇게 공부하면서 외로움도 잊을 수 있는 몰입감을 느낄 수 있고, 함께 임장하는 사람들과 유대감을 가질 수 있다면 앞으로도 관심을 가지고 지켜봐야 하는 트렌드라는 생각이 듭니다.

책으로 혼자란 외로움을 처방하다

'혼자 하려면 외롭고 좀 그래서 누군가 함께 하면 좋을 듯하네'라는 마음은 러닝크루와 임장크루로만 연결되는 건 아닙니다. 최근 비슷하게 또 하나의 트렌드로 부각되는 것이 바로 독서클럽입니다.

독서클럽이나 독서모임도 러닝크루와 유사하게 갑자기 최근에 등장한 것은 아닙니다. 아주 오래전부터 동호회 형식으로 운영되어 왔죠. 하지만 비즈니스와 연계되어 사회적으로 관심을 받게 된 것은 최근의 일입니다. 우선 코로나 이전까지는 '독서' 자체가 그다지 우리 사회의 관심 영역이 아니었습니다. 하지만 코로나 팬데믹으로 오랫동안 격리된 시간을 보내면서, 재택근무가 늘고 외부 활동이 줄어들어 집에서 보내는 시간이 늘어나면서 가장 손쉬운 여가 활동으로 독서가 부각되었죠. 이런 흐름은 팬데믹이 끝난 후에도 지속되었는데, 2024년 한강 작가의 노벨 문학상 수상으로 독서에 대한 관심이 폭발하면서 독서클럽도 함께 주목을 받게 되었습니다.

사실 독서클럽 열풍은 1990년대 중반부터 2010년대 초반에 태어난 Z세대의 '텍스트 힙' 트렌드에 힘입은 바가 크다고 할 수 있습니다. Z세대는 독서를 단순한 지적 활동이 아닌 트렌디한 취미로 받아들이고 있으며, 유튜브와 인스타그램 같은 플랫폼을 통해 책과 관련된 콘텐츠를 소비하고 자신의 일상에 반영하는 특징을 보이고 있죠. 이 때문에 인기 유튜버들의 책 추천 콘텐츠는 수십만 조회수를 기록하기도 하면서 Z세대의 독서 문화를 이끌고 있습니다.

Z세대를 중심으로 하는 독서클럽 또는 독서모임은 크게 몇 가지 형태로 구분되어 운영되고 있습니다. 우선은 독서 애호가들이 모여

가볍게 자체적인 동호회 형식으로 진행하는 방식입니다. 지역 플랫폼이나 커뮤니티 앱을 통해 10명 이내의 인원이 자유롭게 모여 책을 선정하여 읽고 일정을 정해 책에 대한 소감 등을 공유하는 모임이죠. 회비는 카페에서 음료를 주문하고 간식을 마련하는 정도의 수준으로 비즈니스 차원이라고 하기는 어렵습니다.

카페나 북카페에서 고객의 서비스 차원 또는 비즈니스 차원에서 독서클럽이나 북클럽을 운영하는 경우도 있습니다. 이때는 연회비나 시간당 이용료를 징수하기도 하고, 회원들에게는 혜택을 주는 경우도 있습니다. 대형 북카페가 이런 회원제 클럽을 운영하기도 하지만, 작은 동네서점에서 단골 고객들을 모아 서점 주인이 호스트가 되어 운영하는 경우도 많습니다. 동네서점이 지역 내 외로운 사람들의 모임 거점이 되어가면서 가장 활동이 활발한 독서클럽이라 할 수 있죠.

출판사가 북클럽이라는 이름으로 운영하는 경우도 있습니다. 출판사는 책을 출판하는 전문 기업이면서 사옥을 가지고도 있어 북클럽의 회원이 오프라인 공간 활동에 참여하기에도 유리한 점이 있습니다. 그리고 온라인 회원 관리도 시스템이 잘 되어 있죠. 출판사 북클럽의 대표로 문학동네의 '북클럽문학동네'를 예로 들 수 있는데, 문학동네의 홈페이지를 보면 2018년 운영을 시작한 '북클럽문학동네'의 2025년 2월 현재 누적 회원은 3만 8000명이며, 2024년 기준 재가입률은 약 38%에 이르네요. 혜택도 다양합니다. 5만 원을 내고 가입하면 북클럽 한정판 도서 2권과 선택 도서 2권, 노트, 드립백, 멤버십 카드 등이 담긴 웰컴키트를 받습니다. 그리고 1년 동안 문학동네에서 개최하는 강연회나 멤버십 전용 프로그램, 그리고 서평단 참여와 함께 독파 챌린지 무제한 이용을 할 수 있는데, 독서 습관을 기르기 위한 루틴을 만드는 독파 챌린지는 다른 회원들과 함께 읽고 감명받는 문장을 공유한 등의 활동과 큐레이션 프로그램 등에 참여할 수 있다고 합니다.

카페나 출판사는 아니지만 책을 중심으로 하는 특별한 공간의 회원을 대상으로 북클럽을 운영하고 있는 곳도 있습니다. '소전서림素磚書林'은 '흰 벽돌로 둘러싸인 책의 숲'을 표방하는 도서관이자 아트살롱입니다. 공간을 이용하는 다른 이용객과 책에 대한 토론을 할 수 있고, 상주하는 북큐레이터가 도서 추천 서비스를 제공하기도 하고, 가입비 10만 원으로 회원이 되면 회원간 북클럽 모임을 지원받고 강연, 공연, 낭독회에도 참여할 수 있죠. 또 하나의 특별한 북클럽은 '최인아책방'의 '최인아책방 북클럽'입니다. 이 북클럽은 1년 회비 25만 원으로, 회원은 매달 책방에서 선정한 책과 편지를 집에서 받아 볼 수 있고, 정기적으로 개최되는 독서모임과 작가 북토크, 전시와 공연, 강연에 온라인과 오프라인으로 참여할 수 있습니다. 특히 매달 1회 토요일 오후 저자, 편집자, 번역자 등과 회원들이 함께 모여 다양한 생각을 주고받는 책모임에 참석할 수 있죠.

이렇게 독서클럽은 함께 같은 문학 서적을 읽고 감상을 나누거나, 비즈니스 서적을 읽고 새로운 사업 아이디어나 경영 지식을 쌓으면서 혼자서는 얻을 수 없었던 타인의 관점과 생각을 배우고 교류하면서 지식 공동체에 소속되어 있다는 느낌까지 느끼게 해줍니다. 특히 동네 서점 중심의 독서클럽은 인근 직장인이나 거주자를 대상으로 하고 있어서, 단순한 독서클럽이 아닌 지역 커뮤니티로 확장하는 힘을 지니고 있죠. 외로움을 느끼는 젊은 세대들에게는 외로움 해소와 소속감과 유대감, 그리고 지적인 성장과 자기계발의 기회를 주는 셈입니다.

서점은 마음이 아픈 사람들을 치유하는 공간으로 거듭나고 있기도 합니다. 앞서 소개한 최인아책방은 '시리즈 클래스'라는 유료 프로그램을 운영하는데, 심리상담 전문가가 진행하는 대면/비대면 마음 상담이나 명상 클래스, 그리고 감정 글쓰기 등의 프로그램으로 마음을 치유하고 있죠. 최근에는 동네서점에서 외로운 마음을 처방해 주는 활동을 하고 있어서 주목을 받고 있죠. 바로 '책 처방'을 콘셉트로 내세운 경기도 파주에 있는 동네서점인 '사적인서점'입니다.

사적인서점에서는 일, 인간관계, 그리고 삶에 대한 고민이 담긴 책이 유난히 많이 꽂혀 있습니다. 책 처방은 서점 안쪽에 아늑하게 꾸며진 상담실에서 서점 대표가 진행합니다. 책 처방을 받고 싶은 사람은 2시간 7만 원인 '기본 책 처방'을 예약하고 신청서에 평소 독서량과 독서 취향 그리고 바라는 점 등을 써내고, 책 처방사인 대표와 2시간 정도 대화를 나눈 후 책 세 권을 추천받죠. 이 추천받은 세 권이 책 처방전인 셈입니다. 내담자는 이 세 권 중 한 권을 고를 수 있고, 나머지 책도 원하면 구매할 수 있죠. 서점이 마음에 무거운 짐이 있거나 외로움을 느낄 때 찾아와서 마음을 풀고 생각을 정리하고 가는 제3의 공간이 되기를 바라는 마음에서 책 처방이 시작되었다고 합니다. 책 처방 손님 40%가 재방문객이고, 무려 49번이나 책 처방을 받은 사람도 있다고 합니다.

외로운 사람에게 책은 소리 내어 말을 건네지 않는 무언의 친구입니다. 가장 쉽게 손에 넣을 수 있고, 내 외로움을 온전히 받아주는 친구죠. 하지만 책과 진정한 친구가 되기에는 우린 너무나 디지털 기기에 익숙해져 버렸고, 많은 콘텐츠 영상에 눈과 마음을 뺏기고 있습니다. 이렇게 하면 더 외로워진다는 것을 잊어버리면서 말이죠.

그래서 혼자서는 책과 친구가 되기 어렵다면, 그리고 외로움을 덜어줄 친구로 책이 필요하다면, 누군가와 함께 책을 읽고 이야기를 나눠보면 어떨지요? 그리고 책 속에서 내 외로움을 처방하는 약을 발견할 수 있다면, 이 외로움의 전성시대도 잘 살아남을 수 있을 것입니다.

외로움을 소비하는

사회

PART 6

자발적 외로움으로
진화하다

The Loneliness Consuming Society

INTRO

외로움은 결여와 결핍에서 비롯되는 정서입니다. 관계, 관심, 애정, 그리고 이해의 결핍이나 결여 등이죠. 외로움은 이런 결핍과 결여에서 찾아오는 부정적인 정서입니다. 이를 방치하게 되면 한없이 마음과 몸을 피폐하게 만듭니다. 그래서 앞선 장에서 말했던 것처럼 쇼핑을 하고, 영화를 보고, 술잔을 기울이면서 잠시라도 외로움에서 벗어나고자 하는 거죠. 외로움의 근원이 되는 '홀로'의 상태에서 벗어나기 위해서 누군가와의 연결성을 확보하거나, 아니면 외롭다는 인식에서 잠시 눈길을 돌릴 수 있는 무언가의 자극을 추구하게 되는 겁니다. 이 모든 것은 '홀로'라는 상태와 '외로움'이라는 정서를, 우리가 부정적인 상태, 부정적인 정서라고 여기고 있기 때문이죠. 그런데 한 가지 생각해 볼 것이 있습니다.

외로움은 분명히 우울이나 불안과 같이 떨쳐버릴 필요성이 있는 정서임에는 틀림이 없습니다. "외로움이란 무엇이라고 생각하나요?"라는 질문을 받으면 사람들은 아마도 '혼자일 때의 느낌' 또는 '홀로 있을 때의 감정'이라고 대답할 겁니다. 그럼 "외로움이라는 정서는 좋은 것인가?"라고 물어보면 아마 대부분 사람은 모두 그렇지 않다고 대답할 거고요. 그런데 정말 그럴까요? 한 연구에서 외로움과 관련된 유의어를 추출해 보았더니 '곤궁하다, 괴롭다, 삭막하다, 쓸쓸하다, 덩그렇다, 적적하다'와 같은 부정적 의미의 단어도 있었지만 '조용하다, 호젓하다, 고요하다'와 같은 긍정적 느낌의 단어도 있다고 하네요.

분명 외로움은 부정적인 느낌을 연상하게 하는 단어이긴 하지만 조용하게 혼자 있다는 점에서는 자유로움을 느끼게 해주는 단어이기도 합니다. 많은 사람의 틈바구니에서 부딪히며 살아가야 하는 일상생활의 피곤함에서 벗어나서 혼자만의 시간과 공간이 필요할 때, 우리는 역시 외로움과 함께 자유로움을 느끼곤 하니까요.

지금까지 우리는 너무 외로움의 부정성에 주목하는 바람에, 외로움이 주는 긍정성에 소홀했던 것이 아닐까 하는 생각이 듭니다. 외로움은 나만을 위한 시간과 공간에서 우리가 자연스럽게 느끼게 되는 정서임과 동시에, 외로움에 둘러싸인 '홀로'라는 상태는 자신에게 집중할 수 있는 여유를 줄 수 있는 상태이기도 합니다.

영어에서 외로움을 표현하는 단어를 살펴보면 부정적 정서와 긍정적 정서가 혼재되어 있는 걸 알 수 있죠. 영어에서 외로움은 흔히 'loneliness'로, '홀로 되어 쓸쓸한 마음이나 느낌'을 말합니다. 하지만 또 다른 단어인 'solitude'를 사전에서 찾으면 '(특히 즐거운) 외로움, 고독'이라고 되어 있어 외로움이나 고독의 쓸쓸함이나 불편함이라는 부정적 의미가 아니라, 즐거움이나 자유와 같은 긍정적 의미를 나타내는 말로도 쓰이고 있습니다.

그래서 그럴까요. 점차 '홀로'의 상태와 그 상태가 주는 '외로움'이란 정서를 바라보는 관점도 조금씩 바뀌고 있습니다. 최근 1인 가구가 증가하고 있고, 특히 젊은 세대 중 '혼자 사는 삶 또는 생활'을 선택하는 사람들이 증가하면서 외로움이 주는 긍정적 측면을 강조하는 비즈니스가 활성화되고 있죠. 흔히 이런 삶을 살아가는 사람들을 '나홀로족'이라고 부르는데, 이들을 타겟으로 한 소형 아파트, 세탁편의점, 반찬전문점, 1인용 가구, 대형마트의 1인용 샐러드, 여행상품 등 다양한 분야에서 '솔로 마케팅'이나 '싱글 마케팅'이란 용어가 등장한 지도 이미 오래전입니다. 최근에는 자신만을 위해 소득의 대부분을 지출하는 나홀로족이 만들어내는 경제 현상을 '솔로 이코노미' 또는 '1코노미'라고 부르기도 한다는 건 앞선 장에서 이미 언급했습니다.

이런 현상의 기반에는 단순히 가족 중심에서 개인 중심으로의 소비자를 바라보는 관점의 변화 뿐만 아니라, 개인 소비자의 '자발적 외로움 추구'를 충족시키는 적극적인 서비스와 상품에 대한 니즈도 한몫하고 있습니다. '자발적 외로움'은 어쩔 수 없이 혼자가 되는 상태를 인식하는 정서가 아니라, 개인이 자신의 욕구를 채워가기 위해 자발적으로 선택하는 외로움을 말합니다. 자발적 외로움은 앞에서 말한 외로움을 긍정적으로 바라보고, 외로움이 주는 시간적, 공간적, 관계적 자유로움을 추구하면서, 자신을 다시 돌아보고자 하는 욕구를 반영하고 있죠.

이제 외로움은 '홀로'라는 상황에서 감내해야 하는 수동적 정서가 아니라, 적극적 노력을 통해 만들어 가는 능동적 정서로 바뀌고 있습니다. 그럼 이런 변화를 좀 더 깊숙히 살펴보도록 합시다.

외로움을 소비하는 사회

01

외로움, 결핍이 아닌
새로운 욕구의 관점

쓸쓸함과 자유로움 사이의 갈등

우리는 자주 두 가지 선택지를 두고 갈등을 느끼곤 합니다. 예를 들어 토요일 오후, 갑자기 두 친구가 각자 티켓이 남는다며 함께 각각 다른 공연을 보러 가지 않겠냐고 제안이 들어온 경우입니다. 두 공연 다 마침 가고 싶던 차였는데, 공교롭게도 공연 시간이 겹칩니다. 자, 어떻게 하면 좋을까요? 둘 다 나에게는 매력적인 선택지이다 보니 갈등이 생깁니다. 친한 친구와 맛있는 저녁을 먹고 수다를 떨 계획이었는데, 애인에게 만나고 싶다는 번개 연락이 들어왔을 때도 양쪽 다 하고 싶은데 아쉬움을 뒤로 하고 한 가지를 선택해야 하는 경우도 갈등이 생깁니다.

그런데 이와 반대의 경우도 있습니다. 양쪽 선택지 모두 피하고 싶은 경우에 생기는 갈등입니다. 아주 쉽게 이해하려면 벌을 받는다고 생각하시면 됩니다. 용돈 삭감과 스마트폰 압수 둘 가운데 하나를 선택해야 하는 아이의 경우가 그것이죠. 용돈이 줄어드는 것도 피하고 싶고, 스마트폰을 압수당하는 것도 싫습니다. 이 학생은 어떤 벌을 선택해야 할지 갈등하게 됩니다. 회사에서 창립기념일에 직원 모두 등산을 가기로 했는데 등산을 가지 않을 사람은 출근해서 업무를 보라고 하는 경우, 등산도 가기 싫고 업무도 보기 싫다면 비슷한 갈등을 겪게 됩니다.

심리학에서는 전자의 갈등을 '접근-접근 갈등', 후자의 갈등을 '회피-회피 갈등'이라고 합니다. 이런 갈등 상황에 빠지면 우리는 어느 한쪽을 선택할 수밖에 없는데, 접근-접근 갈등은 해결하기가 비교적 쉽습니다. 머릿속으로 열심히 계산해서 조금이라도 더 매력적이라고 여겨지는 접근 상황을 선택하면 긍정적인 결과가 되니까 말이죠.

회피-회피 갈등은 조금 복잡합니다. 어느 쪽을 선택하든 결국 자신에게는 부정적이지만 조금 더 피하고 싶은 회피 상황을 선택하게 됩니다. 스마트폰 압수도 용돈 삭감도 결코 아이에게는 바람직한 상황은 아니니까요. 그래서 접근-접근 갈등에 비해 이러지도 저러지도 못하는 스트레스가 발생합니다.

자, 이번엔 다른 갈등 상황을 생각해 봅시다. 외로움과 관련된 갈등입니다. 내가 선택해야 하는 상황이 자신에게 긍정적인 측면과 부정적인 측면을 동시에 지닌 경우입니다. 예를 들어 결혼을 생각해 봅시다. 바람직한 측면은 사회적으로 축복을 받으며 사랑하는 사람과 함께 살아갈 수 있다는 점입니다. 하지만 결혼을 하면 자유롭던 개인의 생활을 포기해야 하죠. 하나의 목표 상황이 이렇게 긍정과 부정의 측면을 모두 지니고 있을 때 우리가 느끼는 심리적 갈등을 '접근-회피 갈등'이라고 부릅니다.

문제는 긍정적 측면으로 접근해서 결혼을 선택하는 경우와 부정적 측면으로 접근해서 결혼 포기를 선택하는 경우 모두 단점이 존재한다는 거죠. 결혼을 선택해서 개인의 자유와 성장이 구속되고 방해받는다는 느낌이 들면 결혼을 후회하게 되고, 결혼 포기를 선택해서 혼자 지내게 될 경우는 외로움 때문에 후회하게 될 수 있죠. 그래서 계속 자신의 선택에 대해 스트레스를 받게 될 가능성이 있습니다.

우리가 경험하는 외로움이 지닌 부정성과 긍정성은 바로 이 '접근-회피 갈등'을 보여 주는 가장 좋은 사례입니다. 홀로 시간을 보내는 것은 쓸쓸함이라는 부정적 측면이 있지만, 자유로움이라는 긍정적 측면도 있습니다. 외로움은 이처럼 두 가지 모두를 지닙니다.

그럼, 이 부정과 긍정의 측면 중 지금 우리는 어떤 것에 더 큰 의미를 두고 선택하고 있을까요? 지금까지는 우리 사회에서는 외로움의 자유로움이라는 긍정성에 크게 의미를 두지 않았기 때문에 당연히 쓸쓸함을 느끼는 부정적 측면을 강조했습니다. 기관이나 단체에 소속되지 않고 혼자서 일을 하는 프리랜서를 생각해 봅시다.

프리랜서는 우리나라 노동시장에 존재하는 중요한 한 축이지만, 프리랜서의 정의를 보면, '사업주와 종속적 관계에 놓여 지휘·감독에 따르는 사람'으로 정의하고 있습니다. 따라서 근로자를 규정하는 근로기준법의 밖에 있는 사람으로 정확한 규모를 파악하기 힘든 상황입니다. 하지만 계속 프리랜서의 수는 늘어나고 있다고 합니다. 우선 당장 이 책을 쓰고 있는 저자 중 한 사람도 프리랜서이고, 이 책의 편집자도 프리랜서입니다. 프리랜서는 노동력 시장이 사회 및 경제의 변화에 맞추어 변화하는 유연성이 올라가면서 자연히 늘어나고 있죠. 여기에는 프리랜서를 바라보는 인식이 큰 역할을 했습니다.

얼마 전까지만 해도 프리랜서에 대해서 안정적이지 못하고, 일상적인 교류도 없이 전문적인 능력을 갖추지 못해 낮은 보상을 받는 사람이라는 인식이 많았습니다. 하지만 최근에 와서는 시간과 공간, 그리고 소속의 제약에서 벗어나 일을 할 수 있다는 프리랜서의 장점이 사회적으로도 주목받고 있고, 팬데믹 이후 재택근무의 경험 등으로 충분히 자신의 능력을 발휘할 수 있는 사회적, 기술적 여건이 갖추어 졌다고 판단하는 사람들도 늘어나면서 프리랜서를 바라보는 인식이 긍정적으로 변화하고는 있습니다.

얼마 전까지의 프리랜서에 대한 부정적 인식은 바로 외로움의 부정성과 연결됩니다. 분명 프리랜서는 자유로움이 최대 장점인 직업 형태이지만 아무래도 '혼자서 고립된' 외로움의 단점을 더 중요하게 보았던 거죠. 심지어는 나이 드신 어른 중에는 프리랜서를 "백수를 다른 말로 부르는 거 아니냐?"고 할 정도였으니까요.

그렇다 보니 얼마 전까지만 해도 자발적으로 프리랜서의 길을 선택하는 데에는 용기가 필요했지만, 이제는 시대와 사회가 변화에 맞춘 인식 전환으로 프리랜서를 자발적으로 선택할 수 있는 직업 형태로 여겨지게 되었습니다. 특히 최근 고능력자들이 프리랜서를 선택하면서 인식 변화는 가속화하고 있죠.

프리랜서를 선택한 후배에게 직장을 그만두면서 불안한 점이 없었냐고 물어보았더니 이런 대답을 해주었습니다.

"물론 잘 다니던 직장을 그만두는 것에 대해 두려움도 있긴 했죠. 하지만 직장에서 일하면서도 계속 이게 맞나 싶었거든요. 내가 정말 하고 싶은 게 지금의 일인가 하고 말이지요. 가족이나 주변 사람들과 이야기도 나눠봤는데 정확히 반반으로 갈렸어요. 왜 쓸데없이 위험 부담이 있는 선택을 하느냐는 사람과 과감하게 네가 하고 싶은 것에 도전해 보라는 사람으로요. 어느 쪽을 선택해도 장단점이 있는 거라면, 일단 젊은 시절에 1년이라도 빨리 시작하고 싶은 걸 한번 해보자고 결심하게 되었죠."

하지만 막상 퇴사를 결정하고 사직서를 내면서까지 가장 걱정했던 것은 수입이 줄어든다는 것보다는, 소속된 집단에서 벗어나 함께 일할 동료도 없이 혼자 모든 것을 해내야 한다는 외로움을 과연 감당할 수 있을까였다고 합니다.

"혼자가 된다는 게 외롭다는 뜻이기도 하지만, 모든 걸 제가 혼자서 해내야 한다는 부담이기도 하더라고요. 잘할 수 있을 거란 자신은 있었지만 그래도 가슴 한구석에 '혼자서' 해내야 한다는 불안은 계속 남아 있었던 것 같아요."

이렇게 프리랜서를 결정하는 과정은 외로움이나 사회의 부정적 시각이라는 회피하고 싶은 면과, 자유로움과 능력에 맞는 보상이라는 접근하고 싶은 면이 동시에 작용하는, 전형적인 회피-접근 갈등의 사례입니다. 예전에는 외로움과 부정적 시각에 중점을 두고 선택했다면, 최근에는 많은 사람의 자유로움과 능력에 맞는 보상에 중점을 두기 때문에 선택이 늘어나고 있다고 보아야 하겠죠.

인간의 모든 결정과 선택에는 100% 만족은 있을 수 없습니다. '가지 않은 길'을 항상 돌아보게 되는 것처럼, 선택하지 않았던 다른 선택지에 대한 미련과 후회가 있기 마련이죠. 회피-접근 갈등에서의 선택은 조금이라도 더 미련과 후회를 줄이는 방향으로 결정되는데, 사실 이런 것은 수학적으로 더하고 빼고 해서 결정되는 것은 아닙니다. 결국은 어떤 선택지에 더 비중을 두는가의 문제이지요.

이렇게 생각하면 현대인들은 외로움보다는 자유로움에 더 비중을 두는 경향을 가지고 있다고도 볼 수 있습니다. 사회적 소속감이나 함께 일하는 사람들이 부재라는 외로움보다는 개인의 능력을 마음껏 발휘해 보면서 누군가에 종속되거나 휘둘리지 않는 자유로움을 더 추구하는 삶을 살고 싶다고 생각하고 있는 거죠.

    물론 아직은 이렇게 자유로움과 외로움이 공존하는 갈등 상황에서, 자유로움이 외로움을 상대로 명확히 승리하고 있다고 말하기는 힘듭니다. 하지만 확실히 말할 수 있는 것은 현대 사회는 외로움을 희생해서 개인의 자유로움을 선택하는 것을 긍정적으로 인식하는 사람들이 늘어났다는 점입니다. 여러분이라면 외로움 또는 자유로움 중 하나를 선택해야 할 상황이라면 어느 쪽을 선택하겠습니까?

관계의 폭증이 관계의 피로로

결핍을 채우려 하는 것은 인간, 아니 모든 생명체의 본성입니다. 영양의 결핍, 즉, 굶주림은 먹는 행위를 통해 채워집니다. 수면의 결핍을 메우기 위해 우리는 잠을 자고, 체온 유지를 위해 우리는 털옷을 입고 불을 피웁니다. 이런 결핍의 상태와 이를 메우려고 하는 행위를 중계하는 것이 바로 감정이나 정서입니다.

    결핍의 상태가 발생하면 인간은 두려움, 불안, 우울과 같은 정서를 느낍니다. 이런 부정적인 정서는 사실 지금의 결핍이 계속된다면 생존의 문제가 발생하거나 생활하기가 어렵다는 것을 알리는 경고 알람과 같습니다. 그래서 우리는 빨리 이런 부정적 정서를 없애려고 노력하죠. 외로움도 다른 부정적 정서들과 마찬가지로 우리에게 발생하는 뭔가의 결핍 상태에 대한 경고 알람입니다.

외로움은 타인과의 관계, 사회의 관심과 인정, 그리고 자신에 대한 이해가 기대 수준에 미치지 못하거나, 이전보다 더 낮아졌다고 느낄 때 울리는 경고 알람의 정서입니다. 가족에게 사랑받지 못한다거나 대화가 줄어든다고 생각되면 외로움의 알람이 울립니다. 처음에는 아주 작은 소리로 울리겠지만, 상태가 악화하면 점차 우렁찬 소리로 울립니다. 직장 상사로부터 인정받지 못하거나 동료들과 함께하는 업무에서 소외되는 느낌이 들거나, 친구들과의 대화가 겉돌고 있다고 느낄 때도 알람이 울립니다.

이렇게 관계와 관심, 인정, 이해의 결핍이 만들어 내는 외로움을 근본적으로 해결하는 것은 결핍의 상태를 다시 원상태로 되돌리는 것이지만 이것이 말처럼 쉽지도 않을뿐더러 근본적 해결에는 시간도 많이 소요되기 때문에 우리는 주변에서 할 수 있는 간단한 소비행위, 쇼핑이나 독서, 영화 감상 등으로 근본적 해결보다는 임시적 해결을 하는 편이죠. 그리고 이런 임시적 해결은 그 결핍이 치명적이고 장기적이지 않다면 대단히 빠르고 효과적일 수 있습니다.

이렇게 외로움이 결핍의 상태에서 발생하는 정서라는 점에서 인간은 아주 오랫동안 외로움이라는 결핍을 채워야 했고, 외로움이라는 정서는 존재 자체를 좋지 않게 여겨 왔습니다. 아무리 외로움이 자유로움을 내포하는 의미가 있다고 해도 말이죠. 외로움은 떨쳐 버려야 할 대상이며, 외로움에 빠진 사람은 사회의 부적응자라는 인식이었죠.

이런 인식이 현대에서도 완전히 없어진 것은 아니지요. 외로움은 인류가 무리 지어 생활하기 시작하면서부터 회피해야 할 정서이기도 했으니 외로움 회피 욕구는 우리의 DNA에 뿌리 깊게 박혀 있을 겁니다.

관계의 결핍에서 발생하는 외로움을 적극적으로 회피하여 결핍 상태를 메우려고 했던 것은 인간이 지구상에 존재하는 다른 동물들에 비해 육체적으로 뛰어나지 않은 능력을 지닌 것에서 유래합니다. 강하지도, 빠르지도, 날지도 못하는 인간은 한 사람 한 사람을 떼어 놓고 보면 정말 약한 존재였을 뿐이었죠. 그래서 생존을 위해 선택한 것이 집단생활입니다. 집단생활에서 벗어나서 홀로 된다는 것은 생존의 위협이었고, 집단생활에서 누리던 풍요로움을 더는 누릴 수 없다는 것을 의미했죠. 게다가 집단생활을 하는 과정에서 인간은 서로 커뮤니케이션하고, 짝을 짓고, 가족을 이루는 과정에서 행복감을 느끼게 되면서 더욱 집단에 대한 중요성을 깨닫게 됩니다. 이런 과정을 거치면서 인간은 홀로 되는 상황에서 이전에는 느끼지 못했던 외로움이라는 부정적 감정을 지니게 되었고, 이 정서에서 어떻게 해서든 벗어나야 한다는 욕구를 품게 되었습니다. 외톨이가 되었을 때는 불안감을 느끼도록 하는 유전자가 진화를 통해 살아남으면서 인간은 강한 유대감을 선호하는 성향을 지니게 되었고, 외로움은 그 결과인 셈이죠.

그러다 보니 외로움은 아주 큰 괴로움으로 다가옵니다. 그래서 사회적 유대감은 인간의 정상적인 욕구이기 때문에 사회적으로 고립되면 고통스러운 감정인 외로움을 느낍니다. 인간이 하나의 종으로 살아남을 수 있었던 것은 사회집단 안에서 관계를 맺는 능력 때문이며, 인간의 강점은 소통하고 협력하는 능력입니다. 우리가 지닌 외로움을 포함한 다양한 감정은 이렇게 인류의 생존을 위한 진화 과정의 산물인 셈입니다.

그런데 세상이 바뀌기 시작했습니다. 관계가 중요한 것은 아직도 변함이 없지만, 혼자가 된다는 것이 더는 생존의 문제가 되지 않는 시대가 된 거죠. 함께 있어야 생존이 안전한 시대는 이미 오래전의 일이 되었고, 인간이 소속되어 안전감과 행복감을 느끼는 집단도 그 의미와 성격, 종류가 다양해졌습니다. 인간 대부분은 이제 국가, 지자체 등의 공적인 거대 집단에 속해 안정된 생활을 할 수 있게 되었고, 행복감을 부여하던 집단도 가족을 벗어나 친구, 지역, 동료, 지인의 범위로 넓어지다가 인터넷이 등장하면서 취미와 취향, 가치관이 같은 사람들과의 관계로까지 넓어지게 되었죠.

이에 따라서 '외로움도 조정이나 통제가 가능하지 않을까?'라고 생각하게 되었죠. 가족에게 받았던 외로움은 온라인 대화방에서 풀어낼 수도 있고, 직장에서 느낀 외로움은 동호회에서 풀어낼 수 있는 시대가 되었으니까요. 그런데 외로움과 관련된 문제는 오히려 다른 곳에서 불거집니다. 그것은 관계의 과다라고 하는 문제입니다. 관계해야 할 대상이 되는 사람과 집단 너무 많아지게 되었고, 관계의 횟수도 폭발적으로 증가하면서 발생한 문제입니다.

예전에는 중학교까지만 다녀도 교육이 끝나는 시기가 있었지만, 지금은 대학교는 기본이라고 생각하는 사람이 많아졌습니다. 그러니 공부를 하면서 인간관계를 맺는 범위가 초등학교, 중학교에서 고등학교, 대학교로까지 확대했고, 대학원, 해외 유학 등으로 점차 넓혀지다 보니 자연스레 관계의 양이 증가했죠. 학교뿐이 아닙니다. 친구 관계도 그렇습니다. 학교와 동네 친구에 머무르던 친구가 이제 학원 친구, 동아리 친구, 인터넷 게임 친구 등으로 온/오프라인을 넘나들며 만들어지고 있죠. 가깝게 살던 동네 친구의 범위도 같은 활동이나 취미를 공유하는 동호회 친구로 지역을 넘어 확대되고 있습니다.

하지만 관계의 범위가 확대된 것보다 관계의 양이 증가한 것에 더 주목해야 합니다. 시도 때도 없이 울려대는 스마트폰의 전화벨(진동)과 SNS 메시지의 알람이 바로 대표적입니다. 언제 어디서든 누구와도 소통이 가능한 시대에 외로움에 버금가게 우리가 힘들어하는 것은 역설적이게도 지나치게 많은 범위의 대상과 관계하고 있고, 절대적으로 많은 횟수라는 관계의 양의 문제입니다. 그럼 양이 늘어났으니 관계의 질을 조금 떨어뜨려서 대응하면 좋겠지만 상대방이 금방 알아차리고 '왜?'라고 쉽게 물어볼 수 있는 상황이다 보니 이런 대응전략도 좀처럼 통하기 어렵습니다. 그래서 많은 사람은 외로운 것이 문제가 아니라, '관계의 양을 일단 줄여 보고 싶다'라는 생각을 하게 되었고, 자발적으로 관계를 끊고 외로움을 선택하는 움직임이 주목받고 있습니다. 이제 외로움은 관계의 결핍에서 발생하는 부정적 정서가 아니라, 관계의 단절을 통해 적극적으로 추구해야 하는 정서로 받아들여지기 시작했습니다.

사회조사기관인 한국리서치가 2024년 12월 26일 공개한 '2024 인간관계 인식조사'에 따르면, 관계를 통해 즐거움, 기대와 같은 긍정적인 감정을 느끼는 동시에 피로감과 같은 부정적인 감정도 어느 정도 함께 느끼고 있다고 합니다. 특히 즐거움이나 행복과 같은 긍정적인 감정을 느꼈다는 응답은 2022년 첫 조사부터 3년간 70%대를 유지하고 있기는 하지만, 즐거움은 4%, 설렘과 기대감도 2%, 4% 정도 하락하는 등 점진적으로 하락 추세에 있다고 하네요. 관계로 인한 피로감을 느끼는 사람도 51%, 불안함과 두려움을 경험했다는 사람도 29%에 달했습니다.

현대 사회가 보여주는 관계의 폭증은 관계의 피로도로 연결되어 관계를 정리하고자 하는 모습도 나타나고 있죠. 스마트폰의 전화번호나 SNS의 연결 대상을 정리하는 것은 이제 누구나 하는 관계 정리법의 기초가 되었습니다. 적극적으로 관계를 정리하는 방법을 소개하는 동영상이나 글들이 SNS에서 공유되고, '스트레스를 받지 않고 인간관계 정리하는 법'이나 '불필요한 인간관계 과감하게 정리하는 법'을 알려주는 친절한 글들도 많은 사람이 참고로 하고 있죠.

물론 홀로되는 외로움을 경험하기 위해 관계를 정리하는 것은 아니지만, 지나친 관계에 대한 피로감과 회의감이 이전보다 확대되고 있는 것은 분명한 사실이라 할 수 있습니다.

나만의 시간과 공간에 대한 욕구

그럼, 관계에 피로감을 느끼는 현대인이 원하는 것은 무엇일까요? 바로 자신만의 시간과 공간입니다. 관계의 피로감이 쌓이는 이유는, 돈을 벌어 생활하기 위해 어쩔 수 없이 일해야만 하는 과정에서 맺게 되는 피로감이 가장 큰 영향력을 미치겠지만, 필요에 따라 또는 어쩔 수 없이 만들어진 지인이나 친구 등의 관계를 계속 유지하는 데에 정신적, 시간적 노력이 소모되기 때문입니다. 그러다 보니 정작 자신에게 필요한 능력을 기르기 위한 자기계발의 시간도 부족하고, 투자해야 할 여력을 충분히 확보할 수 없습니다. 그런데 이런 자기계발 시간과 여력보다도 현대인이 더욱 필요하다고 느끼는 것은 오롯이 자신을 돌아보기 위한 시간과 여력입니다.

누군가는 현대 사회를 '시간 경쟁 사회'라고도 부릅니다. 모든 사회구성원에게 공평하게 주어지는 것은 능력도 자본도 아닌 바로 시간이며, 이 시간을 어떻게 활용하여 얼마나 빨리 자신의 목표를 이루느냐를 경쟁하는 사회라는 뜻입니다. 기업은 오래전부터 경쟁 기업을 이기기 위해 분초를 다투어 가면서 목표를 이루고자 했는데, 개인도 결국은 같은 시간 경쟁에 뛰어들어야 했다는 거죠. 주어진 시간을 쪼개 자신의 능력을 증진하고, 관계를 만들고, 확충하고, 목표를 설정하고 관리하면서 자신의 목표를 이루어야 성공한 인생을 영위했다고 느낄 수 있는 사회인 셈입니다.

1980년대에 대입 수험생 사이에서 회자 되었던 '사당오락四當五落'이란 표현도 결국은 시간 경쟁의 슬픈 모습을 보여주는 것이었죠. 하루에 네 시간 자면서 공부하면 대학에 붙고, 다섯 시간 자면서 공부하면 대학에 떨어진다는 뜻의 유행어였습니다. 우리는 이렇게 어린 시절부터 시간과 싸워가며 살아오면서 정작 나는 누구이며, 어떻게 살아야 하는가에 대한 자기성찰의 시간에는 인색했습니다. 시간 경쟁을 하는 이유가 '목표를 효율적 방법으로 달성하기 위해서'였는데, 어느 순간부터 목표가 무엇인지를 모르는 체 그저 '효율적인 방법'이라는 단어에만 신경을 써왔고 '도대체 그럼 무엇을 위한 방법이었나'라는 목표는 잊힌 거죠.

그런데 시대와 사회는 조금씩 바뀌어 갑니다. 사회적, 경제적 지위가 노력을 통해 역동적으로 변화하는 시대와 사회라면 개인이 시간을 쪼개가며 더 노력하면 충분히 경쟁 우위에 올라설 수 있지만, 사회가 어느 정도 성숙한 단계에 이르면 개인에게 주어진 자본력, 교육 정도 그리고 부모나 친척 등의 배경이 경쟁 우위에 설 수 있는 더 효율적인 기반으로 자리하게 됩니다. 이런 상황에서 개인들은 '어차피 경쟁 우위에 서는 것은 정말 어려워졌는데, 그럼 왜 나는 여전히 효율적 방법에 신경 써야만 할까?'라는 의문을 품게 됩니다. 그러면서 이렇게 생각하게 되죠.

인생의 목표가 사회적, 경제적 경쟁 우위에 서는 것이라 한다면 분명

효율적으로 시간과 노력이라는 자원을 어떻게 활용하는가가 중요한 포인트가 되겠지만, 혹시 인생의 목표가 다른 것이라면 시간, 노력, 관계라는 자원을 기존의 방법으로 활용하는 것은 아무 의미가 없지 않을까?

이런 생각들은 결국 '인생의 목표'를 바꾸어 생각하는 관점의 전환으로 이어집니다. 내 인생의 목표는 '나만의 행복을 달성하는 것', '나를 완성하는 것', '진정한 나의 모습을 찾아가는 것'이라고…. 다시 말하면 사회적, 경제적으로 우위에 서는 것은 나의 인생 목표가 아니며, 이건 사회에서 요구하는 강요된 인생 목표라고 생각하는 거죠. '나' 중심주의라고도 생각할 수 있는 이 인생 목표의 관점 전환은 외로움과 관련된 인식의 변화를 가져옵니다.

내 인생의 중심점이 '타인이나 사회'가 아니라 '나'라면, '타인과 사회'를 위한 시간과 노력을 '나'에게 집중해서 투여해야 한다는 의식이 싹트기 시작했습니다. 타인과의 관계도 그 관계가 나의 행복에 밀접하게 관계되는가를 중심으로 재편되고, 나의 행복과 관련이 없거나 방해가 된다면 적극적으로 그 관계를 배제하는 것이 더 바람직하다고 여겨지게 된 거죠. 하지만 이런 생각을 하기 위해서 가장 먼저 필요한 것은, 과연 나는 '어떤 사람이며, 어떤 인생 목표를 지니고 있으며, 어떤 것에서 행복감을 느끼는가'를 스스로 파악해야 합니다. 자신의 정체성, 목표, 행복감의 원천을 파악하지 못한다면 그저 타인을 배려하지 못하고 관계를 무시하는 자기중심적이고 이기적인 인간이 되고 말기 때문입니다.

　의식 조사결과를 보아도 나만의 시간뿐만 아니라, 나만의 공간의 필요에 대한 의식이 높아지고 있음을 알 수 있습니다. 스웨덴의 가구 및 생활 소품을 판매하는 다국적 기업인 이케아가 세계 38개국 소비자를 대상으로 2023년 한 해 동안 진행한 설문 조사결과를 공개한 '2023 라이프 앳 홈 보고서: 10년의 보고'를 보면, 한국 응답자의 40%는 '집에서 홀로 있을 때 즐거움을 느낀다'라고 답해 전 세계 1위를 기록했습니다. 이는 집을 홀로 있기 위한 공간으로 인식하고, 홀로 있을 때 긍정적 정서를 느끼고 있다는 것을 말해 줍니다.

　시장조사 전문기업 엠브레인이 2024년 발표한 '2024 '나 홀로 활동', '나 홀로 공간' 관련 조사' 결과를 보아도 나 홀로 활동과 공간에 대한 니즈를 확인할 수 있습니다. 전국 19~59세 남녀 1000명을 대상으로 한 조사에서, 집에서 보내는 시간이 2018년 대비 2024년 증가했다고 답한 비율이 22.9%에서 26.3%로 증가했는데, 특히 20대에서 가장 큰 폭으로 증가했습니다. 그리고 혼자 있는 시간의 비율도 2018년 41.3%에서 2024년 44.5%로 증가했는데, 2024년 20대의 혼자 있는 시간 비율은 53.1%에 달했죠. 이와 함께 혼자만의 공간의 필요도를 묻는 질문에 필요한 편이라는 응답은 2018년 78.8%에서 2024년 81.1%로 증가했으며, 20대는 필요하다는 응답이 87.2%에 달했습니다. 즉 집에서 보내는 시간, 혼자 지내는 시간, 혼자만의 공간의 필요도가 증가하고 있으며 특히 젊은 층에서 이런 혼자만의 공간과 시간에 대한 니즈가 크다는 것을 알 수 있습니다.

또한, 조사에서 혼자만의 공간에 대한 니즈의 이유를 물어본 결과, '집안에 나만의 공간을 만들고 싶다'가 82.1%, '나만의 공간을 쉽게 찾을 수 없다면 자동차도 나만의 공간이 될 수 있다고 생각한다'가 77.5%, '나는 아무도 모르는 나만의 아지트를 갖고 싶다'가 68.8%의 응답률을 보여 혼자만의 공간에 대한 니즈가 상당히 크다는 것을 알 수 있죠. 특히 '조용한 사색과 휴식을 할 수 있는 공간이 지금 나에게는 필요하다'라고 답한 응답자가 73.3%에 이른다는 점은 혼자만의 공간이 단순히 나 혼자 점유하고 사용할 수 있는 공간이 있다는 것으로 끝나는 것이 아니라, 자신을 돌아볼 수 있으며 휴식을 할 수 있는 충분한 환경 요건을 갖춘 공간을 소비자들이 원하고 있다는 것을 짐작할 수 있죠.

이런 나 홀로 공간을 구체적으로 어떤 이유에서 사람들은 필요로 하는 걸까요? 응답자들은 다른 어떤 것에도 신경 쓰고 싶지 않으며(65.8%), 혼자 하고 싶은 것들이 많은 데다가(46.6%), 사람들과 있으면 신경 써야 할 것들이 많기(39.5%) 때문이라고 답해 관계적, 사회적 피로감에서 벗어나고자 하는 욕구가 영향을 미쳤다고 볼 수 있죠.

나 홀로 시간, 그러니까 혼자서 시간을 보내는 것에 대해서는 어떻게 생각할까요? 과연 외로움으로 느끼고 있는 걸까요? 혼자 시간을 보낼 때의 느낌을 물은 결과를 보시죠.

혼자 보내는 시간을 부정적으로 느끼는 사람의 비율은 1.8%에

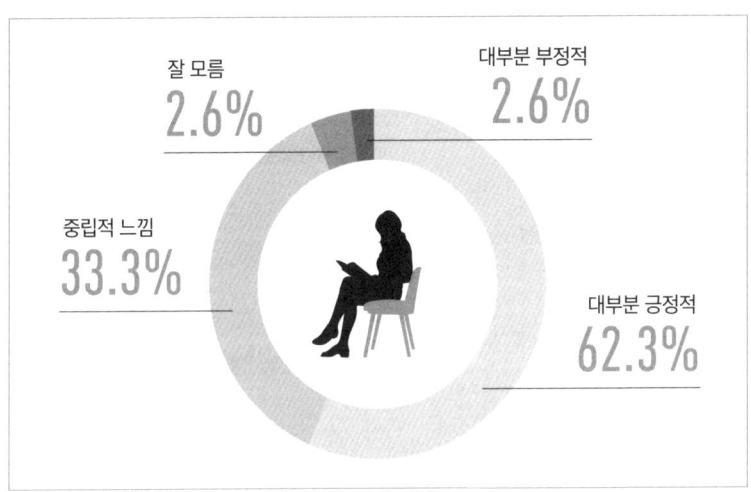

'혼자 시간을 보낼 때의 느낌' 조사결과
(출처: 엠브레인, "2024 '나 홀로 활동', '나 홀로 공간' 관련 조사', 2024)

그쳤지만, 긍정적으로 느낀다는 비율은 무려 62.3%나 되네요. 그러니까 현대인들은 혼자 보내는 시간에 대해 외로움과 같은 부정적 느낌이 아니라 긍정적인 가치를 느끼고 있다고 답한 것입니다.

혼자만의 시간과 공간에 대한 니즈가 늘어나고 있고, 이를 긍정적으로 바라보는 현상은 국내에만 국한된 것은 아닙니다. 최근 일본의 조사결과도 이것이 하나의 시대의 트렌드라고 말해 줍니다.

국제적인 광고대행사인 하쿠호도博報堂 사의 하쿠호도생활종합연구소가 1993년과 2023년 조사를 실시하여 비교 결과를 발표한 '홀로 의식과 행동조사: 1993년과 2023년 비교데이터 보고서(ひとり意識·行動 調査: 1993年/2023年比較データ集)'를 보면, '혼자 있는 것이 좋다'는 응답이

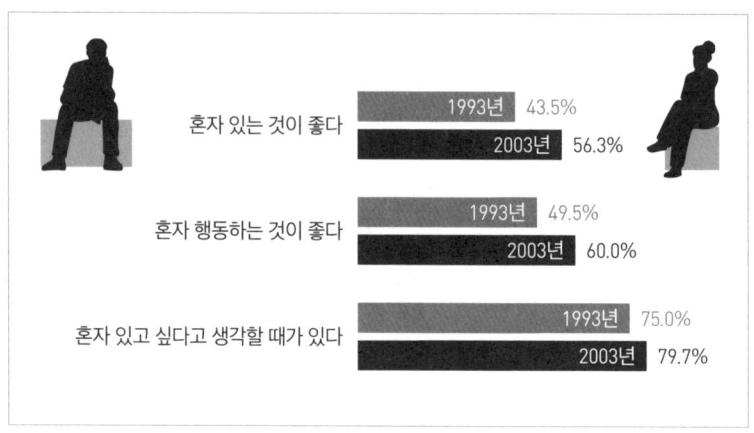

'홀로 의식과 행동 조사' 조사결과
(출처: 博報堂生活研究所, 'ひとり意識·行動調査: 1993年/2023年比較データ集, 2024)

43.5%에서 2023년에는 56.3%로, '혼자 행동하는 것이 좋다'는 응답은 49.5%에서 60.0%로 증가하면서 홀로 보내는 시간과 행동에 대해 모두 50% 이상의 긍정적인 응답이 나왔습니다. 그리고 '혼자 있고 싶다고 생각할 때가 있다'라는 응답도 1993년의 75.0%에서 2023년에는 79.7%로 증가했습니다. 이에 따라 평일에 혼자 지내는 실제 시간도 1993년 2시간 22분에서 2023년에는 3시간 2분으로 늘어났죠.

    우리나라와 일본의 혼자만의 시간과 공간에 대한 조사결과는 사실 놀랄 만한 것은 아닙니다. 이미 두 나라 모두 혼자 밥을 먹는 '혼밥'부터 혼자 여행을 떠나는 '혼행'을 비롯해 혼자 코인 노래방을 가고 혼자 운동하는 등 혼자 지내는 일상이 보편화 되었죠. 이런 변화는 한국이나 일본이 집단주의 영향이 큰 문화권에 속해 있었다는 점에서 보면 주목할 만한 변화이기도 합니다. 특히 우리나라의 경우 엠브레인의 조사결과에서 보듯이, 20대를 중심으로 한 젊은 세대에서 보이는 혼자만의 시간과 공간에 대한 욕구의 팽창은 사실 집단주의 문화에 대한 반발이라고도 볼 수 있습니다. 그동안 너무 지나치게 개인을 억압하고 개인의 자유와 프라이버시를 침해하는 관습, 특히 취직은 했는지, 애인은 있는지, 결혼은 언제 할 건지, 아이를 낳을 건지 등을 아무렇지도 않게 물어보는 사회 풍토에 대한 반발로 혼자의 시간과 공간에 대한 욕구가 가속화되고 있다고 해석할 수도 있는 거죠. 특히 명절의 친척 모임이나 회사의 회식같이 다 함께 얼굴을 마주하는 시간과 공간에서 피로감을 느끼고, 나만의 시간과 공간을 더욱 갖고 싶다는 욕구가 커졌을 가능성도 있습니다.

02

자발적 외로움을
추구하는 소비

'혼자'와 '함께'의 적절한 균형을 위한 기획력

"'혼자'가 되려면 기획력이 필요한 것 같아요. 올해는 태어나서 혼자서 지낸 시간도 벌써 10,000일이 되는 날을 기념해서 혼자만의 여행을 떠나기로 했어요. '올해도 참 열심히 살았구나'란 생각에 '자, 그럼 내년에도 힘내볼까'라고 새로이 다짐하게 돼요. 올해는 평소에는 잘 가지 못했던 전시회나 공연장에 혼자서 가려고요. 그런데 혼자서 움직이기 위해서는 뭔가 '기획력'이 필요한 것 같아요. '자유롭게 지낼 수 있는 시간을 어떻게 잘 활용할까'라는 기획력 말이죠." (27세 여성, 회사원)

앞에서 조사결과를 소개한 하쿠호도생활종합연구소는 2024년 '개인의 시대 새로운 행복론'이라는 주제로 '혼자의 삶이 분출하는 시대'를 다루면서 생활자들의 인터뷰와 학자들의 의견, 그리고 관련 조사의 데이터를 온라인에 공개하고 있는데, 혼자가 되어 살아가는 삶에 필요한 것은 '기획력'이라고 말한 인터뷰가 유독 눈에 들어옵니다. (자세한 내용은 https://seikatsusoken.jp/miraihaku2024/를 참조)

혼자의 삶이 중심이 되는 시대와 사회에서 개인이 행복하게 지내기 위해서는 어떻게 시간을 보낼지를 잘 궁리하고 이를 실천할 수 있도록 노력할 필요가 있다는 것이죠. 그는 주어지는 시간만을 수동적으로 자신을 위해 사용하는 것이 아니라, 적극적으로 자신만의 시간을 만들고, 그 시간의 효용성을 만들어 내는 것은 결국 자신의 역할이라고 말합니다.

이처럼 자신만의 시간을 기획하고 활용하기를 통해 적극적으로 자발적인 외로움을 지향하는 사람들이 늘어나고 있습니다. 과거에는 업무에 여유가 생기거나, 휴일이 생기거나 할 때 즉흥적으로 아무 계획도 하지 않고 훌쩍 여행을 가거나 해서 자신만의 시간과 공간을 확보하려고 하는 경향이 있었지만, 최근의 자발적 외로움을 추구하는 사람들에게서는 이와는 다른 모습이 보입니다.

위의 인터뷰 응답자는 이런 말도 덧붙입니다.

"원동력은 '지금이 아니면 못하는 것을 해보자'라는 거 아닐까요? 저는 '호기심'이나 '후회하지 말기'를 가슴에 새기고 살아요…. 이런 생각이 우선 혼자 살아가는 원동력이 아닐까 해요. 혼자 있다는 외로움도 있긴 하지만, '혼자만'의 욕구가 훨씬 더 크지 않나 싶어요."

친구와 여행을 간다면 아무래도 친구의 성격이나 체력, 취향 등도 고려해서 동선을 계획해야 하고, 맛집도 각자의 기호가 있으니 신경 써야 하지만, 혼자 간다면 시간이나 동선, 그리고 여행지도 마음대로 결정할 수 있다는 것이 좋은 점이죠. 이 응답자는 그렇다고 혼자만의 여행을 고집하는 것이 아니라면서, 친구들과의 여행도 계속 즐기고 있다고 합니다.

다른 인터뷰 응답자는 혼자만의 시간은 길어지는 인생을 대비하는 시간이라고 하네요. 회사원으로 근무하면서 작가를 겸업하고 있는 39세 남성의 이야기도 한번 들어볼 필요가 있다고 생각합니다.

"자기만의 시간은 자신을 위한 씨를 뿌리는 시간이라고 생각해요. 나이가 들면 언젠가는 사회생활도 전성기를 지나면서 초조함도 생길 텐데, 이럴 때 내가 무언가 다른 일을 할 수 있을지도 걱정이에요. 그래서 작게나마 카페도 운영하고 있어요. 개인적으로는 혼자 있는 걸 좋아하지만, 커뮤니케이션할 수 있는 다른 사람들과 어울리지 못하면 어떻게 하나 걱정도 있죠. 그래서 혼자만이 아니라 여러 커뮤니티에 속하려고 노력하고 있어요. 일도 그렇지만 저는 여러 가능성의 씨앗을 뿌려두는 것이 중요하다고 생각해요. 그래서 연극도 하고, 글도 쓰고, 피아노도 배우고, 미술과 역사를 좋아해서 책을 읽으면서 공부도 하고 있죠. 어떤 씨앗이 예쁜 꽃을 피울지는 모르겠지만 씨앗을 뿌려두지 않으면 꽃은 기대할 수 없겠죠. 혼자만의 시간은 이런 씨앗을 뿌리는 시간이 됩니다."

이야기를 들어 보면 혼자만의 시간에 대한 욕구가 크고, 혼자 지내는 시간과 공간을 확보하려고 노력을 하지만, 그렇다고 해서 다른 사람들과 함께 하는 시간과 공간에도 소홀하지 않으려는 모습입니다. 단지 지금까지의 사회와 시대가 '함께'를 중시하는 경향이 있었기 때문에 '혼자'의 시간과 공간을 확보하기 위해서는 좀 더 적극적으로 나서야 할 필요가 있다는 거죠.

특히 인생의 시간이 길어지고 있는 현대인에게는 언제까지나 함께 있는 생활을 영위하기는 어렵습니다. 배우자나 자식, 친구들과도 죽음, 이사, 이별 등의 여러 가지 이유로 함께 하지 못하고 혼자 생활할 가능성도 있죠. 이럴 때 외로움이라는 부정적 정서에 휩싸여서 남은 인생의 시간을 보낼 수밖에 없다면, '행복한 삶을 살고 싶다'라는 목표는 달성 불가능한 것이 되고 맙니다. '인생의 시간이 길어진 만큼 혼자만의 생활을 할 가능성도 높아진 지금, 젊은 시절에 미리 준비해 둔다면 충분히 대처할 수 있지 않을까'라는 마음이 인생의 씨앗을 뿌리는 혼자만의 시간을 보내는 이유이기도 합니다.

그래서 어떤 씨앗을 어떤 영역에 뿌릴 것이냐는 것을 잘 생각하고 기획해야 겠죠. 이것이 바로 외로움에 적극적이면서 긍정적으

혼자만의 시간 보내기	사회와의 연결성	의료 서비스의 활용
셀프케어	기존 관계 강화	전문가 상담
건강한 식사	가족·친구와 관계 강화	헬스케어 전문의
충분한 수면	새로운 관계성	정신건강 상담사
정기적 운동	이웃	
자기계발	지역 활동	
생각·회화 스킬 향상	자원봉사 활동	
취미·창작 활동	동호회, 클럽 활동	
사교에 필요한 에너지 관리	온라인 그룹	
인간 이외 관계 맺기		
반려동물 등과의 교류		

외로움, 고독, 사회적 고립의 대처법(예시)
(출처: PwC Japan Group, '孤独·社会的孤立、その緩和のヒントとビジネス', 2024.12)

로 대처하는 방법이 되기도 합니다. 세계 4대 회계법인이자 컨설팅사인 PwC PricewaterhouseCoopers 일본 그룹이 2024년 12월에 공개한 '고독·사회적 고립, 이의 완화를 위한 힌트와 비즈니스' 보고서를 잠깐 참조해 보도록 하죠. 이 보고서는 외로움, 고독, 사회적 고립의 대처법을 크게 '혼자만의 시간 보내기', '사회와의 연결성', 그리고 '의료 서비스의 활용'이라는 세 영역으로 나누었습니다. 각 영역에서의 구체적인 대처법은 '개인 시간의 충실화'와 '타인과의 시간 확보'가 핵심이라고 합니다.

보고서에 제시된 이미지를 보면 외로움에 대해 능동적인 대처가 필요하다는 것을 알 수 있습니다. 보고서는 일시적인 외로움과 고독의 해소와 같은 소극적인 대처는 근본적인 문제를 해결하지 못한다고 보고 있죠. 그래서 적극적으로 대처하는 것이 개인적으로도 사회적으로도 필요하다고 강조하고 있습니다.

개인은 혼자만의 시간을 충실하게 보낼 수 있도록 자신에게 무엇이 필요하며 무엇을 하고 싶은지, 그리고 무엇을 하면서 지낸다면 자신의 인생을 풍요롭게 만들 수 있는지를 고민해야 한다고 말합니다. 그리고 사회는 이를 지원할 수 있는 제도적 장치와 비즈니스를 마련해야 한다고 이야기합니다. 그리고 혼자만의 시간을 충실하게 보내면서도 사회와의 연결성을 잃어버리지 않고 강화하는 것. 이것을 위한 전제 조건은 물론 '나는 어떤 인생을 보내고 싶은가'에 대해 고민하고 자신을 돌아보는 것입니다. 그렇게 해야 내가 할 수 있는, 내가 하고 싶은, 내가 이루고 싶은 일을 알 수 있기 때문입니다.

자신과 마주하는 시간과 공간에 대한 절대 욕구

앞서 회사원이자 작가를 겸업하고 있는 39세 남성은 이런 이야기도 들려주었습니다.

"혼자 있으면 내가 누구이며, 무엇을 좋아하고 어떤 사람이길 원하는지에 대해 생각하는 시간을 갖게 돼요. 저는 사람들과 계속 만나서 이야기를 해야 하는 일을 하고 있는데, 물론 이 일이 저에게 맞긴 하지만 그렇다고 일만 하다 보면 저 자신이 붕 떠 있는 느낌을 받곤 하거든요. 혼자서 저를 돌아보는 시간을 갖고, 끊임없이 변화하는 사람이 되고 싶어요. 생각해 보면 나를 발전시켜야 나도 성장할 수 있는데, 이런 시간이 정말 필요해요."

혼자만의 시간은 자신과 마주하고 허심탄회하게 대화를 나눌 수 있게 해줍니다. 특히 타인과의 관계로 채워지는 시간과 공간에서 바쁘게 살아오는 현대인일수록 그런 시간이 필요하죠. 개인의 성장과 발전도 결국은 이런 시간을 기반으로 해야 자신이 추구하는 인생 목표에서 벗어나지 않고 올바른 방향으로 나아갈 수 있습니다.

20대 후반의 다른 여성도 인터뷰에서 같은 이야기를 하고 있습니다.

"혼자만의 시간을 갖고 싶은 이유는, 물론 긴장을 풀고 편히 쉬고 싶다는 마음도 있지만, 다른 사람들이 바라보고 생각하는 저 자신에 머물게 되는 것이 두렵기도 하기 때문이에요."

그런데 시간은 항상 공간과 같이 움직입니다. 나 혼자만의 시간을 보내기 위해서 그 시간을 보낼 수 있는 공간도 필요한 법입니다. 나를 돌아보는 시간은 공간과 맞물려 있으니 시공간의 문제인 셈입니다.

물론 회사에 있는 자신의 자리에 앉아, 동료들이 퇴근하고 아무도 없는 시간을 나 혼자만의 시간으로 보낼 수도 있습니다. 집에 돌아가 내 방에서 조용히 나 혼자만의 시간을 보낼 수도 있죠. 충분히 일상생활에서도 나 혼자만의 시간과 공간을 확보할 수 있습니다. 그런데 어떨까요? 일상의 공간에서 내가 원하는 만큼 나를 돌아보고 충분히 자신과 대화하며, 나는 누구이며 무엇을 원하고, 또 나는 어떤 인생 목표를 추구해야 하는지를 생각해 보는 것은 아마도 생각보다 어려울 겁니다.

우리 인간은 자신의 내면과 대화하고 깨달음을 얻기 위해서 아주 오랜 옛날부터 일상의 공간에서 벗어나 비일상의 공간에서 시간을 보내곤 했습니다. 장인들은 아무도 없는 산골에 들어가 자신의 기술을 연마했고, 고승들은 외딴 암자를 찾아 들어가 깨달음을 얻었고, 수행자들은 마을을 벗어나 광야를 떠돌면 자신만의 길을 추구했고, 위대한 예술가들은 자신만의 공간에서 작품과 마주하면서 고독의 시간을 보냈습니다. 흔히 단련, 수행, 고행, 깨달음은 사람들의 틈바구니에서 살아가는 일상에서 벗어나서야 가능하다고들 말하는 이유이기도 합니다.

일상에서 벗어난다는 것은 자신과 관련을 맺고 있는 사람이나 일, 그리고 책임, 의무 등과 거리를 둔다는 의미입니다. 일상에서 우리를 고민하게 만들기도 하고, 나 혼자만의 시간 만들기를 어렵게 하는 것이 바로 사람, 일, 책임, 의무와 같은 것이니까요. 그래서 이것들과 실제로 거리를 둔 공간에서 나 혼자만의 시간을 갖는 것이 진정한 나 혼자만의 시간이라고 사람들은 생각하게 됩니다.

그래서 자발적으로 외로울 수 있는 나 혼자만의 시공간을 추구하는 대표적인 소비행위가 바로 혼자서 떠나는 여행입니다. 이를 '혼행'이라고 부르고 혼행을 즐기는 사람은 '혼행족'이라고 부릅니다.

과거에는 혼자 여행을 하는 것이 위험하다는 인식이 있었지만, 이제는 이런 인식도 많이 달라졌습니다. 부산관광공사가 2022년 '혼자 여행하는 여성을 위한 부산 가이드북'을 온라인으로 발간한 사례처럼 각 지자체는 혼자만의 여행에 도움을 주는 정보를 온라인에 게시하며 쉽게 찾아볼 수 있도록 하고 있어 정보 부족의 어려움도 많이 해소되면서 혼행족은 증가하는 추세입니다.

서점 사이트에 들어가 '혼행'이나 '혼자 여행'을 검색하면, 혼자 여행하기 좋은 코스 소개나 여행 준비에 필요한 가이드북, 그리고 혼자 여행의 이야기를 담은 수필집 등 정말 많은 책이 혼행족의 손길을 기다리고 있음을 알 수 있습니다. 그래서 이제는 혼행이라는 단어뿐 아니라, 혼캠(혼자 캠핑), 혼등(혼자 등산), 혼캉스(혼자 바캉스)' 등으로 세분화되고 있을 정도입니다.

혼자 여행이 증가하고 있는 이유는 여러 가지가 있습니다. 가장 큰 이유는 물론 혼자만의 시간을 갖기 위해서입니다. 그리고 사람들과 함께 여행을 가게 되면 일정이나 음식 메뉴, 숙소까지 상대방을 고려해야 하고 눈치를 봐야 하는데, 오롯이 자신의 취향만을 고려할 수 있다는 장점도 있죠. 그리고 여행하면서 경험하는 사람과의 인연이나 자연이 주는 감동과 같은 우연의 선물들도 기대할 수 있습니다. 여럿이 가는 여행은 대부분 모든 사람의 의견이나 취향을 맞추어 계획을 짜게 되다 보니 이런 우연적 선물을 기대하기가 어렵기 때문입니다. 이런 새로운 만남을 통해 일상에서는 드러나지 않았던 새로운 자신을 발견하기도 하죠.

한국문화관광연구원이 2022년 4월에 발간한 보고서 '관광 트렌드 분석 및 전망 2023~2025'를 보면, '초개인화 시대'와 '여행경험의 나노화'의 영향으로 혼자만의 여행이 이미 정착되었으며, 혼자 여행하는 개인은 자신이 선호하는 테마(미식관광, 야간관광, 캠핑과 차박 등)와 관광 활동을 추구하면서 관광시장은 더욱 세분화될 것으로 전망하고 있습니다. 특히 향후 AI 디지털 전환에 따라 개인의 여행 기획력이 향상하면서, 더욱 자신에 초점을 맞춘 혼자만의 여행 경향은 증가할 것이라고 보고 있네요.

지금도 이미 챗GTP와 같은 생성형 AI 사이트에 '강진 2박 3일 여행'을 입력하면 일자별로 자세하게 여행의 순서와 볼만한 곳, 그리고 맛집과 맛봐야 하는 음식 등을 일목요연하게 정리해서 알려주고 있습니다. 재미있게도 '강진 2박 3일 혼자 여행'이라고 입력하면 앞의 결과와는 다른 여행 계획을 알려 줍니다. 여행 조건에 맞춘 정보를 쉽게 얻을 수 있으니 자연스럽게 여행 기획력도 향상될 수밖에 없을 겁

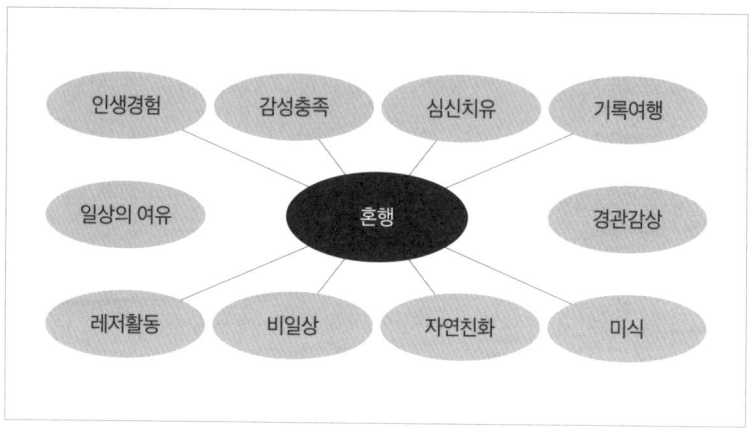

빅데이터 분석으로 추출한 혼행의 키워드
(출처: 한국관광공사, '빅데이터를 활용한 혼자하는 여행 인식변화 및 행태분석', 2022)

니다.

　이렇게 앞으로 혼자의 여행은 지금보다 더 활성화될 것으로 예상되는데, 한국관광공사가 2022년 발간한 '빅데이터를 활용한 혼자 하는 여행 인식 변화 및 행태분석, Data & Tourism Vol.9.'을 보면 인생 경험, 감성충족, 심신치유, 기록여행, 미식, 자연 친화 등의 키워드들이 혼자 여행의 중심키워드임을 알 수 있습니다. 특히 인생 경험과 관련된 키워드에는 '체험', '추억', '기대감', '도전', '청춘', '버킷리스트' 등과 함께 '미래 고민'이 포함되어 있어 자신의 인생에 대해 돌아보려는 자아 성찰의 목적이 젊은 층의 여행 욕구와 연결되어 있음을 알 수 있습니다. 앞서 한국문화관광연구원이 관광 트렌드 분석에서도 혼자 여행의 트렌드를 '여유로움, 심미성, 자아 성찰'로 언급한 것과 같은 흐름

혼자 여행의 동기
(출처: 한국관광공사, '빅데이터를 활용한 혼자하는 여행 인식변화 및 행태분석', 2022)

입니다.

한국관광공사의 보고서는 이런 내용을 바탕으로 혼자 여행의 동기를 위 그림과 같이 정리했습니다. 역시 가장 중요한 동기는 혼자의 시간과 공간에서 힐링과 함께 삶의 전환점을 생각하면서 자신에 대해 돌아보는 것이라는 확인할 수 있죠.

이렇게 혼자 하는 여행은 자신이 주체가 되어 길을 만들어 나아가고, 그 길에서 새로운 우연적인 만남을 통해 새로운 나를 발견할 수 있으면서, 내면에 집중할 수 있는 혼자만의 시간도 가질 수 있는 장점이 있습니다.

혼자만의 시간과 공간을 제공하는 서비스

혼행의 가장 큰 동기와 목적은 혼자만의 시간과 공간을 확보한다는 것이지만, 여행의 방식과 형태는 각양각색이라서 정말 천천히 자신을 돌아보는 자아 성찰의 기회를 마련하기가 말처럼 쉽지는 않습니다. 교통편과 숙박 시설을 알아보기 바빠 생각에 깊게 잠길 수 있을 만큼 조용한 곳을 찾기도 어렵고, 짐을 많이 가지고 가면 거추장스럽기도 하고, 손에 있는 스마트폰에 마음을 뺏겨 혼자만의 시간에도 SNS을 들여다보고 있는 자신을 발견하게 되죠. 그래서 아예 자아 성찰을 위해 조용하고 편안한 혼자만의 시간과 공간을 제공하는 본격적인 시공간 서비스가 있습니다. '1인 스테이'라고 불리는 공간을 제공하는 서비스입니다.

    한 사람만이 묶을 수 있는 숙박 시설을 말하는데, 기존의 비즈니스 호텔 1인실과 조금 다른 것은 단순히 잠을 자고 쉬는 곳이라는 의미가 아니라, 힐링과 자아 성찰을 유도하는 목적으로 운영되는 곳이라는 점입니다. 그래서 시설에 머무는 동안 시간을 사색과 성찰에 활용할 수 있도록 책을 테마로 하거나 그림, 음악 등 문화예술을 테마로 하는 시설이 대부분입니다. 힐링이나 인생 돌아보기 내용이 담긴 책을 비치하고 자유롭고 편안하게 언제 어디서나 독서를 할 수 있도록 책상, 의자, 조명 등을 적절하게 배치해 놓은 '북 스테이'가 가장 대표적인 시설입니다.

1인 스테이는 크게 나누어 보면 도심이나 시내와 같이 접근성이 좋은 곳에 묵을 수 있는 '도심형 스테이'와 도시를 벗어나 산이나 숲속 등에 자리한 '숲 스테이'로 나누어 볼 수 있습니다. 도시에 있는 1인 스테이는 분명한 장점이 있긴 하지만, 개인의 일상생활권인 도시를 벗어나지는 못한다는 단점이 있습니다. 하지만 제주시와 같이 관광 도시에 있는 1인 스테이는 기존의 호텔이나 모텔들과는 차별화된 컨셉트로 젊은 층에게 다가가고 있죠.

　　도심형 스테이보다 인기가 많은 것이 바로 자연 속에서 머물 수 있는, 흔히 '숲 스테이'입니다. 자연 속에서 혼자만의 시간을 보내면서 독서와 휴식을 할 수 있는 공간 제공을 목적으로 운영되는 시설로, 2인 이상이 함께 묵을 수도 있긴 하지만 기본적으로 숙박공간은 1인 중심으로 구성되어 있고, 책을 읽고 차를 마실 수 있는 공용 부분이 있습니다. 공간에 머무는 동안에는 스마트폰이나 노트북 등의 디지털 기기를 사용하지 못하도록 하는 디지털 디톡스를 실행하고 있는 곳도 있죠.

　　대표적인 숲 스테이로 현재 유명한 곳은 '마음의숲', '숲속의 작은 집', 그리고 '썸원스페이지 숲someonespage forest' 등이 있는데, 썸원스페이지 숲(이하 썸원스페이지)을 사례로 숲 스테이를 한번 살펴보도록 하죠.

　　썸원스페이지는 춘천의 숲속에 자리하고 있는데, 시설 주변이 자연으로 둘러싸여 있어서 나무와 하늘과 별을 볼 수 있는 숲을 매력적으로 활용한 곳입니다. 공간은 숙박공간과 공용공간으로 나누어져 있

썸원스페이지 건물 주변과 공용 부분

습니다. 숙박공간은 크게 세 가지 타입으로 구분됩니다.

우선 '숲 속의 내 방'은 1인 기준의 방으로 최대 2인까지 사용 가능하며, 다양한 책과 음악 감상을 위한 LP플레이어가 있는 객실입니다. '에반스의 서재'는 최대 4인까지 이용할 수 있는 개인 서재가 있는 독채형 객실 공간입니다. 서재형 거실과 침실로 구분되어 있고 전용 정원이 있습니다. 디자인 서적과 그림책, 그리고 LP와 LP플레이어, 블루투스 스피커가 있죠. 이렇게 4인까지 이용할 수 있는 객실을 독채로 따로 떨어뜨림으로써 혼자서 조용한 사색의 시간과 공간을 즐기고자 하는 이용객들과 분리하고자 하는 의도입니다.

마지막으로 썸원스페이지의 당초 설립 목적인 1인 스테이를 위한 '혼자만의 방'이 있습니다. 오직 나에게만 집중하는 방이라는 컨셉으로 한 사람만 머물 수 있으며, 책과 LP플레이어가 있죠. 조용한 휴식과 자발적 고립을 원하는 1인 여행자를 위한 곳이라고 홈페이지에서 소개하고 있습니다.

썸원스페이지는 1인용 객실 두 개, 2인까지 쓸 수 있는 객실 한 개, 그리고 4인까지 이용할 수 있는 독채가 한 동으로 구성되어 있어서, 하루에 머물 수 있는 이용객이 대단히 한정되어 있습니다. 그래서 좀처럼 예약하기도 어렵습니다.

썸원스페이지의 모든 방에는 TV가 없는 대신 다양한 책들과 음악을 들을 수 있는 기기가 있습니다. 준비되어 있는 음악도 모두 자신을 돌아보는 데에 도움이 되는 음악들입니다. 재미있는 점은 와이파이가 잘 안되도록 설정해 놓아서, 휴대폰 통화는 되지만 인터넷 접속은 어려워 자연스럽게 디지털 디톡스를 유도하고 있습니다.

썸원스페이지는 인터넷 홈페이지에 '썸숲은 펜션이 아닙니다. 비슷한 결을 가진 사람들의 회복과 회고의 공간입니다'라고 밝혀 두었습니다. 단순히 여행을 와서 잠을 자고 가는 곳이 아니란 뜻이죠. 인스타그램을 방문하면 '자발적 고립 & 마음 회복 공간'이라고 공간의 성격을 규정하고 있습니다. 일상에서 멀리 떨어진 시공간에서 자발적 고립을 통해 긍정적으로 마음을 회복하고 돌아갈 수 있도록 지원해 주겠다는 뜻입니다. 그래서 예약을 할 때 인원과 방문 이유를 써서 주인장에게 제출해야 합니다. 인스타그램에 소개되어 있는 한 여성의 1인 방문 이유를 보니 이렇게 쓰여 있네요(저작권의 문제가 있을 수 있어 각색해서 소개합니다).

"회사에서 조금 힘든 일이 있어서 너무 우울해 한숨을 짓다가 이러다가는 내가 아닌 나로 살아가게 되는 건 아닌지 무서웠어요. 그래서 혼자만의 시간을 가지면서 다시 제 인생을 돌아보면서 정리하고 싶었고 책과 쉼이 있는 곳을 가보자고 결심하게 되었어요."

그리고 각 방에 놓인 노트에는 머물렀던 여행자들이 지내면서 느낀 점들을 적어 놓았습니다. 자신에 대해 많은 생각을 하고 돌아가는 이용객들이 노트에 빼곡히 적어 놓은 이야기는 인스타그램에서 읽어볼 수 있는데, 혼자만의 시공간이 주는 힘이 얼마나 큰가를 실감하게 됩니다.

2023년 6월 8일에 썸원스페이지 인스타그램에 관리자가 올린 방문객 분석결과를 보니 혼자 여행자 40%, 친구끼리 40%, 엄마와 딸 여행자 10%, 가족 10%의 비율이었다고 하는 걸 보면 북 스테이나 숲 스테이는 혼자만의 시공간을 추구하는 사람은 물론, 누군가 함께 하고 싶은 사람도 누릴 수 있는 공간 서비스로 자리매김하고 있음을 알 수 있습니다.

외로움을 소비하는

사회

Short Last PART

장기적 관점의
외로움 비즈니스

The Loneliness-Consuming Society

마지막 장은 짧게 장기적 관점에서 외로움에 대처하기 위한 비즈니스로는 어떤 것이 있는가를 앞서 6장에서 잠깐 다룬 PwC 일본 그룹의 '고독·사회적 고립, 이의 완화를 위한 힌트와 비즈니스'의 내용을 참조해서 이야기하려 합니다.

      보고서에는 외로움에 따라서 일시적이며 순간적으로 외로움을 완화할 수 있는 상품과 서비스, 그리고 장기적으로 외로움을 완화하고 해소할 수 있는 장기적 소비로 나누어서 생각해야 한다고 말합니다. 일시적 소비는 일상생활에서 쉽게 할 수 있는 쇼핑이나 콘텐츠 소비, 팬덤이나 동호회 활동의 참여 등을 통해 일상의 활력을 되찾고, 외로움이 주는 불안이나 우울을 덜어주는 소비를 말합니다. 이런 소비를 통해서는 외로움의 본원적 해결은 어려울 수 있지만, 일상생활에 어려움을 유발할 정도의 외로움이 아니라 잠시 마음을 어지럽히고 고민을 하게 만드는 외로움이라면 충분한 대처가 가능한 소비라고 할 수 있죠.

이에 반해 장기적 소비는 어느 정도는 본질적인 외로움의 원인에 대처할 수 있는 소비를 말합니다. 예를 들어 동물이나 가정용 로봇 등과의 일상적 교류, 그리고 건강이나 생활문제와 관련된 셀프케어나 커뮤니케이션 지원을 활용하는 것이죠. 다른 사람들과 교류를 할 수 있는 시설을 이용하는 것도 중요한 장기적 소비에 속하는 행위입니다.

보고서는 장기적으로 외로움에 대처하는 소비를 위한 상품과 서비스를 '혼자만의 시간 충실화'를 구현하는 첫 번째 단계로 시작해서, '집과 외부가 이어지는 세계'를 구현하는 단계, 그리고 마지막으로 '외부로 확대되는 자신의 세계'를 구현하는 단계, 이렇게 세 가지 단계로 나누어 IT와의 관계를 중심으로 비즈니스를 분석하고 있습니다.

그럼 '혼자만의 시간 충실화' 단계의 상품과 서비스는 어떤 것이 있는지 뒤의 표를 보면서 이야기를 해보죠. 이 단계의 비즈니스는 주로 IT와 관련된 것이 많습니다. 이 중에는 이미 시장에 나와 있는 상품과 서비스도 있고, 향후 기대되는 것들도 있습니다. 우리도 익히 알고 있는 채팅로봇이나 개인의 생활을 지원하는 맞춤형 AI에이전트가 핵심이라 할 수 있죠. 이 단계의 비즈니스는 자신의 존재 의의를 확인할 수 있도록 도와주거나, 사회로부터 인정을 받는 인정 욕구나 타인의 관심을 충족시킬 수 있는 관계 형성에 초점이 맞추어져 있습니다.

두 번째로는 '집과 외부가 이어지는 세계'를 구현하는 데에 도움을 주는 상품과 서비스의 개념입니다. 외로움이 깊어 집 안에 머무는

구분			사례개요	특징
모바일 앱	인간 이외의 연결성	가상 친구	• 인공지능을 탑재한 채팅로봇 친구로, 개인 전용 AI친구 가능	• 가상친구를 통해 자신을 객관적으로 바라보고 사고와 감정을 이해하며 대처법을 학습
	셀프 케어	자기 관리	• 수면, 명상, 휴식 등의 정신건강케어 서비스	• 세계적으로 알려진 다운로드 횟수가 많은 서비스도 있으며, 서비스 제공 기업에 주목이 집중
로봇/ 인형	인간 이외의 연결성	동거	• 일상생활을 편리하게 하는 기능은 없지만, 이용자의 곁에 머무는 '동거인' 역할	• 머신러닝으로 이용자에 대해 학습하여 성격과 개성을 형성하고, 말하기에 국한되지 않는 커뮤니케이션이 가능
		케어	• 이용자의 자립심을 높이고, 건강한 생활 촉진을 지원	• 건강 관리 뿐만 아니라, 일상회화, 농담, 게임 등도 함께 즐기며, 이용할수록 관계가 깊어지는 학습기능 장착
		인형	• 음성인식기술이 탑재되어 있어 회화, 일정과 시간 알림기능 등으로 일상생활 지원	• 실제 어린이의 목소리로 800~2000개의 단어가 탑재되어 있어서 간단한 일상회화가 가능

혼자만의 시간 충실화를 지원하는 상품 서비스 개념
(출처: PwC Japan Group, '孤独·社会的孤立、その緩和のヒントとビジネス', 2024.12)

시간이 길어지면서 사회적으로 고립 상태에 빠질 가능성이 있는 사람들을 대상으로, 새로운 관계를 형성하고 기존의 관계는 강화하는 데에도 비즈니스의 기회가 있다는 점을 말하고 있습니다. 역시 이 단계까지는 여전히 IT 중심의 개념이 적용되고 있네요. 이 단계에서는 키워드는 '이동, 대화, 역할'입니다. 집에서 좀처럼 나가지 않는 사람들을 IT를 활용하여 바깥세상과 이어주는 기능을 지원하는 비즈니스가 핵심입니다. 일본이나 우리나라의 경우 특히 거동이 불편한 고령자가 많은 나라라서 이 분야의 비즈니스 활성화에 큰 가능성이 있다고 생각되네요.

마지막으로 '외부로 확대되는 자신의 세계'를 구현하는 데에 도움을 주는 상품과 서비스의 개념입니다. 행동 범위를 넓히고 외로움

구분			사례개요	특징
모바일 앱	새로운 관계성	통화	• 무작위로 선택된 누군가와 연결하여 다양한 주제로 대화 가능	• E2E로 암호화된 사적인 대화 환경
		SNS	• 익명 채팅으로 취미 등을 공유하며 편하게 커뮤니케이션할 수 있는 친구 만들기 등을 지원	• 성격진단 테스트 기반으로 이용자의 흥미를 분석하고, 흥미에 맞는 콘텐츠 추천이나 다른 이용자 소개 기능도 이용
	셀프케어/ 새로운 관계성	자기 관리	• 적절한 건강보험이나 셀프케어 강화 및 고독 경감을 위한 커뮤니케이션 지원 소개 • 현재 습관, 우선 사항, 충족되지 않은 니즈 등을 건강 관심사와 연결시켜, 같은 관심을 가진 사람이나 훈련을 받은 도우미 또는 가이드와 연계	• 건강보험 플랜의 멤버 특전으로 제공 • 이용자는 자격이 있는 코치의 비디오그룹 섹션에 참가하여 소셜 스킬, 회복력, 대처법, 건강 습관을 익힘 • 필요에 따라서 의료보험, 지자체, 고용주, 제휴기관이 제공하는 건강 서비스를 소개
로봇	기존 관계 강화	분신	• AI가 아닌 커뮤니케이션을 목적으로 하는 복지기기	• 직접 현장에 가지 않아도 이용자가 안심하고 이용할 수 있는 수단으로서 병원, 회사, 학교, 가정에서 사용
		케어	• 질병 등으로 장기간 결석하는 아동 등을 대상으로, 앱으로 조작하여 교실에 있는 로봇을 통해 수업 참가	• 자신과 연결된 로봇으로, 같은 학년 친구들과 함께 공부하고, 학급 일원으로 소속의식 함양
안부 확인	새로운 관계성	정기 방문	• 고령자 전용 배달 도시락을 점심과 저녁 하루 두 번 배달하여, 배달 시 고령자 상태를 점검하고 안부를 확인	• 택배기사가 이상을 감지한 경우, 담당자나 가족과 연계하여 서비스 대상자 안부 확인 • 치매 서포터 양성강좌를 비롯해 다양한 자격 취득이나 강좌를 수강하는 등, 독자적인 지역 밀착형 서비스 전개

집과 외부가 이어지는 세계의 구현을 지원하는 상품 서비스 개념
(출처: PwC Japan Group,'孤独·社会的孤立、その緩和のヒントとビジネス', 2024.12)

과 고립의 해소와 예방을 위해 효과적인 비즈니스 개념을 이야기하고 있습니다. 여기서 주목해야 할 점은 '제3의 장소'입니다. 제3의 장소는 집과 직장이라는 지극히 일상적인 장소 이외에, 친구들이나 마음이 맞는 사람들과 어울려서 즐길 수 있는 장소를 말합니다. 카페, 서점, 동네의 술집이나 음식점 등이 도시인이 쉽게 접근할 수 있는 제3의 장소라

구분			사례개요	특징
모바일 앱	새로운 관계성	상호 도움	• 문제가 생겼을 때 도움을 주고받거나, 도움을 신청할 수 있도록 하는 앱	• 짐을 옮기거나 버스나 지하철 환승을 힘들어 할 때 가볍게 도움을 요청하거나, 도움을 준 상대방에 대한 감사함을 눈에 보이는 형식으로 제공
		액티비티 (친구 만들기)	• 이벤트를 기획하거나, 주거지 관련 이벤트를 검색하여 참가할 수 있도록 하는 플랫폼	• 새로운 커뮤니티를 만들어 잠재적 리더십을 발휘할 수 있도록 하거나, 사교성을 기를 수 있도록 함
			• 오프라인 활동이나 클럽, 동호회 등을 온라인 베이스로 작성하거나 검색	• 온라인으로 새로운 사람들과 만나서 우정을 쌓고, 다양한 활동을 함께 할 수 있도록 실생활의 친구를 만들도록 하는 서비스
기획		상업 이벤트	• 장난감 등을 제조하는 기업과 소규모 단체가 자신들의 제품개발 관련 이벤트 개최	• 기존 이용자 간의 교류와 새로운 이용자 개척 기회로 활용
제3의 장소		커뮤니티	• 커뮤니티 카페(카페형 살롱)의 지속적 개최 • 교류할 수 있는 장소와 기회의 창출	• 특정 날짜에 대화 상대를 찾을 수 있도록 하는 교류형 정기적 이벤트 개최
생활환경			• 대규모 교류형 주거 공간을 건설하여, 고령자간, 젊은 세대간, 혹은 고령자와 젊은 세대 사이를 연결하는 커뮤니티를 형성	• 도심 접근성이 좋은 교외에 혼자 생활하는 고령자나 육아 스트레스로 고민하는 세대를 연결해 주는 서비스도 제공하는 커뮤니티를 형성
인재 육성	자기계발	새로움 배움	• 등교거부 학생이나 중퇴자를 대상으로, 배움과 수험 준비를 지원하는 개인지도 제공 • 우울증이나 발달장애로 일을 하지 못하는 사람을 대상으로, 전문적인 비즈니스 스킬을 학습시키는 취업 지원	• '실패해도 다시 일어설 수 있는 사회'를 만들 수 있는 배움의 장을 제공 • 고독과 사회적 고리의 예방적 역할

외부로 확대되는 자신의 세계 구현을 지원하는 상품 서비스 개념
(출처: PwC Japan Group, '孤独·社会的孤立、その緩和のヒントとビジネス', 2024.12)

고 할 수 있죠. 우리나라에서는 앞선 장에서 다루었던 동네서점이 그런 장소에 해당합니다. 하지만 최근에는 갤러리와 같은 문화예술과 관련된 공간이나, 백화점이나 문화센터 등에서 운영하는 교육 공간 등도 제3의 공간으로 주목받고 있죠.

또 하나 주목할 만한 것은, 세대 간을 이어주는 서비스를 제공

하는 비즈니스입니다. 일본에는 고령자와 젊은 세대가 함께 아이를 돌보는 지역공동체 커뮤니티를 운영하는 비즈니스가 확대되고 있고, 많은 사람이 주목하고 있죠. 이미 2024년 65세 이상 인구가 전체 인구의 20%를 넘어서면서 초고령화 사회에 진입한 우리나라의 경우, 이렇게 고령 세대와 젊은 세대가 함께하는 장점을 살린 비즈니스가 활발해진다면 고령화 문제와 저출생 문제 모두를 해결하는 기회가 될 가능성이 있으리라 생각합니다.

보고서는 IT가 관계를 변화시키는 핵심 역할을 할 것이고 이를 활용하여 향후 외로움 비즈니스는 확대될 것으로 예상하고 있습니다.

자기 관리나 자기 계발과 관련된 자기 내면과의 관계, 타인과 외부의 세계와의 관계 모두 강화된다면 외로움뿐만 아니라 고립이라는 사회적 문제에 어느 정도 비즈니스를 통해 대처가 가능하리라고 전망하고 있는 거죠.

분명 외로움이라는 정서가 발생하는 근본적 원인이 관계나 관심의 결핍이기 때문에 관계 강화가 장기적으로 외로움을 해결하는 방법이 될 것입니다. 하지만 한편으로 보면 오히려 지나친 기술 중심의 관계 강화 비즈니스로 인해, 관계의 피로도 증가할 가능성도 있습니다. 보고서에서 말하고 있는 관계 강화 비즈니스는 외로움을 겪고 있는 사람뿐만 아니라 그렇지 않은 사람에게도 제공되는 보편적인 상품과 서비스로 제공되기 때문이죠.

지금은 누구나가 이용하는 SNS도 그 첫 등장은 떨어져 있는 사람들의 관계를 맺어 주는 것이 목적이었지만, 지금은 너무나 많은 관계 맺음으로 인해서 스스로 자발적 외로움을 선택하려는 사람이 늘어나고 있으니까요.

그래서 오히려 IT를 활용하지 않는, 얼굴을 보고 맺는 관계, 손을 맞잡아야 하는 관계 형성을 지원하는 커뮤니티형 상품이나 서비스의 중요성이 더 커지리라 예상합니다. 보고서에서는 이런 사람과 사람의 미묘한 접촉이나 마음의 교류를 '아트art'라고 표현합니다. 아트는 기술로는 대체할 수 없는 인간과 인간이 마주할 때 생기는, 관계를 통해 경험하는 뿌듯함이나 감동이며, 이런 경험을 만들어 내는 기획력과 원동력이라고도 할 수 있습니다. 마치 창작자가 작품을 만들어 내고 이를 많은 사람과 공유하며 감동을 나누는 것과 같이 관계도 멋진 기획력을 바탕으로 함께 감동하는 결과를 가져와야 한다는 거죠.

외로움을 완화하고 해소할 수 있는 방법은 많을 겁니다. 상품도 서비스도 많이 등장할 거고요. 하지만 기술과 마음이 함께 담겨 있는 방법이어야만 우리가 이야기해 왔던 외로움의 소비사회가 긍정적 방향으로 발전할 수 있다는 걸, 마지막으로 이야기하고 싶습니다.

외로움을 소비하는 사회

나가며

마법은 항상 내 곁에 있었어

혹시 2022년에 방송된 <나의 해방일지>라는 드라마를 보신 적이 있나요? 이 드라마는 많은 명대사를 낳았는데, 2화에서 나온 명대사는 외로움과 관련해서 한번 음미할 가치가 있습니다. 여주인공인 염미정(김지원 분)이 구 씨(손석구 분)에게 술을 마시는 이유를 물으면서 대화가 시작됩니다.

"왜 매일 술 마셔요?"

"아니면 뭐 해?"

"할 일 줘요? 술 말고 할 일 줘요? 날 추앙해요. 난 한 번도 채워진 적이 없어…. 그러니까 날 추앙해요. 가득 채워지게…. 난 한 번은 채워지고 싶어. 그러니까 날 추앙해요. 사랑으론 안 돼. 추앙해요."

어린 왕자가 술꾼에게 매일 술 마시는 이유를 묻고, 허영쟁이가 어린 왕자에게 '나를 찬양해줘'라고 대답하는 내용과 오묘하게 오버랩 되는 대사입니다. 어린 왕자의 등장인물이 외로움의 상징인 것처럼, 술꾼인 남주인공, 추앙쟁이 여주인공 모두 헛헛한 외로움을 달래려는 전략인 '술'과 '추앙'을 이야기합니다. 그런데 이 두 사람의 대화에서 참 아프게 와 닿는 단어가 있습니다. '난 한 번도 채워진 적이 없어'라는….

'모두 다르다'가 외로움의 출발이라고 하면 '채워진 적이 없는 나'는 그 끝이라는 생각이 듭니다. 모두가 다르니 그들은 나를 채울 수가 없는 거죠. 뭐, 나도 나를 채울 수 없는 마당에 그 자체가 지나친 착각일 수도 있고요.

그래서 외롭다는 말은 어쩌면 채워지지 않는 목마름이 아닐까 합니다. 우리가 지금 겪고 있는 외로움의 진실은 사랑의 결핍, 이해의 결핍, 공감의 결핍, 그리고 가장 결국에는 삶의 의미의 결핍이 아닐까요? 다른 사람이 나를 사랑하는 것은 물론, 나도 나 자신을 충분히 사랑하지 않고 있다는 결핍의 느낌. 바로 이런 결핍의 인식으로 발생하는 것이 외로움의 실체가 아닐까 합니다.

그래서 '추앙'을 얘기합니다. 추앙은 이런 목마름을 단번에 넘어서 차고 넘칠 만큼의 사랑과 이해와 관심과 공감을 만들어 내는 것이니까요. 하지만 추앙을 받으면 우린 외로움에서 해방될까요? 아닐 겁니다. 내가 그 추앙의 대상이 되려면 추앙을 해주는 사람의 마음에서 우러나 자연스레 흘러넘치는 사랑, 관심, 이해, 그리고 공감이어야만 하니까요. 추앙해 달라고 떼를 쓰고 강요한다고 추앙이 진정성을 지니기는 힘들겠죠. 더 문제는 추앙을 받는다고 삶의 의미가 만들어지지 않을 거라는 거죠. 그래서 여주인공은 외로움을 잠시라도 잊고 싶어 추앙이라는 극단적 마약을 요구하고는 있지만, 사실 그녀도 추앙이 한 번도 채워지지 못했던 그녀 마음을 결코 채울 수는 없다는 걸 알고 있는 듯해서 더 마음이 아픕니다.

주변을 둘러보면 외로움을 달래주고 잊게 해주는 소비장치가 여기저기 흩어져 있습니다. 그리고 이런 소비장치들 덕분에 우리는 외로움에 지쳐 쓰러지지 않고 오늘을 씩씩하게 이겨내고 있고, 다른 사람들에게 '나를 추앙해줘'라고 떼를 쓰지도 않습니다. 소소하게, 하지만 나의 능력 범위에서 소비해 나가면서 우리는 외로움과 대적하고 있습니다. 하지만 이런 모습의 반대편에는 외로움을 벗어나기 위한 장치로 만들어 놓았던 수많은 관계에 오히려 휘둘리면서, 이제는 자발적으로 외로움을 찾아 나서는 소비행위도 나타나고 있죠. 외로움을 바라보는 관점들이 다양해지면서 외로움을 풀어내거나 추구하거나 하는 행태도 다양해지고 있는 것 같습니다.

이 책에서는 조금 특별하게 주목해서 보아야 할 외로움과 소비의 관계를 살펴보려고 했습니다. 하지만 끝내는 말을 쓰는 지금, 그 시도가 얼마나 성공적이었는지는 살짝 자신이 없어지네요. 원고를 쓰는 동안 독자에게 가닿는 글을 쓰고 싶다는 기대에 미치지 못하는 능력의 결핍을 확인하면서 생각보다는 아프고 외로운 시간을 보냈기 때문입니다.

하지만 완벽하게는 지울 수 없는 그런 일상의 외로움이 우리를 한발 앞으로 나아가게 해주는 것은 아닐까 합니다. 독일의 철학자 아르놀트 겔렌Arnold Gehlen이 인간은 동물과 비교해 생물학적으로 취약한 존재라며 '인간은 본원적으로 생물학적 결핍 존재'라고 했다고 하는데, 생물학적이 아니라 정신적, 심리적으로도 결핍을 지닌 존재가 아닐까요. 채워질 수 없는 부분을 채우려고 끊임없이 정신적, 심리적으로 발버둥 치고 있으니까요. 하지만 그 발버둥 덕분에 완벽한 채움을 어렵더라도, 정신적으로, 심리적으로 인간은 성장해 나갈 수 있는 것이 아닐까, 그렇게 생각합니다.

외로움을 채움으로 바꿀 수 있는 것이 무엇일지, 각자의 지혜가 모인다면, 지금의 소비사회는 이에 대한 대답을 내놓지 않을까 하는 기대로 책을 마치도록 하겠습니다.

참고문헌

- 김만권, 『외로움의 습격』, 혜다, 2023
- 노리나 허츠, 홍정희 역, 『고립의 시대』, 웅진씽크빅, 2021
- 농림축산부, '반려동물 연관산업 육성대책' 보도자료, 2023.8.9.
- 로버트 D. 퍼트넘, 정승현 역, 『나 홀로 볼링』, 페이퍼로드, 2016
- 마크 W. 셰퍼, 구세희 역, 『커뮤니티 마케팅』, 디자인하우스, 2024
- 문화체육관광부·지역문화진흥원, '2023년 국민 사회적 연결성 실태조사' 2024.7
- 비벡 H. 머시/이주영 역, 『우리는 다시 연결되어야 한다』, 한국경제신문, 2020
- 삼정KPMG, '다가오는 펫코노미 2.0 시대, 펫 비즈니스 트렌드와 새로운 기회', Issue Monitor 164호, 2024.6
- 아라카와 카즈히사, 조승미 역, 『초솔로사회』, 이퍼블릭, 2018
- 엠브레인, '2023 직장인 점심식사 관련 인식 조사', 2023.3
- 엠브레인, '2024 반려동물 양육 경험 및 펫팸Pet+family족 관련 인식조사', 2024.7
- 엠브레인, ''2024 '나홀로 활동', '나홀로 공간' 관련 조사', 2024
- 이현정, 『외로움의 모양』, 가능성들, 2024
- 조원경, 『감정경제학』, 페이지2북스, 2023
- 존 카치오포·윌리엄 패드릭, 이원기 역, 『인간은 왜 외로움을 느끼는가?』, 민음사, 2013
- 지그문트 바우만, 이일수 역, 『액체근대』, 도서출판 강, 2009

- 지그문트 바우만, 권태우·조형준 역, 『리퀴드 러브』, 새물결, 2013
- KB경영연구소, '2024 1인 가구 보고서', 2024.11
- 최인수·윤덕환·채선애·이진아, 『트렌드 모니터 2024』, 시크릿하우스, 2023
- 최인수·윤덕환·채선애·이진아, 『트렌드 모니터 2023』, 시크릿하우스, 2022
- 최인수·윤덕환·채선애·송으뜸·이진아, 『트렌드 모니터 2022』, 시크릿하우스, 2021
- 최장순, 『의미의 발견』, 틈새책방, 2020
- 한국관광공사, '빅데이터를 활용한 혼자 하는 여행 인식 변화 및 행태분석, Data & Tourism Vol.9.', 2022
- 한국문화관광연구원, '관광 트렌드 분석 및 전망 2023~2025', 2022.4
- 한국리서치, '2024 인간관계 인식조사', 2024
- Elyoseph, Z., Hadar-Shoval, D., Asraf, K., & Lvovsky, M. (2023). ChatGPT outperforms humans in emotional awareness evaluations. Frontiers in psychology, 14, 1199058.
- PWC Japan Group, '孤独·社会的孤立、その緩和のヒントとビジネス', 2024.12
- 荒川和久, 『ソロ社会マーケティングの本質』, ぱる出版, 2023
- 三浦 展, 『孤独とつながりの消費論』, 平凡社, 2023
- 三浦 展, 『永続孤独社会』, 朝日新聞出版, 2020
- 博報堂生活研究所, 'ひとり意識·行動調査: 1993年/2023年比較データ集, 2024

외로움을 소비하는 사회

1판 1쇄 발행 2025년 7월 20일

지은이 이완정·박규상
발행인 조상현
마케팅 조정빈   **편집인** 이명일   **디자인** 페이퍼컷 장상호

발행처 더디퍼런스
등록번호 제2018-000177호
주소 경기도 고양시 덕양구 큰골길 33-170(오금동)
문의 02-712-7927   **팩스** 02-6974-1237
이메일 thedibooks@naver.com   **홈페이지** www.thedifference.co.kr

ISBN 979-11-6125-550-7 03300

독자 여러분의 소중한 원고를 기다리고 있으니 많은 투고 바랍니다.
이 책은 저작권법 및 특허법에 따라 보호받는 저작물이므로 무단전재와 무단복제를 금합니다.
파본이나 잘못 만들어진 책은 구입하신 서점에서 바꾸어 드립니다.
책값은 뒤표지에 있습니다.